HIPOCONDRIA

Impasses da alma, desafios do corpo

Coleção Clínica Psicanalítica
Títulos publicados

1. **Perversão**
   Flávio Carvalho Ferraz
2. **Psicossomática**
   Rubens Marcelo Volich
3. **Emergências Psiquiátricas**
   Alexandra Sterian
4. **Borderline**
   Mauro Hegenberg
5. **Depressão**
   Daniel Delouya
6. **Paranoia**
   Renata Udler Cromberg
7. **Psicopatia**
   Sidney Kiyoshi Shine
8. **Problemáticas da Identidade Sexual**
   José Carlos Garcia
9. **Anomia**
   Marilucia Melo Meireles
10. **Distúrbios do Sono**
    Nayra Cesaro Penha Ganhito
11. **Neurose Traumática**
    Myriam Uchitel
12. **Autismo**
    Ana Elizabeth Cavalcanti
    Paulina Schmidtbauer Rocha
13. **Esquizofrenia**
    Alexandra Sterian
14. **Morte**
    Maria Elisa Pessoa Labaki
15. **Cena Incestuosa**
    Renata Udler Cromberg
16. **Fobia**
    Aline Camargo Gurfinkel
17. **Estresse**
    Maria Auxiliadora de A. C. Arantes
    Maria José Femenias Vieira
18. **Normopatia**
    Flávio Carvalho Ferraz
19. **Hipocondria**
    Rubens Marcelo Volich
20. **Epistemopatia**
    Daniel Delouya
21. **Tatuagem e Marcas Corporais**
    Ana Costa
22. **Corpo**
    Maria Helena Fernandes
23. **Adoção**
    Gina Khafif Levinzon
24. **Transtornos da Excreção**
    Marcia Porto Ferreira
25. **Psicoterapia Breve**
    Mauro Hegenberg
26. **Infertilidade e Reprodução Assistida**
    Marina Ribeiro
27. **Histeria**
    Silvia Leonor Alonso
    Mario Pablo Fuks
28. **Ressentimento**
    Maria Rita Kehl
29. **Demências**
    Delia Catullo Goldfarb
30. **Violência**
    Maria Laurinda Ribeiro de Souza
31. **Clínica da Exclusão**
    Maria Cristina Poli
32. **Disfunções Sexuais**
    Cassandra Pereira França

33. **Tempo e Ato na Perversão**
Flávio Carvalho Ferraz

34. **Transtornos Alimentares**
Maria Helena Fernandes

35. **Psicoterapia de Casal**
Purificacion Barcia Gomes
Ieda Porchat

36. **Consultas Terapêuticas**
Maria Ivone Accioly Lins

37. **Neurose Obsessiva**
Rubia Delorenzo

38. **Adolescência**
Tiago Corbisier Matheus

39. **Complexo de Édipo**
Nora B. Susmanscky de Miguelez

40. **Trama do Olhar**
Edilene Freire de Queiroz

41. **Desafios para a Técnica Psicanalítica**
José Carlos Garcia

42. **Linguagens e Pensamento**
Nelson da Silva Junior

43. **Término de Análise**
Yeda Alcide Saigh

44. **Problemas de Linguagem**
Maria Laura Wey Märtz

45. **Desamparo**
Lucianne Sant'Anna de Menezes

46. **Transexualidades**
Paulo Roberto Ceccarelli

47. **Narcisismo e Vínculos**
Lucía Barbero Fuks

48. **Psicanálise da Família**
Belinda Mandelbaum

49. **Clínica do Trabalho**
Soraya Rodrigues Martins

50. **Transtornos de Pânico**
Luciana Oliveira dos Santos

51. **Escritos Metapsicológicos e Clínicos**
Ana Maria Sigal

52. **Famílias Monoparentais**
Lisette Weissmann

53. **Neurose e Não Neurose**
Marion Minerbo

54. **Amor e Fidelidade**
Gisela Haddad

55. **Acontecimento e Linguagem**
Alcimar Alves de Souza Lima

56. **Imitação**
Paulo de Carvalho Ribeiro e colaboradores

57. **O tempo, a escuta, o feminino**
Silvia Leonor Alonso

58. **Crise Pseudoepiléptica**
Berta Hoffmann Azevedo

59. **Violência e Masculinidade**
Susana Muszkat

60. **Entrevistas Preliminares em Psicanálise**
Fernando José Barbosa Rocha

61. **Ensaios Psicanalíticos**
Flávio Carvalho Ferraz

62. **Adicções**
Decio Gurfinkel

63. **Incestualidade**
Sonia Thorstensen

64. **Saúde do Trabalhador**
Carla Júlia Segre Faiman

65. **Transferência e Contratransferência**
Marion Minerbo

66. **Idealcoolismo**
Antonio Alves Xavier
Emir Tomazelli

67. **Tortura**
Maria Auxiliadora de Almeida Cunha Arantes

68. **Ecos da Clínica**
Isabel Mainetti de Vilutis

69. **Pós-Análise**
Yeda Alcide Saigh

70. **Clínica do Continente**
Beatriz Chacur Mano

71. **Inconsciente Social**
Carla Penna

72. **Psicanálise e Música**
Maria de Fátima Vicente

73. **Autorização e Angústia de Influência em Winnicott**
Wilson Franco

74. **Trabalho do Negativo**
Vera Lamanno-Adamo

75. **Crítica à Normalização da Psicanálise**
Mara Caffé

76. **Sintoma**
Maria Cristina Ocariz

77. **Cidade e Subjetividade**
Flávio Carvalho Ferraz

78. **Psicologia Hospitalar e Psicanálise**
Alfredo Simonetti

Coleção Clínica Psicanalítica
Dirigida por Flávio Carvalho Ferraz

HIPOCONDRIA
Impasses da alma, desafios do corpo

Rubens Marcelo Volich

Casa do Psicólogo®
uma empresa PEARSON

1ª edição *2002*

3ª edição *2015*

Editor: *Ingo Bernd Güntert*

Coordenadora Editorial: *Marcela Roncalli*

Assistente Editorial: *Cíntia de Paula*

Produção Editorial: *Casa de Ideias*

Dados Internacionais de Catalogação na Publicação (CIP)
Angélica Ilacqua CRB-8/7057

Volich, Rubens Marcelo

Hipocondria: impasses da alma, desafios do corpo / Rubens Marcelo Volich. – São Paulo : Casa do Psicólogo, 2015 (3ª edição revista e ampliada, 2015). – (Coleção clínica psicanalítica / dirigida por Flávio Carvalho Ferraz).

360 p.

Bibliografia

ISBN 978-85-8040-591-0

1. Hipodondria I. Ferraz, Flávio Carvalho. II. Título. III. Série

02-2839 CDD 150.195

Índices para catálogo sistemático:
1. Hipocondria : Clínica psicanalítica
Psicologia 150.195

Impresso no Brasil
Printed in Brazil

As opiniões expressas neste livro, bem como seu conteúdo, são de responsabilidade de seus autores, não necessariamente correspondendo ao ponto de vista da editora.

Casapsi Livraria e Editora Ltda.
Av. Francisco Matarazzo, 1500 - Cj. 51
Edifício New York - Centro Empresarial Água Branca
Barra Funda - São Paulo/SP - CEP 05001-100
Tel. Fax: (11) 3672-1240
www.casadopsicologo.com.br

Sumário

Prefácio à 3ª edição 15

Introdução 19

1. Imagens de uma história 25

A hipocondria na Antiguidade: da epilepsia à melancolia .. 28

Hipócrates e os humores 30

A herança de Galeno 34

A Idade Média, a possessão demoníaca e o Renascimento 38

A hipocondria, entre a paixão e a razão 42

A positivação da doença e o afastamento da melancolia .. 46

Hipocondria e histeria, estranhas familiares? 50

Impasses da nosografia 50

A fluidez das qualidades 57

Da simpatia às doenças dos nervos 60

Simpatia, vapores e doenças dos nervos 60

O temperamento nervoso 66

A hipocondria, entre o desatino e o corpo 70

A psiquiatria, a psicopatologia e a hipocondria 77

Doença imaginária, doença da imaginação 83

Do inconsciente ao corpo imaginário 89

2. Visões freudianas 95

A hipocondria e a primeira nosografia psicanalítica 99

Da neurologia à psicanálise 99
As psiconeuroses e as neuroses atuais 102
O questionamento da neurastenia 104
A histeria, a hipocondria e as neuroses de angústia ... 107
Hipocondria, culpa e neurose obsessiva 117
A função da dúvida e da ambivalência 122
Projeção, paranoia e hipocondria 127
Schreber: corpo transmutado, alma perseguida 132
Narcisismo e hipocondria 139
A hipocondria, as neuroses narcísicas e de transferência 144
A hipocondria, "grão de areia" do sintoma 150
A função econômica da hipocondria 153
Hipocondria e funcionamento onírico 157
O corpo, fonte e objeto do sonho 157
O corpo no sonho: um sonho de Freud 159
Uma lente sobre o corpo 168
Do sonho à dimensão erógena do corpo 179
O sonho, observatório privilegiado do corpo 181
Hipocondria e constituição do psiquismo 189
A alucinação, do corpo à pulsão 189
O inconsciente, do corpo à palavra 191
O ego, superfície corporal 195

3. O CORPO, OUTRO EM SI 199
Hipocondria, patoneurose, neurose de órgão 202
O corpo, das sensações à imagem 209
Hipocondria, despersonalização, neurastenia e dor 211
A hipocondria entre os objetos externos e internos 216

As angústias primitivas e a experiência hipocondríaca 219
Angústias hipocondríacas: da paranoia à depressão 223
Hipocondria, defesas e impasses terapêuticos 228
Transferência e hipocondria 234
4. HORIZONTES MÉDICOS 239
"Calma" 240
Sentir 244
Compreender 246
Lembrar 247
Classificar 252
Analisar 257
Conhecer 260
Transtornos Somatoformes 260
1. Transtornos de Somatização 262
2. Transtornos Conversivos 264
3. Transtornos Dolorosos 265
4. Hipocondria 266
5. Transtorno Dismórfico Corporal 268
6. Transtorno Somatoforme Indiferenciado 269
7. Transtorno de Somatização sem outra Especificação 270
Refletir 271
Fragmentar ou indiscriminar? 274
Confinar? 282
Clinicar? 286
Simular? 289

5. DESAFIOS 295
Gritos, sussurros e silêncios 301
A perda e suas representações 303
Função materna e experiência hipocondríaca 305
Hipocondria, entre o silêncio e a cacofonia do corpo. 310
O trabalho da hipocondria 312
Estados confusionais e descompensação somática. 315
Os estados hipocondríacos e suas nuances 319
A clínica à escuta do corpo 324
Corpo a corpo 325
A resistência e a queixa hipocondríaca 329
O paradigma hipocondríaco da clínica 334
Ouvir com o corpo 336
Razões e despedidas 339

REFERÊNCIAS 343

Às crianças,
que me ensinaram a ouvir histórias.

A Gabriel e a André,
que me ensinaram a contá-las.

"Quando acabo de cortar as unhas ou lavar a cabeça,
ou, simplesmente, agora que, enquanto escrevo,
ouço um borbulhar no meu estômago.

Tenho a sensação de que meu corpo ficou para trás de mim [...]
e que o corpo começa a ir mal; que nos falta ou nos sobra.

[...] Até dói pensar que estamos adiante deste corpo,
mas que a dianteira já é um erro e um estorvo e uma provável
inutilidade [...],

quero dizer outra coisa, quase inacessível:
que a alma (o meu não unhas) é a alma de um corpo que não
existe.

A alma talvez tenha empurrado o homem para além de sua
evolução corporal,
mas está cansada de empurrar e, agora, segue, sozinha, para a
frente.
Apenas dá dois passos e a alma se quebra, ai,
porque seu verdadeiro corpo não existe e a deixa cair,
plaf."

(*Julio Cortázar*, O jogo da amarelinha)

Prefácio à 3ª edição

Treze anos me separam do momento em que trabalhei na preparação deste livro.

Revisando-o para esta nova edição, folheando suas páginas, aos poucos, fui sendo tomado pela estranha sensação de revisitar-me. Reconhecia ali minhas palavras, minhas ideias, as imagens que criei para representá-las, mas, ao mesmo tempo, me estranhava e me redescobria. Mudei... Nada como a mudança para perceber o que somos, o que já fomos, nada como olhar para o caminho que já percorremos para compreender onde nos encontramos.

Desde seu lançamento, *Hipocondria: impasses da alma, desafios do corpo* revelou-se controverso. Pelo tema, ora considerado fora de moda, ora atual, ora banalizado, ora difícil, mas sempre marcado por distorções, preconceitos e, sobretudo, por uma imagem bastante depreciada da hipocondria. Procurado algumas vezes para entrevistas sobre o tema, após um certo tempo de conversa, era difícil para meus interlocutores reconhecerem no que eu dizia as imagens da hipocondria que eles queriam encontrar. Mais de uma vez, desistiram de publicá-las.

Em contrapartida, muitos colegas, amigos e alunos aceitaram o convite que esbocei, logo na Introdução, para que percorrêssemos, juntos, a incerta travessia pelas diferentes formas de vivências do corpo. Desses encontros surgiu uma interlocução gratificante e inspiradora, que permitiu compreender e ampliar o potencial clínico da principal ideia em torno da qual este livro é construído: a que revela as dinâmicas hipocondríacas como um recurso-limite, entre a representação e a palavra, para lidar com os riscos de desorganizações maiores da economia psicossomática. Por esse caminho, chegamos juntos a esta terceira edição.

Em minha releitura atual, revivi muitos desses encontros, os lugares onde eles ocorreram, resgatei algumas passagens esquecidas deste livro. Surpreendi-me, redescobri-me e ressignifiquei muitas das experiências e dos conhecimentos aqui descritos. Revisitei as imagens da hipocondria ao longo das diferentes épocas, sua riqueza e seu potencial representativo, já intuído ao longo de séculos, tão contrastantes com o esvaziamento observado em nossos dias das possibilidades que ela oferece para a compreensão das vivências e dos sofrimentos do corpo. Empobrecimento constatado na medicina, em particular, mas também em outras profissões da saúde, que culminou, inclusive, com a completa eliminação dessa categoria diagnóstica na última versão do DSM-5, que discuto nesta nova edição.

Impressionei-me, novamente, com as inúmeras marcas deixadas pelas dinâmicas hipocondríacas nas construções freudianas, não apenas naquelas mais óbvias, referentes ao corpo, como na histeria e nas neuroses atuais, mas também nas neuroses obsessivas, na paranoia, no narcisismo, na organização do inconsciente e nos sonhos, entre muitas outras pouco reconhecidas. A ampliação da análise do famoso sonho de Freud com a injeção aplicada em Irma, realizada no Capítulo 2, é talvez um dos exemplos mais expressivos dessa presença latente, permanente e pouco considerada da hipocondria como operadora da compreensão clínica e da inspiração freudianas.

Alguns psicanalistas contemporâneos e sucessores de Freud resgataram essa dimensão latente da hipocondria na obra freudiana, com isso viabilizando a compreensão das manifestações mais primitivas do funcionamento psicossomático, da pulsionalidade e do psiquismo, aquém da representação. Percorremos aqui desde os trabalhos pioneiros de Ferenczi e Schilder, passando por M. Klein, H. Rosenfeld, até de nossos contemporâneos como A. Green, P. Aulagnier, P. Marty, M. Aisenstein, J. McDougall, B. Rosemberg e muitos outros, observando que o desenvolvimento de vários aspectos ocultos ou pouco elaborados nas teorias freudianas sobre as dinâmicas hipocondríacas são fundamentais para a clínica dos estados mais primitivos.

Nesse caminho, emocionei-me ao reencontrar, em suas paisagens impossíveis da Provença, Jean, um dos primeiros entre tantos pacientes que, sem saber, me desafiaram e ainda desafiam a pensar o angustiante apelo que dirigem a meu corpo, a nossos corpos de analistas, de médicos, de terapeutas, nos momentos em que o desamparo, a intensidade de seus sofrimentos e a desorganização os emudecem, convocando seus próprios corpos ao resgate desesperado de palavras algumas vezes impossíveis.

Após treze anos, constato feliz a possibilidade de reiterar minha gratidão à maioria daqueles a quem agradeci quando da escrita deste livro. Agrego a eles, com prazer, alguns outros que conheci ao longo desse tempo. Poderia repetir cada nome, individualmente, mas prefiro simplesmente acrescentar a meus agradecimentos, já expressos na Introdução, meu reconhecimento pela fidelidade e pelo companheirismo de todos esses anos, por tantas outras realizações que empreendemos desde então, e minha esperança pelas muitas que ainda iremos realizar.

São Paulo, fevereiro de 2015
R. M. V.

Introdução

Nunca sentira tanto frio.

A névoa ofuscava o caminho entre a estação Saint-Marcel e o pórtico de entrada do hospital da Salpêtrière. A distância parecia interminável, com o vento calmo, mas persistente, fazendo a cada passo se contraírem os lábios, os dedos, todo o corpo. A luz amarelada da praça transportava o viajante a outros tempos. Ao atravessar pela primeira vez o arco imponente do portão, era impossível não pensar naqueles que há mais de 100 anos pisaram naquelas mesmas pedras: Pinel, Esquirol, Charcot, Freud e tantos outros.

Naquele lugar, Charcot celebrizara suas pacientes histéricas, destacando-as em gravuras, moldes, croquis, fotografias, e tantos outros palcos, dos demais ocupantes anônimos daquele hospício. No mesmo lugar, naquele ano de 1986, Pierre Fédida ministrava seu seminário.

Era uma noite gélida de janeiro. Em um longo pátio, ressoavam no silêncio impressionante alguns passos solitários. A porta externa do anfiteatro oferecia, em vão, sua oposição ao frio, mas também àqueles que, mais tímidos, não percebiam a necessidade do movimento vigoroso para abri-la. A segunda porta, mais dócil, rendia-se facilmente à curiosidade daqueles que, escolados pela primeira, faziam com que ela se escancarasse ruidosamente ao menor movimento.

O viajante foi então tragado por outra bruma – quente, forte, acre – dos cigarros *Gauloises* que, acima de qualquer outra sensação, impunham soberanos sua presença. Liberto da captura olfativa, ele discriminou alguns vultos. Sentados no hemiciclo, em pares, em trios, alguns murmuravam coisas inaudíveis que a seriedade de seus rostos fazia parecer extremamente importantes. A novidade de tantos estímulos, o longo caminho percorrido, a idealização daquele encontro aceleravam o coração do viajante, contrastando com o ar entediado daqueles para quem aquele ritual de espera não parecia prenunciar nenhuma surpresa.

Com sua cabeleira grisalha e desgrenhada, uma cigarrilha pendendo entre os dedos amarelados, cercado por alguns estudantes que lhe formulavam questões que ele respondia por monossílabos, Pierre Fédida chegou pontualmente às 20h30. Sentou-se, fazendo ouvir um longo silêncio. Após uma tragada prolongada, seu olhar voltou-se para o teto, talvez procurando ali a frase que o colocaria em movimento... "*A consideração da natureza hipocondríaca do sonho é uma condição essencial para uma compreensão psicanalítica do corpo*", enunciou, finalmente.

Os minutos, as horas, os meses e os anos que se seguiram transformaram-se, para o viajante, em um longo desdobramento dessa intrigante frase inaugural.

A poucos quilômetros dali, do outro lado do Sena, no Hospital Saint-Louis, o viajante também escutava. Durante a semana, era à escuta daquelas que realizavam suas consultas no Serviço de Oncologia e de Mastologia que ele se colocava. Ao lado do médico, junto com a equipe, na intimidade do consultório, durante anos ele viu desfilar diante dele angústias, depressões, prazeres, dores, medos frequentemente mascarados por nódulos, quistos, tumores e toda uma multiplicidade de marcas corporais. Do terror à apatia, da tristeza à excitação, do envolvimento à indiferença, toda a fina gama de emoções humanas insistia em se apresentar travestida por manifestações do corpo que convocavam, urgentes e, muitas vezes, apenas, as mãos e os instrumentos do médico, sem conseguir animá-lo a ouvir. Através dos gritos dos sintomas orgânicos calavam silêncios gritantes da alma.

Nesse oceano turbulento, entre gritos e silêncios, entre palavras e gestos, entre a frenética atividade do médico e sua impotência, perfilava-se a sombra da hipocondria.

Ao longo dos anos, percorreu o viajante mares, estradas, paragens virgens de corpos refratários à escuta de um sofrimento. Paisagens algumas vezes tenebrosas de vozes caladas, mudas, inacessíveis a qualquer palavra do outro, de si mesmo. Mudaram as latitudes, mudou o clima, mas a paisagem dos corpos insistia em permanecer a mesma.

Nessas paisagens, muitas vezes desérticas, a experiência da hipocondria revelava-se frequentemente ora como miragem, ora como única e real esperança de fazer ouvir o pedido de socorro de uma existência ameaçada. Entre o corpo e a palavra, entre a dor e a angústia, entre o prazer e a demissão, perfilava-se a hipocondria como uma imagem que implorava um salvador, muitas vezes sem saber como aceitar a ajuda que lhe era oferecida.

Em sua longa jornada, frequentemente ressoavam aquelas palavras pronunciadas no anfiteatro da Salpêtrière. A cada vez, uma nova entonação as acompanhava, uma nova luz iluminava um recanto ainda obscuro. A cada vez, um novo significado a elas se acrescentava, inaugurando uma nova dimensão de escuta.

Reverberando ao longo dos anos, a mesma frase fertilizou palavras, inspirou escritos, revelou estreitos caminhos que, às vezes imperceptíveis, permitiam circular entre as manifestações neuróticas, perversas, psicóticas, psicossomáticas e orgânicas. Muitas vezes, orientou aquela frase o viajante pelos sinais emudecidos ou incompreensíveis dos corpos, e pelas suas próprias e inexplicáveis sensações corporais: para tornar audível o corpo do outro, a experiência hipocondríaca solicitava o corpo do viajante.

Em sua longa jornada, encontrou frequentemente o viajante alguns companheiros que compartilharam com ele suas dúvidas, a curiosidade da investigação, o prazer das descobertas e da amizade. Ele gostaria de poder mencionar sua gratidão a todos eles, enumerando todos aqueles que se encontram presentes em cada linha deste relato de sua jornada.

Diante da dimensão de tal desejo, pede apenas o viajante a compreensão de todos para a impossibilidade de realizá-lo.

Ele solicita que cada um desses companheiros se sinta plena e muito bem representado pelos amigos e colegas do

Curso de Psicossomática do Instituto Sedes Sapientiae de São Paulo e do Laboratório de Psicopatologia Fundamental da PUC-SP, que acompanharam de perto muitas das etapas de sua jornada. Que cada um se sinta agradecido, como ele é grato a Flávio Carvalho Ferraz, Maria Helena Fernandes, Ivanise Fontes e Sidnei Casetto pelo incentivo, pelas parcerias de todos esses anos e por terem enriquecido e tornado as ideias do viajante mais precisas. Que cada um se sinta reconhecido como professores, analistas, pacientes e alunos do viajante, que, mesmo nos momentos mais difíceis, sempre o instigaram a prosseguir, apontando para a importância das travessias. Que se sinta querido como os amigos, que sempre o acolheram nos momentos turbulentos.

O viajante segue seu caminho.

Ele relata aqui apenas uma etapa de sua jornada. Ele espera que esse relato anime alguns a juntar-se a ele em sua aventura. Ele deseja que muitos possam ir além das paragens que ele mesmo alcançou.

Recife, março de 2002

1.

Imagens de uma história

E fez-se a luz. Através dessa imagem, cristalizou-se o mito de nossas origens. Imagem primordial, representação ancestral da emergência do Universo, do surgimento da vida. Imagem que traduz a experiência do homem, suas sensações, seus afetos, na passagem da escuridão para a claridade, do desconhecido para o conhecido, do invisível para o visível, do medo para o alívio. Desse movimento derivaram ainda outras figuras, reveladoras do drama do humano. Vir à luz, no nascimento, apagar-se na morte, iluminar-se na alegria, obscurecer-se na aflição.

Imagens como essas traduziram, desde sempre, nossas sensações e experiências do mundo e de nossos semelhantes. Imagens sensoriais, tentativas de materializar o etéreo, de controlá-lo, de compartilhá-lo com aqueles que nos rodeiam. O tato, o odor, o sabor, o som, a luz são as primeiras notícias que nos chegam do mundo. Mesmo com o desenvolvimento do pensamento e da linguagem, é àquelas primeiras formas de conhecimento que somos remetidos quando diante do desconhecido.

São também essas as formas que constroem nossa apreensão do corpo, mediada pela presença de nosso semelhante, por seu corpo, através do qual conhecemos nosso próprio corpo. Sentimos o calor da pele, os cheiros, os sabores, as superfícies inicialmente indistintas de dois corpos. Ouvimos seus ruídos, percebemos suas formas. Construímos assim uma história, marcada por sensações, por movimentos, por memórias do encontro com o desconhecido no outro, com nosso próprio desconhecido.

O corpo é nosso primeiro Universo. Nele somos concebidos, abrigados. A partir dele existimos. Nele se gestam os enigmas, e nele buscamos as respostas. Interrogar os mistérios do corpo é tão antigo quanto investigar o mundo que nos cerca. Desde os tempos mais remotos dedica-se o homem a decifrar tais mistérios, inspirado por imagens oriundas de seu corpo.

É a essa perspectiva que nos convida o mundo da hipocondria.

A hipocondria é geralmente caracterizada como uma preocupação exagerada do sujeito com seu estado de saúde. Essa preocupação se manifesta através de crenças, rituais e atitudes aparentemente irracionais com relação a seu corpo, como por exemplo o medo constante de adoecer, de contaminar-se, de desenvolver uma doença grave. Apesar das queixas insistentes dos pacientes, os médicos encontram uma grande dificuldade de tratá-los diante da convicção do paciente na realidade de seu estado (Postel, 1993). Admite-se que a hipocondria se manifeste em 3 a 4% de todos os pacientes, com uma leve predominância da incidência entre os homens. Reconhece-se sua manifestação na adolescência, passando a ser mais frequente a partir da quarta ou quinta década de vida. Admite-se que indivíduos com mais de sessenta anos de idade são particularmente afetados.

Porém, para além dessas referências clássicas, é possível perceber que, mais do que qualquer outra manifestação do humano, a hipocondria prestou-se, e ainda se presta, como uma preciosa fonte de imagens que buscam dar forma e representar os enigmas de um corpo oscilante entre o prazer e o sofrimento, entre as fontes de vida e as forças que podem destruí-la. Os ruídos, a cor, o calor, a umidade e a tensão do corpo sempre sugeriram respostas para sensações e experiências do sujeito diante de si mesmo e da realidade, cujo entendimento parecia inexpugnável ao seu saber e aos conhecimentos de sua época.

A história da hipocondria revela o caminho do homem em busca da compreensão de seu corpo e de seu sofrimento. Através dela, podemos também vislumbrar a evolução das representações que resultaram nas concepções atuais da doença orgânica e da medicina, bem como a articulação destas com a constituição do conhecimento psicopatológico.

As faces da hipocondria ao longo dos séculos são impregnadas pela experiência dos médicos em seu contato com o corpo, seus mistérios e suas doenças. Através delas, é possível reconstituir diferentes momentos de uma prática clínica ainda pouco marcada pela visão da medicina de nossos dias. Uma prática que propiciava uma observação e uma escuta mais próximas da experiência do paciente.

Concordo com Sidnei Casetto quando ele alerta para o risco que corremos ao observar fenômenos clínicos ocorridos em outras realidades históricas e culturais a partir de teorias e práticas que, afinal, são fruto dos tempos em que vivemos. Porém, atentos a esse risco, acredito que as representações da hipocondria através da história, talvez ingênuas aos nossos olhos, podem ajudar-nos a melhor compreender as transformações do lugar e da função da queixa corporal de nossos pacientes, principalmente daqueles para os quais o corpo se constitui como uma via estreita e quase exclusiva de expressão de seu sofrimento.

Arrisquemos, pois, a adentrar o labirinto da hipocondria. Através de seus corredores tortuosos, de suas armadilhas, emergirão as imagens que nos auxiliarão a entender o caráter errante desta manifestação, sua livre circulação entre os diferentes quadros das doenças mentais, mas também na produção sintomatológica de qualquer doença orgânica. Mais do que isso, essas imagens podem nos indicar o caminho para compreender o caráter indissociável do psíquico e do somático, ponto de encontro entre a expressão psicopatológica e orgânica dos conflitos do sujeito.

A hipocondria na Antiguidade: da epilepsia à melancolia

A existência humana foi desde sempre marcada pelo prazer, pela dor, pela doença e pela morte. Na Antiguidade, por muito tempo essas manifestações foram atribuídas à ação de forças sobrenaturais, de espíritos, deuses e demônios.

No Antigo Egito, na Mesopotâmia e, posteriormente, na Grécia, gradualmente foi sendo admitida a ideia de que tais manifestações pudessem ter sua origem em causas naturais, ligadas ao ambiente, aos hábitos e às próprias condições do organismo do indivíduo. Na Grécia, em particular, a partir do século VII a.C., surgiram condições sociais, culturais, políticas e filosóficas que, valorizando o indivíduo e seu lugar no Universo, contribuíram para a desvinculação progressiva da doença do pensamento religioso. Foi nesse contexto que foram gestadas as primeiras noções da hipocondria.

Os filósofos pré-socráticos, compreendendo o corpo e suas manifestações dentro da trama mais ampla do Universo, já sugeriam, no século VI a.C., que toda doença comportava uma essência natural e não apenas religiosa[1]. Mais tarde, Sócrates, Platão e Aristóteles promoveram uma reflexão sobre o Homem e suas relações com os fenômenos do Universo como nunca antes na História. Inspirado pelas mesmas inquietações, Hipócrates dedicou-se à tentativa de compreensão desses fenômenos, e, em particular, do corpo humano, de seu bem-estar e de suas doenças[2].

1 Essa tendência acentuou-se principalmente a partir da consolidação da democracia ateniense sob o governo de Péricles (480 a.C.), quando ocorreu um grande desenvolvimento do pensamento filosófico e da especulação sobre o homem e sobre a natureza.

2 Nascido por volta de 460 a.C. na ilha de Cós, Hipócrates sustentava que a observação dos fenômenos da Natureza se opõe a uma

Hipócrates e os humores

A partir das teorias dos humores, Hipócrates esboçou as primeiras noções sobre a hipocondria, no contexto de suas reflexões sobre a epilepsia e sobre a histeria.

Segundo ele, a natureza do corpo seria composta por quatro humores: o sangue, a fleuma, a bílis amarela e a bílis negra, aos quais podem corresponder quatro propriedades fundamentais: o quente, o úmido, o seco e o frio. A combinação quantitativa e qualitativa desses fatores determinaria a saúde, quando existe equilíbrio, ou a doença, quando houvesse deficiência ou excesso de um deles. Ele insistia na impossibilidade de considerar separadamente alma e corpo. O humor seria não apenas uma substância material, mas um princípio vital, determinante da vida, da doença e da morte. Pela via dos humores o corpo seria capaz de modificar as atividades do espírito. Em função disso, no tratamento das doenças, muitas vezes, ele preconizava uma terapêutica bastante marcada por elementos que, hoje, poderíamos considerar psicoterapêuticos.

Em seu escrito *Doença Sagrada*, Hipócrates propõe uma explicação natural da epilepsia, na qual se apresenta o paradigma também utilizado na compreensão da histeria e da

---

concepção sobrenatural da doença. A partir dessa concepção, desenvolveu um método clínico e terapêutico que lhe permitiu fundar um corpo de conhecimentos baseado em uma medicina naturalista, com uma doutrina, metodologia e deontologia específicas. Os 153 escritos do *Corpus Hipocraticum* descrevem muitas das concepções filosóficas, etiológicas e terapêuticas que fundaram a medicina moderna (Ayache, 1992).

hipocondria. Ele afirmava que nenhuma doença, nem mesmo aquela denominada "sagrada", como a epilepsia, possui sentido mágico ou religioso. Predominante nos indivíduos fleumáticos, o ataque epiléptico era compreendido como fruto do desequilíbrio dos humores, que poderia ter sua origem em fatores constitucionais, no modo de vida, ou ainda na impossibilidade de eliminação dos excessos humorais. Circulando pelo organismo, tais excessos produziriam modificações nas regiões do corpo que atravessavam, gerando os sintomas das doenças.

Na epilepsia, ao atingir o cérebro, o excesso de fleuma provocaria uma série circular de eventos caracterizados por um "fluxo interno que interrompe o curso do ar nas veias, asfixiando os órgãos e os membros" levando à perda da consciência e às convulsões. Na histeria, o próprio útero (*hysteros*) "deslocar-se-ia" através do corpo. A falta de relações sexuais provocaria o ressecamento desse órgão que iria "buscar a umidade que lhe falta em outras partes do corpo", entrando em contato com outros órgãos, provocando, também, em seu trajeto "asfixias" que determinariam seus efeitos pelo corpo (Ayache, 1992, p. 33 e 36).

A ideia de uma circulação de humores ou mesmo de órgãos inteiros, produzindo efeitos a distância ou por contato, levou à consideração de que mesmo doenças localizadas deveriam ser compreendidas dentro de uma concepção global de saúde da pessoa. Essa concepção já deixava transparecer a importância da representação imaginária do corpo humano na construção de um conhecimento sobre seu funcionamento que permanecia misterioso. A ideia de um "sufocamento" de órgãos por fluidos, vapores, ou mesmo por outros órgãos marcou durante muitos séculos a compreensão etiológica das doenças.

No sistema hipocrático, a histeria e a hipocondria articulavam-se também com inúmeros quadros que, mais tarde, vieram a ser caracterizados como doenças mentais e, mais especificamente, como doenças nervosas. O *Corpus Hipocraticum* descreve a *frenite*, a *mania* e a *melancolia* em termos semelhantes àqueles utilizados para descrever a epilepsia e a histeria, considerando-as também resultantes do desequilíbrio humoral, e caracterizados por suas qualidades secas ou úmidas, frias ou quentes[3]. É importante ressaltar que essas qualidades correspondiam não apenas a descrições de sinais corporais do paciente (temperatura, coloração e umidade da pele, existência de secreções), mas também representavam a percepção do médico do modo de vida do paciente, de seus modos de relação familiares e sociais, de seu discurso e de suas produções pessoais.

Nos escritos hipocráticos, a hipocondria surge também frequentemente associada à melancolia. Esta última seria

[3] A *frenite* correspondia à loucura aguda, um delírio com febre intensa, enquanto a *mania* era descrita como uma afecção crônica, caracterizando-se por um delírio sem febre, contínuo, acompanhado de agitação e que pode aparecer isoladamente ou como manifestação de outra doença. Por sua vez, a *melancolia* era caracterizada por sua qualidade fria, pela persistência de um estado de medo e de tristeza, resultantes da presença da bílis negra, humor secretado pelo baço, "responsável pelas paixões tristes" (Collée & Quétel, 1994).

caracterizada por uma "tristeza e o medo persistentes", acompanhados em alguns casos pela sensação física de "um espinho cravado nas vísceras", característica da dor aguda da hipocondria, como relata Hipócrates em um caso descrito como "hipocondria melancólica":

> Tensão de espírito, doença difícil: o doente parece ter em suas vísceras um espinho encravado; a náusea o atormenta; ele foge da luz e dos homens, ele ama as trevas; ele é tomado pelo medo; a caixa frênica é saltada para o exterior; sente dores quando tocado; ele tem medo; tem visões aterradoras, sonhos terríveis, e, às vezes vê os mortos. Normalmente a doença ataca na primavera (Hipócrates *apud* Guedeney & Weisbrodt, 1995, p. 34).

Nessa descrição, chama atenção a importância da região diafragmática e abdominal como ponto de convergência, elaboração e distribuição das correntes humorais, a partir das quais se delineavam as diferentes manifestações da patologia[4]. Na região subdiafragmática situa-se o hipocôndrio, que reveste a cavidade gástrica abrigando os intestinos, o estômago e o baço, e, pouco abaixo dele,

[4] A denominação frenite, por exemplo, derivou de uma suposta inflamação da região frênica, ou seja, do músculo do diafragma, sendo que a mesma raiz, *frenos* referia-se também à alma, à inteligência e ao espírito. Por muitos séculos a *frenopatia* foi uma denominação corrente para as doenças mentais.

o útero nas mulheres. À ação dos humores nesses centros Hipócrates atribuía as origens da melancolia, da histeria e da hipocondria. Ainda no século IV a.C., Dioclésio de Caristo também relacionava a hipocondria com a melancolia, descrevendo-as essencialmente como fruto de distúrbios digestivos, como uma modalidade da gastrite, sem considerar, porém, o sofrimento anímico subjacente a tais manifestações.

A proximidade anatômica e etiológica marcou a compreensão dessas afecções durante muitos séculos. A melancolia era considerada resultante do excesso de bile negra no baço ou de uma maceração e putrefação do humor atabiliar no intestino. A hipocondria seria uma variante dessas manifestações melancólicas, cuja principal característica seria expressão predominantemente corporal das queixas sintomáticas (Postel, 1993).

A herança de Galeno

Coube, porém, a Galeno (131-201 d.C.)[5] caracterizar a categoria de *doença hipocondríaca* propriamente dita (Oury, 1998). Para ele, as *doenças da alma* seriam lesões da inteligência provocadas por uma afecção primitiva do cérebro ou por simpatia de um outro órgão. O *pneuma*[6],

5 Galeno, um eclético que estudou e praticou a medicina em todo o mundo mediterrâneo, antes de se instalar em Roma, resgatou a teoria humoral de Hipócrates, enriquecendo-a com o pensamento de Platão, Epicuro e Zenão.

6 O *pneuma* era considerado uma essência espiritual invisível e intangível. Admitia-se que se formasse com base no ar, ou com auxílio deste.

espírito, seria a fonte da vida, e a doença era compreendida como resultante do desequilíbrio de um sistema de causas complexas determinadas pela combinação de quatro humores elementares: o *sanguíneo*, o *fleumático*, o *bilioso* e o *melancólico*. As manifestações hoje descritas como *doenças mentais* não se constituíam como uma categoria à parte, sendo consideradas disfunções do funcionamento orgânico resultante das *paixões*, perturbações do equilíbrio dos humores.

Inspirado principalmente por Hipócrates, Galeno apontava que existiria na hipocondria distúrbios das funções sexuais que provocavam no homem uma "melancolia análoga aos distúrbios histéricos na mulher" (Guedeney & Weisbrodt, 1995). Ele sustentava também a existência de uma íntima relação entre a hipocondria e a melancolia. Segundo H. Beauchesne, para os antigos, a melancolia seria, por excelência, a doença da articulação entre corpo e alma, caracterizada pelo medo, pela tristeza, pelo desgosto de viver, pelo ódio de si e do outro, condicionados pelo humor da bile negra (Beauchesne, 1989). No século I a.C., Célio Aureliano, amigo de Cícero, ressaltava que nos indivíduos melancólicos observavam-se manifestações psíquicas que podiam evoluir para uma doença orgânica, ou mesmo a morte. Esses indivíduos seriam "plenos de

---

Era considerado, pelos pneumatistas, um espírito vital, atribuindo-se-lhe a natureza de calor inato, funções respiratórias, circulatórias e nutricionais. O conceito pneuma era, na realidade, uma mistura de noções religiosas, filosóficas e científicas (Ferreira, 1999).

ansiedade, e de mal-estar, acompanhados de uma tristeza, de mutismo e de ódio pelos próximos. O doente pode tanto querer viver como morrer, podendo suspeitar de que maquinações são urdidas contra ele" (Collée & Quétel, 1994, p. 10). Em uma leitura atual, poderíamos considerar nessa descrição o fundo depressivo, a agressividade e a dimensão persecutória implicados nessas manifestações, bem como o delineamento de uma hipótese sobre uma possível relação funcional e genética entre tais afetos e o processo do adoecimento.

A influência de Galeno e, através dele, da medicina hipocrática persistiram até a Idade Média tanto no mundo cristão (principalmente em Bizâncio, e, mais tarde, no Ocidente) como no muçulmano, preservando a ideia de uma associação entre a melancolia e a hipocondria.

Mesmo que Avicena (980-1037), herdeiro de Galeno, compreendesse a melancolia como uma doença mental "propriamente dita", relacionando-a a uma forma simples do frenesi[7], ele destacava também as manifestações corporais da doença como a presença de "apostemas (abscessos) quentes e febre". No século X, em Bagdá, o médico Ishaq ibn Amran[8] escreveu um tratado específico sobre a melancolia,

7 Durante muitos séculos o *frenesi* foi descrito como um delírio contínuo ou depravação das funções cerebrais causada por uma inflamação nos vasos dessa víscera sempre acompanhada de febre. O frenesi podia se transformar em mania, melancolia ou letargia.

8 Também influenciado por Hipócrates, Asclepíades, Arteu de Capadócia e Galeno.

descrevendo-a de uma forma ainda hoje atual. A morosidade, o mutismo, a imobilidade, a sensação de desânimo, a preocupação, a ansiedade, o medo, a tristeza, o risco de suicídio, mas também os distúrbios de sono, a anorexia, a "agitação silenciosa" e outros sinais somáticos eram apontados como sintomas da doença.

Por muito tempo, as descrições da melancolia e da hipocondria tiveram em comum as queixas somáticas, a desvitalização, o humor sombrio e a ansiedade. Essa comunidade, fruto da leitura hipocrático-galênica, também considerava as concentrações humorais na região gastroesplênica causa dessas manifestações. Para alguns médicos, o diagnóstico diferencial entre ambas era determinado pela predominância dos sintomas digestivos, no caso da hipocondria, ou da sintomatologia psíquica, no caso da melancolia (Guedeney & Weisbrodt, 1995).

Poderíamos, porém, nos perguntar, a partir de nossa perspectiva, se a proximidade entre essas manifestações não corresponderia também a uma percepção dos médicos daqueles tempos de um modo específico da relação daqueles doentes com seu meio e com seus próximos. A preocupação, a tristeza, a lentidão, manifestas em tal modo de relação, podem também ser consideradas a experiência de um desinvestimento e um retraimento narcísico que indisponibiliza essas pessoas para o mundo e para o outro, transformando seus corpos no centro de seu Universo.

A Idade Média, a possessão demoníaca e o Renascimento

A Idade Média caracterizou-se, principalmente na Europa, pela forte influência do pensamento religioso que organizava a compreensão do mundo, dos fenômenos da natureza e, inclusive, a vida social. O corpo humano era considerado sagrado e inviolável enquanto obra divina, o que proscrevia a dissecação de cadáveres como forma de conhecê-lo. A saúde e a doença eram, então, essencialmente compreendidas segundo concepções de virtude e de pecado definidas de acordo com os dogmas da Igreja. O corpo e a alma humanos eram vistos como palcos privilegiados da batalha entre o Bem e o Mal, entre o sagrado e o demoníaco. Essa visão marcou por cerca de dez séculos a prática da medicina.

Publicado em 1486 na Alemanha por Jacob Sprenger e Heinrich Kramer, um código de caça às bruxas considerava toda doença desconhecida obra do diabo. Tendo encontrado uma grande repercussão em diversos países europeus até 1669, esse manual era frequentemente consultado ao lado dos tratados clássicos de medicina. Em 1597, um outro livro, *Demonology*, chamava a atenção não tanto pelo seu assunto, que povoava o imaginário da população britânica naqueles tempos, mas sobretudo por ser seu autor ninguém menos do que James I, rei da Inglaterra. Em 1602, um grupo de especialistas do *Royal College of Physicians* foi convidado a depor no processo de uma mulher acusada de feitiçaria. Perante o tribunal, Edward Jorden e um colega, membros do *College*, sustentaram que a acusada não era uma feiticeira, mas apenas uma mulher doente. A rejeição de seus argumentos levou Jorden a publicar, em 1603, *Briefe Discourse of a Disease called Suffocation of the Mother*, no qual criticava "aqueles que atribuíam tudo aquilo que não compreendiam a causas sobrenaturais", acrescentando que "inúmeros sintomas geralmente considerados efeito de feitiçaria podiam encontrar suas causas naturais no corpo" (Hare, 1991, p. 37)[9].

Inspirado pelas ideias do Renascimento, que tardiamente chegaram à Inglaterra, Jorden defendia uma outra maneira de compreender as doenças atribuídas à possessão demoníaca resgatando algumas posições hipocráticas, como a que considerava a histeria fruto de uma perturbação uterina. Em seu tratado, ele descrevia três formas específicas segundo as quais distúrbios em um órgão podiam resultar em palpitações, dispneia, desmaios, sensação de sufocamento, tremores e muitos outros: "1. por contato direto ou vizinhança [com outras partes do corpo], 2. pela difusão de vapores ou

[9] Já em 1570, na Bélgica, Jean Wier denunciava a "impostura da diabolização", sugerindo que as "feiticeiras" fossem entregues a cuidados médicos, e que antes de qualquer processo de feitiçaria fosse solicitado um parecer médico. Segundo ele, "numerosas e infelizes jovens jamais prevaricaram e devem ser consideradas criaturas melancólicas ou ainda epilépticas; a maior parte das ações dessas desafortunadas parece ser imaginária, e elas confessam apenas culpas que lhes são conhecidas em sonhos". No século XVII, também a partir de sua experiência em tribunais religiosos, Zachas defendeu o tratamento médico para os acusados de possessão, assim como Gazoni, na Itália, sustentou a necessidade de tratamento médico para os "doentes mentais" (Beauchesne, 1989, p. 16).

humores perturbadores, e 3. por similitude de substância ou função" (Hare, 1991, p. 38). Segundo Jorden, a hipocondria resultava da influência dos órgãos abdominais e de tais dinâmicas sobre diferentes partes do corpo.

A dominação do pensamento religioso sobre a compreensão do adoecer passou a ser questionada em muitos países. Até o século XVI, a crença na possessão demoníaca se prestou de forma quase absoluta à caracterização do medo do desconhecido. A partir de então, gradualmente, delineou-se uma distinção entre as doenças "clássicas", descritas e reconhecidas em suas causas orgânicas, e aquelas cuja etiologia desconhecida havia sido atribuída à possessão, muitas das quais passaram a constituir um novo grupo de doenças, as doenças mentais.

Apesar de James I ter mais tarde abandonado sua crença apaixonada na feitiçaria, a crença na possessão demoníaca manteve-se firmemente arraigada na Inglaterra ao longo dos séculos XVII e XVIII. Ao mesmo tempo, médicos e fisiologistas discutiram durante esse período as hipóteses de Jorden, buscando explicar a etiologia dos já então denominados "distúrbios nervosos", cujas manifestações mais frequentes eram a histeria, a hipocondria e a dispepsia, doenças de causas desconhecidas e para as quais inexistia qualquer tratamento "racional". Em uma época de grandes progressos da medicina, impulsionados pelo Renascimento, pelo protestantismo e pelo Iluminismo, o "sistema nervoso" era a grande *terra incognitae* onde pareciam ainda ocultar--se os mistérios do humano.

Por muito tempo, porém, as doenças mentais ficaram ainda marcadas por traços das crenças sobrenaturais que as haviam caracterizado. Assim, em 1583, na Basileia, ao estabelecer uma classificação para as doenças mentais (*mentis imbecilitas, mentis alienato, mentis defigatio, mentis consternatio*), descrevendo em particular os sintomas da melancolia, Félix Pater (1536-1614) ainda sustentava a origem sobrenatural dessas doenças. Na Inglaterra, Robert Burton dedicou todo um tratado (*The Anatomy of Melancholy*, 1621) ao estudo das causas, dos prognósticos e dos métodos de tratamento da melancolia, destacando seus aspectos autodestrutivos. Porém, suas descrições eram igualmente marcadas pelos mitos e superstições referentes a essa doença na Idade Média (Collée & Quétel, 1994).

Assim, oscilando entre fluidos e vapores, entre a histeria e a melancolia, entre a superstição e a racionalidade, entre nervos e humores, a hipocondria colocava-se, no limiar da era moderna, como um enigma desafiador de toda teoria que interrogasse as relações entre corpo e alma. De forma privilegiada, a hipocondria prestava-se como uma imagem articuladora da representação do corpo humano e de seu sofrimento, da passagem de uma crença em sua natureza sobrenatural para a terrível necessidade de interrogar-se sobre a essência de sua existência e de sua experiência.

A hipocondria, entre a paixão e a razão

O debate sobre essas questões foi efervescente nos séculos XVII e XVIII. Publicado em 1637, o *Discurso sobre o método*, de René Descartes (1596-1650), provocou uma importante mudança no quadro de referência para a reflexão sobre as relações entre corpo e alma, ressaltando o papel das paixões nessas dinâmicas[10]. As novas ideias cartesianas coabitaram, porém, durante um longo tempo com a grande influência dos clássicos gregos e romanos, e, consequentemente, com as teorias humorais. Outras teorias, como a de Baruch Spinoza (1632-1677), refutaram o dualismo de Descartes, defendendo uma teoria monista e a necessidade de descrever as ideias, as emoções e os desejos em termos objetivos, compreendendo-as no contexto da ordem imutável da Natureza de forma a libertar a alma "da servidão das paixões" (*apud* Collée & Quétel, 1994, p. 52).

Libertando-se das amarras das explicações sobrenaturais, Descartes propôs, em 1649, no *Tratado sobre as Paixões da Alma*, um modelo "neurofisiológico" que atribuía à glândula pineal[11] um papel de organizador e de censor das relações entre corpo e alma, e na mediação destes com os "espíritos animais". Resgatando a noção introduzida por Galeno, o estudo das

---

[10] Uma discussão mais detalhada, em uma perspectiva histórica, sobre as diferentes posições a respeito das relações corpo e alma é realizada em *Psicossomática: de Hipócrates à Psicossomática* (Volich, 2000).

[11] Epífise, glândula endócrina de formato oval situada no sulco existente entre os corpos quadrigêmeos superiores.

paixões propunha não apenas o estudo das emoções e de suas relações com a razão, mas também a ideia da paixão como essência da experiência psicopatológica, uma vertente atual da psicopatologia (Fédida, 1992; Berlinck, 2000; Pereira, 2003).

Como aponta Michel Foucault,

> [...] mesmo antes de Descartes e bem depois de sua influência como filósofo e fisiólogo ter desaparecido, a paixão [era considerada] a superfície de contato entre corpo e alma, o ponto onde se encontram a atividade e a passividade desta e daquele, [sendo] ao mesmo tempo o limite que ambos se impõem reciprocamente, e o lugar de comunicação entre si (Foucault, 1972, p. 226).

Existiria, além disso, uma influência recíproca entre as paixões e os humores.

Segundo Collée & Quétel, a partir do século XVIII consolidou-se a vinculação entre paixão e psicopatologia. Na *Encyclopédie*, organizada por Diderot em 1765, as *Paixões* eram explicitamente definidas como "as doenças da alma" (Collée & Quétel, 1994, p. 53)[12]. Através desse prisma foi

[12] O interesse crescente pelas teorias das paixões, observado no século XVIII, suscitou o resgate de autores clássicos, principalmente de Sêneca e Cícero. Este último sustentava, por exemplo, que entre emoção, paixão, vício e loucura existia apenas uma diferença de grau, e não de natureza. Para os estoicos, cada um é responsável tanto por sua loucura como por suas paixões. Cureau de la Chambre apontava, em *Les Charactères des Passions* (1640), o interesse de médicos e de filósofos em privilegiar as paixões para se situarem

então relançada a questão das relações entre a hipocondria e as demais manifestações das doenças.

Ainda bastante marcadas pela teoria dos humores, as descrições da *Encyclopédie* ressaltavam a proximidade entre a hipocondria e a melancolia. Esta última é ali caracterizada como um "delírio particular [...] multiforme, ausência de febre e de furor (o que a distingue da mania e do frenesi), acompanhados por uma tristeza insuperável, um humor sombrio, misantropia e tendência à solidão" (Collée & Quétel, 1994, p. 53). Nas mulheres essas manifestações eram associadas às "paixões histéricas", enquanto nos homens elas encontrariam sua expressão através das "paixões hipocondríacas". A origem da doença, em ambos os casos, era compreendida através da teoria dos vapores

> [...] que se elevam das partes inferiores do abdômen (da "matriz" nas mulheres, e do hipocôndrio nos homens) dirigindo-se para o cérebro para perturbá-lo. [...] a irritação das fibras nervosas das vísceras afeta por simpatia o cérebro. [...] Atormentando o espírito, a doença acaba implicando o corpo. [...] seja pela imaginação, seja pela realidade, o corpo acaba realmente afetado (Collée & Quétel, 1994, p. 59).

Por sua vez, o dicionário de Furetière (1684) referia-se às teorias das simpatias, dos humores e dos ventos para

---

ao mesmo tempo como moralistas (visando ao arrependimento e à educação) e como psicólogos (visando ao tratamento).

descrever as doenças mentais. Nele, a hipocondria era ainda apresentada como uma vertente das manifestações melancólicas, provocadas "algumas vezes por vícios próprios do cérebro, outras pela simpatia de todo o corpo, sendo que neste caso, ela é denominada hipocondria, tendo também sua origem nos ventos..." (*Ibidem*, p. 45).

Segundo Foucault (1972), a tentativa de compreensão racionalista inaugurada por Descartes levou ao desenvolvimento de uma medicina dos sólidos e dos fluidos, e de suas qualidades na qual corpo e alma são representados e se comunicam através de valores simbólicos e de qualidades comuns:

> Tensões e relaxamentos, dureza e moleza, rigidez ou secura são estados qualitativos que pertencem tanto à alma quanto ao corpo, e remetem, em última instância a uma espécie de situação passional indistinta e mista que impõe suas formas comuns ao encadeamento das ideias, ao curso dos sentimentos, ao estado das fibras, à circulação dos fluidos (p. 227).

Gradualmente, a condição passional deixou de ser exclusivamente considerada a essência da loucura para ser compreendida como uma condição própria da existência humana, da saúde como da doença, da alma como do corpo. Desvendando um sofrimento que não encontra apenas no real do organismo sua fonte, a hipocondria revelou-se à experiência do médico como manifestação privilegiada dessa experiência passional. Porém, na busca pela revelação concreta dos mecanismos anatômicos, fisiológicos e patológicos do organismo, ofuscado pelas promessas e pela fascinação exercida pelo desenvolvimento da medicina, perdeu gradativamente o médico a capacidade de utilizar a dimensão hipocondríaca da paixão como fonte de empatia e compreensão de seu paciente, de seu semelhante.

A positivação da doença e o afastamento da melancolia

A evolução das teorias etiológicas das doenças mentais permite observar de forma explícita o movimento de racionalização progressiva que caracterizou toda a medicina a partir do século XVII. Gradativamente, as teorias humorais cederam lugar a representações mais concretas e mecânicas. Cada vez mais, elementos sólidos, visíveis, palpáveis substituíram os humores, os ventos, os vapores e as intuições que eles sugeriam. As tensões de nervos, vasos e todo o sistema de fibras orgânicas passaram a explicar tanto as doenças "orgânicas" como as fontes dos estados da alma. Colocava-se em marcha o processo denominado por Foucault *positivação das doenças mentais*, que, muito além delas, imprimiu uma mudança significativa na compreensão das doenças e na própria prática médica.

Na Inglaterra, Thomas Willis (1622-1673) esboçou a primeira tentativa de construir uma teoria "racionalista" das doenças mentais (Collée & Quétel, 1994). Clínico e anatomista do sistema nervoso, ele refutava tanto as versões demoníacas que pretendiam explicá-la, como as clássicas teorias humorais. Em *Pathologia cerebri* (1667), Willis propunha uma visão funcionalista do ser humano, repudiando as visões metafísicas da alma e da razão, como a de Descartes. Ele defendia a especificidade da doença mental cujas causas deveriam ser buscadas na constituição sanguínea (iatroquimismo), a razão deixando de ser uma faculdade para constituir-se como *função*.

Desde então, foram ganhando espaço teorias organicistas como as de Lancisi, Hecquet, Morgani (1682-1771) e Bordeu (1722-1776) que, partindo da anatomia e da fisiologia, sustentavam que a origem das doenças mentais poderia ser encontrada em distúrbios do funcionamento de alguns órgãos (Beauchesne, 1989).

Durante muitas décadas, antigas concepções misturavam-se com as novas descobertas anatomofisiológicas. Algumas teorias, como as de Van Haller, Cullen e Brown, eram construídas em torno da noção de *irritabilidade* e de *nervosismo*, enquanto outras, menos materialistas como a de Stahl (1660-1734), Barthez e F. Hoffman, defendiam o vitalismo. Um outro grupo de teorias, como as da escola de H. Boerhaave (1668-1738), persistiam insistindo na importância dos humores.

Apesar de sua proposta, a teoria de Willis deixava ainda transparecer a influência da teoria dos humores. Interessado pela etiologia, ele também investigou o curso natural das doenças, ressaltando a importância do estudo comparativo entre elas. Dentro dessa perspectiva, Willis esboçou uma descrição particularmente detalhada da melancolia. Apontando para sua natureza comum com a mania, ele foi o primeiro a descrever a alternância do ciclo mania-melancolia.

Willis dedicou-se também ao estudo específico da histeria e da hipocondria. Segundo ele, a histeria era um diagnóstico frequentemente atribuído às doenças de causas desconhecidas nas mulheres, afirmando que, na maior parte das vezes, o útero não exercia nenhum papel na história da doença (Willis, 1681 *apud* Foucault, 1972). Ele não descartava a existência de um substrato orgânico para a histeria ou mesmo para a hipocondria, explicitando apenas que a histeria e, em um grau menor, a hipocondria eram suportes privilegiados para os "fantasmas, não daquele que é ou se crê doente, mas do médico ignorante que faz de conta que conhece a situação". Tanto na histeria como na hipocondria, o cérebro seria uma espécie de distribuidor de um mal de origem visceral. Para Willis, a convulsão histérica seria produzida pelo superaquecimento dos espíritos que, submetidos a impulsos recíprocos, parecem conduzir a uma explosão, resultando em movimentos irregulares observados nas crises. Na hipocondria, denominada *colica passio*, os espíritos seriam irritados por uma matéria que lhes é hostil e mal adequada, provocando perturbações e irritações nas fibras sensíveis. Willis alertava para uma enganosa semelhança de sintomas, que poderia sugerir tratar-se de uma mesma doença. Segundo ele, seria errôneo considerar que as convulsões e o movimento violento da histeria seriam a causa do sofrimento na hipocondria (*Ibidem*).

A partir de então, e até os dias atuais, foi crescendo a importância da descrição comparativa, do diagnóstico diferencial e da nosografia. Delinearam-se as descrições sistemáticas que definiram o campo da demência, da loucura (*folie*), das doenças convulsivas, da melancolia e da mania, e o da histeria como as principais manifestações das doenças mentais. Nesse universo, a hipocondria continuou a oscilar ao sabor das épocas e dos autores, sendo reconhecida ora em associação com uma, com outra, ou com várias das categorias anteriores.

Em meio a essas oscilações, delineava-se, porém, uma leve tendência, que acabou por consolidar-se. Gradativamente a compreensão da hipocondria afastou-se do paradigma melancólico, referindo-se cada vez mais ao das dinâmicas histéricas. Em Willis, e em vários autores que o sucederam, observamos a configuração de dois grupos distintos de manifestações, um constituído pelo par melancolia-mania, e outro, pelo par histeria-hipocondria. Essa tendência foi também influenciada, em certa medida, pelo crescente interesse em encontrar no real do organismo as causas dessas doenças. As queixas e os sintomas maníacos e melancólicos teriam em comum uma certa homogeneidade de manifestações, centradas no espírito, enquanto elementos orgânicos e corporais caracterizariam as queixas e sintomas histéricos e hipocondríacos.

Essas concepções originaram também um vigoroso debate iniciado no século XVII: seriam a histeria e a hipocondria duas doenças distintas ou duas manifestações diferentes de uma mesma doença? Esse debate e o distanciamento do paradigma melancólico contribuíram, em grande medida, à progressiva negligência da natureza do sofrimento e das dinâmicas psíquicas subjacentes à hipocondria e à consequente diminuição da escuta dessa dimensão da experiência do sujeito.

Hipocondria e histeria, estranhas familiares?

Impasses da nosografia

Ainda no século XVII, Thomas Sydenham (1624-1689) sugeriu a criação de um sistema de classificação sistemática das doenças. Essa iniciativa viu-se reforçada no século XVIII, quando a influência de Carl von Linné (1707-1778), Georges Cuvier (1769-1832) e de Jean-Baptiste Lamarck (1744-1829) transcendeu o campo da zoologia e da botânica imprimindo no estudo das espécies vivas e dos organismos individuais uma tendência crescente ao desenvolvimento de sistemas classificatórios. No âmbito da medicina, essa tendência culminou com a criação dos primeiros sistemas nosográficos.

A exemplo de Charles Lepois (1618) e de Willis (1681), em 1749, Sydenham refutou a clássica teoria uterina da histeria, atribuindo-lhe uma origem "cerebral". Afirmando existir uma dinâmica comum entre a histeria e a hipocondria, ele considerava esta última uma manifestação nos homens de dinâmicas que, nas mulheres era considerada histeria, admitindo, porém, que essas manifestações poderiam não ser exclusivas a um sexo específico (Collée & Quétel, 1994; Willis, 1681; Sydenham, 1749 *apud* Hare, 1991; Postel, 1993).

Essas posições, entretanto, encontraram enormes resistências para serem aceitas. Enquanto Sydenham, Blackmore e Browne sustentavam a semelhança entre a histeria e a hipocondria, outros autores como Hoffman, Whytt, de Sauvages e Cullen afirmavam serem elas entidades distintas (Sydenham, 1749; Blackmore, 1725; Browne, 1729; Whytt, 1767; Cullen, 1776 *apud* Hare, 1991).

Em 1776, W. Cullen desenvolveu um conhecido sistema de classificação das doenças mentais, no qual defendia a distinção entre a histeria e a hipocondria (Cullen, 1776 *apud* Hare, 1991)[13]. Tendo denominado os distúrbios das funções intelectuais *vesânias*, ele os dividia em três grupos: mania, melancolia e demência. Distinguindo-se desses, a hipocondria era situada entre as *adinamias*, doenças caracterizadas pela fraqueza ou pela perda de movimento nas funções vitais. Por sua vez, a histeria, junto com o tétano e a epilepsia, fazia parte das *afecções espasmódicas* das funções naturais (Cullen, 1785 *apud* Foucault, 1972).

13 Cullen foi o criador, em 1769, do termo *neurose*, depois celebrizado, que designava as doenças mentais não acompanhadas de febre ou de lesões localizadas.

A hipocondria era descrita como uma manifestação crônica, um estado duradouro observado principalmente em pessoas com mais de 45 anos, enquanto a histeria era essencialmente descrita como uma série de acessos convulsivos episódicos e isolados, que ocorriam principalmente em pessoas com menos de 35 anos.

Já em 1763, François Boissier de Sauvages defendera que a hipocondria seria uma vesânia, pertencente ao mesmo grupo de manifestações que o sonambulismo e a vertigem. Ele destacava em sua descrição dois fatores, até hoje presentes na definição deste quadro. Fazendo parte do grupo das alucinações, a hipocondria seria fruto do "vício de um órgão exterior ao cérebro do qual provém o erro de imaginação" (Sauvages, 1763 *apud* Collée & Quétel, 1994, p. 54). A histeria, por sua vez, pertencia à classe dos espasmos, sendo considerada uma forma de convulsão. Linné defendia uma distinção semelhante, alinhando a hipocondria na categoria de doença "imaginária". Mais tarde, essas duas noções, *vício* e *ilusão*, passaram a caracterizar a descrição da maior parte das doenças mentais e suas explicações etiológicas.

Em 1770, J. F. Dufour se propôs a desenvolver "uma fisiologia patológica do entendimento humano, reunindo visões filosóficas e médicas sobre a loucura" (Dufour, 1770 *apud* Collée & Quétel, 1994, p. 55-56). Após uma longa análise das funções da razão, ele dedicou todo um capítulo ao exame da *déraison*, descrevendo a demência, a melancolia, a mania e a hipocondria, causadas "pelo vício dos sentidos internos". Essas doenças teriam como característica comum os "erros de entendimento", ou seja, o delírio, cuja origem não deveria ser buscada no cérebro (a menos que "ele tenha sido afetado por simpatia"), mas sim em perturbações no baixo-ventre, não apenas no caso da hipocondria, mas em todas "as doenças que perturbam as operações do espírito". O clássico modelo etiológico da hipocondria e da histeria foi por ele resgatado e transformado em paradigma causal de todas as doenças mentais.

No século XVIII, a ideia de uma fonte visceral provocando ilusões e delírios não apenas era aceita como suscitava também investigações anatômicas. Em 1755, M. Le Cat publicou um relato de autópsia de um indivíduo falecido, após inúmeros episódios delirantes não febris, que apontava para a proximidade entre as "perturbações da razão" e a clássica denominação "hipocondria":

> Pela abertura de seu cadáver [...] não encontrei nada de extraordinário em seu cérebro. Mas em seu baixo-ventre, eu observei que por toda a superfície externa e interna do cólon espalhavam-se manchas violetas-negras como de uma forte equimose. [...] Esta observação junta-se a inúmeras outras que *provam que o delírio tem frequentemente como localização, não a cabeça, como se crê, mas as vísceras do baixo-ventre*: que a loucura, que é uma espécie de delírio sem febre, tem frequentemente o mesmo princípio: e que *o epíteto de hipocondríacos nossos pais atribuíram àqueles que são atacados de vapores e que se aproximam bastante dos delírios precedentes é uma prova de que eles já*

> *haviam reconhecido que essas perturbações da razão tinham seus princípios nos órgãos nervosos situados abaixo do tórax* (Le Cat *apud* Collée & Quétel, 1994, p. 57-58; grifo meu).

Entre muitos autores que consideravam a histeria e a hipocondria duas variedades de uma única afecção, podemos perceber uma forte influência das teorias dos humores e da simpatia. Stahl, por exemplo, analisava a natureza comum da histeria e da hipocondria através da comparação do fluxo menstrual com as hemorroidas. A partir da observação de espasmos e convulsões, ele caracterizava a histeria como uma "dor bastante violenta acompanhada por tensão e compressão [...] principalmente sob os hipocôndrios". Quando atacava os homens, essas manifestações eram denominadas *mal hipocondríaco*, sendo compreendidas como "um esforço da natureza para libertar-se do excesso de sangue através de vômitos ou das hemorroidas". Nas mulheres, o mal histérico seria consequência do "curso das regras diferente do que deveria ser" (Stahl, 1708 *apud* Collée & Quétel, 1994, p. 58).

Acreditava-se, assim, que a cavidade abdominal abrigaria a fonte tanto da hipocondria como da histeria. Também apontando a comunidade entre essas afecções, Hoffmann afirmava que a causa da histeria estaria no "afrouxamento ou enfraquecimento da matriz", mas que a sede do mal deveria ser procurada, como na hipocondria, no estômago e nos intestinos, "onde estagnam o sangue e os humores vitais". A partir do estômago, órgão de ligação e centro do organismo, distribuir-se-iam os males que provêm das cavidades interiores e subterrâneas do corpo. Com o tempo, Hoffmann passou a atribuir aos "nervos" um lugar importante na compreensão etiológica dessas doenças (Hoffmann, 1733 *apud* Collée & Quétel, 1994, p. 58).

Outros autores também se posicionaram nessa discussão. Em 1725, Richard Blackmore descreveu a hipocondria e a histeria como fruto de uma constituição mórbida dos espíritos que tenderiam a sair de seus reservatórios naturais e a consumir-se (Whytt, 1726 *apud* Foucault, 1972). Ele sustentava ainda a proximidade entre a melancolia e a hipocondria, atribuindo ao fato de o baço ocupar um importante lugar na compreensão dessas manifestações a razão para que muitos autores denominassem o *spleen* melancolia hipocondríaca.

Partindo de um modelo próximo ao de Cullen, na França, em 1798, Philippe Pinel reuniu inicialmente no grupo das *vesânias* a histeria, a hipocondria, a mania e a melancolia, considerando-as, portanto, um tipo de loucura. Porém, em 1803, ele modificou suas concepções, mantendo a hipocondria no grupo das vesânias, e referindo a histeria ao grupo dos *espasmos*, ao lado da tetania. Essa classificação sofreu uma nova mudança em 1807, quando a histeria passou a fazer parte das *neuroses de geração*, um subgrupo das neuroses genitais das mulheres. A dificuldade em compreender a natureza de todas essas manifestações e as relações entre elas persistia ainda em 1892, quando Savage apontou que, em alguns casos, a histeria poderia transformar-se em mania, da mesma forma que a hipocondria transformava-se em melancolia (Savage, 1892 *apud* Hare, 1991).

Essas oscilações dos critérios de classificação e a pouca compreensão da história natural de tais quadros derivavam, em grande parte, da própria dificuldade em reconhecer a especificidade de sintomas que pudessem definir mais claramente um diagnóstico diferencial. Assim, por exemplo, ao sustentar a proximidade da histeria com a hipocondria, R. Whytt descreveu da seguinte forma seus sintomas mais comuns:

> Sentimentos extraordinários de frio e calor, dores em diferentes partes do corpo; síncopes e convulsões vaporosas; catalepsia e tétano, ventos no estômago e nos intestinos; apetite insaciável para os alimentos; vômitos de matéria negra; fluxo súbito e abundante de urina pálida, límpida, marasmo ou atrofia nervosa; asma nervosa e espasmódica; tosse nervosa; palpitações do coração; variações do pulso, males e dores de cabeça periódicos; vertigens e tonturas, diminuição e enfraquecimento da visão; desencorajamento abatimento, melancolia ou mesmo loucura; pesadelo ou incubo (Blackmore, 1797 *apud* Foucault, 1972, p. 278).

É evidente em tal descrição a diversidade e a inespecificidade dessa sintomatologia, que se manifesta em praticamente todos os sistemas do corpo humano (respiratório, circulatório, digestivo, cutâneo, motor e sensorial). De certa forma, toda e qualquer queixa do paciente poderia a ela ser referida, sem caracterizar formalmente um quadro clínico. Mas, justamente, esse caráter vago, geral e inespecífico de tais queixas veio a se constituir como o traço característico daquelas que passaram a ser denominadas *doenças dos nervos*, e, mais tarde, do quadro da *neurastenia*, descrito por Beard em 1884[14].

A fluidez das qualidades

A falta de consistência e coerência das primeiras descrições semiológicas também impedia de especificar a natureza da histeria e da hipocondria. Como aponta Foucault, as tentativas dos médicos da época clássica de encontrar qualidades próprias que permitissem caracterizar e diferenciar essas manifestações foram marcadas pelo insucesso. As descrições de tais quadros nunca alcançaram a coerência e a coesão qualitativa que marcaram os relatos da mania e da melancolia.

Assim, alguns autores descreviam as qualidades "quentes" da histeria cuja maior expressão eram as convulsões e os espasmos (Ferrand, 1623; Chesnau, 1672 *apud* Foucault, 1972). Ferrand afirmava que os vapores dos hipocondríacos eram úmidos, enquanto T. A. Murillo caracterizava-os como "quentes e secos". M. Flemyng, por sua vez, sustentava que nenhum calor era perceptível nem na hipocondria nem na histeria, sendo que as qualidades dessas doenças seriam a "languidez e a umidade fria dos vapores estagnados", em consequência da "frouxidão, flacidez e falta de elasticidade das fibras do cérebro e dos nervos" (Murillo, 1672; Flemyng, 1741 *apud* Foucault, 1972, p. 280).

---

[14] Em 1895, Freud criticou o conceito de neurastenia e o caráter excessivamente amplo da sintomatologia que lhe era atribuída. Cf. no Capítulo 2, a seguir, "O questionamento da neurastenia".

Segundo Foucault, também a "medicina do movimento" revelou-se insuficiente para a descrição desses quadros. Enquanto parecia claro que a mania se caracterizava por um excesso e a melancolia por uma diminuição de mobilidade, várias discrepâncias surgiam entre as tentativas de caracterização da histeria e da hipocondria segundo esse parâmetro. Alguns autores, como Stahl, afirmavam que ambas seriam marcadas por "uma tendência à estagnação e à acumulação". Outros, como Boerhaave, defendiam que a histeria caracterizava-se pela mobilidade. Ambiguidades e inconsistências como essas fariam, ainda, Van Swieten afirmar que a paixão histérica e a doença hipocondríaca "ditas sem matéria, dependem das disposições ou do estado particular das fibras" (Stahl, 1708; Van Swieten, 1752 *apud* Foucault, 1972, p. 280).

As imagens e as analogias químicas refletiam contradições semelhantes. Baseado na teoria dos vapores, Viridet afirmava que os sintomas da hipocondria e da histeria eram o resultado de uma dialética de álcalis e de ácidos. Alguns autores, como Lange, afirmavam ser a histeria produto de fermentações, outros que ela seria de natureza alcalina, enquanto um terceiro grupo defendia a natureza ácida dos ataques histéricos (Viridet, 1689 *apud* Foucault, 1972).

Analisando todas essas contradições, Foucault sugere que "a paisagem imaginária das qualidades, decisiva para a constituição [e clara discriminação] do par mania-melancolia" viu-se esvaziada nas tentativas de decifração da hipocondria e da histeria. Essa dimensão imaginária permaneceu num plano secundário, fazendo com que o percurso da histeria e da hipocondria não se constituísse, como para a mania e para a melancolia, "através das obscuras qualidades do mundo refletidas numa imaginação médica". A histeria e, por extensão, a hipocondria afirmaram-se para os médicos através "do corpo na coerência de seus valores orgânicos e de seus valores morais" (Foucault, 1972, p. 283).

Portanto, através de manifestações e queixas corporais, a histeria e a hipocondria capturaram o observador no espetáculo intrigante oferecido por um espaço real do corpo que parecia prometer a revelação iminente de seus segredos e das razões de seu sofrer. Foi decepcionante, porém, a espera dessa revelação pelo sensorial, pela motricidade, pela química, pela materialidade do corpo. Enredado em contradições e incoerências, continuou e, muitas vezes, ainda hoje continua o observador prisioneiro das miragens desses quadros.

Mais tarde, o reconhecimento através do sonho, da fantasia e, mesmo, do discurso, da dimensão erógena e imaginária da existência humana ofereceu ao observador, ao clínico e ao paciente uma possibilidade de libertação. Nessa passagem, libertaram-se também a histeria e a hipocondria das amarras do corpo onde se manifestavam. Assim, foram elas resgatadas da incerta categoria das doenças dos nervos, passando também a ser reconhecidas no campo das doenças mentais.

Da simpatia às doenças dos nervos

Descortinava-se um novo horizonte.

Ao mesmo tempo que se questionava a consistência da etiologia orgânica da histeria e da hipocondria, um novo elemento anatômico, a fibra nervosa, suscitava a curiosidade dos investigadores. Os nervos, órgãos da sensibilidade, passaram a oferecer um novo modelo para a compreensão das relações entre as funções corporais, os espíritos e os humores. Nos mistérios da fibra nervosa passaram a ser depositadas as esperanças de elucidação dos enigmas de várias doenças cujas causas, evoluções e tratamentos permaneciam desconhecidos.

Como aponta Foucault, as concepções da histeria e da hipocondria evoluíram em torno do século XVIII, segundo duas linhas principais. A primeira convergia para formação de um novo conceito comum, a *doença dos nervos*. A segunda, deslocando a preocupação etiológica dos suportes corporais, orientava-se para a integração dessas doenças ao campo das doenças do espírito, ao lado da mania e da melancolia, sem ainda considerarem, no entanto, as qualidades primitivas reconhecidas destas últimas, "percebidas e sonhadas em seus valores imaginários" (*Ibidem*, p. 279).

Simpatia, vapores e doenças dos nervos

A hipótese de um sistema de interligação entre diferentes órgãos e partes do corpo é herdeira das *teorias das simpatias*. Com os progressos da anatomia, intensificou-se a busca das vias de comunicação materializadas no corpo, através das quais fluiriam humores, vapores e outros elementos vitais, e que explicariam a "ação a distância" de um outro órgão. Inicialmente, o aparelho circulatório, descrito por William Harvey em 1628, parecia cumprir essa função. Só mais tarde, a rede de fibras nervosas, ligada às sensações corporais, passou a ser considerada.

A doutrina da simpatia já fora enunciada por Galeno, sustentando, entre outras, sua explicação da histeria e da hipocondria. Os humores, ao circular pelo corpo, afetariam os órgãos pelos quais passavam produzindo sintomas. Nessa visão, que persistiu até o século XVI, a simpatia e a ação à distância implicavam as visões tanto da etiologia como da terapêutica das doenças.

A concepção dos vapores era bastante próxima da dos humores, mas ganhou a preferência no século XVII aparentemente por poder ser identificada com elementos materiais como os "ventos" que, considerava-se, emanavam do interior do corpo em função de excessos nos distúrbios digestivos. Nos séculos XVII e XVIII, la Boe e Purcell atribuíam a causa da histeria aos vapores do trato digestivo e à pressão que eles exerciam sobre o estômago, os intestinos e os nervos daquela região (Purcell, 1707 *apud* Hare, 1991).

Na linguagem popular, mesmo após seu abandono pelas teorias médicas, os vapores continuaram sendo relacionados às doenças dos nervos. O dicionário de Samuel Johnson descrevia os vapores como "doenças causadas por flatulências ou por nervos doentes", sendo que, ainda em 1892, no *Dictionary of Psychological Medicine*, de Tuke, o verbete vapores designava um "termo popular para hipocondria e histeria" (*apud* Hare, 1991, p. 39).

Por volta de 1600, foi sugerida a ideia de uma via orgânica de comunicação através da qual a simpatia e os vapores exerceriam seus efeitos. Nessa época, Laurentius afirmou que "a relação de simpatia entre o útero e a mama" observada durante a gravidez poderia ser atribuída a uma comunicação entre esses órgãos através da veia ázigo e dos músculos intercostais. Ainda em 1725, a falta de evidências indicando a existência de canais anatômicos que permitissem a migração dos vapores do baço para as partes superiores do corpo fez R. Blackmore questionar as clássicas teorias da hipocondria (Blackmore, 1725 *apud* Hare, 1991).

Porém, em 1733, Hoffmann já apontava que

> [...] as afecções espasmódicas sentidas pelos hipocondríacos e pelos histéricos tem sua sede nas partes nervosas, e, sobretudo, nas membranas do estômago e dos intestinos, de onde são comunicadas, através do nervo intercostal, para a cabeça, peito, rins, fígado e para todos os órgãos principais do corpo (Hoffman, 1733 *apud* Collée & Quétel, 1994, p. 59).

Por sua vez, Willis sustentou que, sendo os órgãos abdominais a sede da histeria e da hipocondria, os nervos abdominais deveriam ser as vias de transmissão da simpatia entre aqueles órgãos e outras partes do corpo[15].

15 Esses nervos, mais tarde denominados intercostais, foram finalmente consagrados com a denominação *grandes nervos simpáticos*, uma

A partir da metade do século XVII, essas teorias foram encontrando cada vez mais adeptos. Diante da inexistência de evidências de disfunções no útero, no baço, no hipocôndrio ou no estômago, passou-se a acreditar que a fonte da histeria e da hipocondria não estaria em distúrbios dos órgãos propriamente ditos, mas em perturbações das cadeias nervosas que estabeleciam a comunicação entre eles.

Na Inglaterra, atribuía-se ao baço (*spleen*) uma importante função nas queixas hipocondríacas, depressivas e nervosas. Em 1723, William Stukley afirmou que esse órgão seria responsável pela purificação da bile negra oriunda dos intestinos, levada a ele pela veia esplênica. Assim, estados de ânimo caracterizados por aquelas queixas passaram a ser denominados *spleen*. Em 1729, Robinson descreveu os sintomas desses estados: "perda de apetite, tristeza, arrotos, regurgitações, murmúrios intestinais, fraqueza e tremores nas pernas, sensação de pancadas no interior da cabeça, sudorese, medo de morrer, perda de memória, episódios de desespero e perturbações do sono". No uso popular, o termo *spleen* persistiu com uma acepção ainda mais ampla, bem além daquela do século XVIII, significando também acessos de raiva e de tristeza, inclusive melancólicos. Em seu dicionário, Johnson descrevia o *spleen* como a manifestação de vapores melancólicos e hipocondríacos e também como doença do humor, do acesso de raiva e de profunda tristeza. Ali, o baço era também descrito como a sede da raiva, da melancolia e

referência às primeiras teorias que tentaram descrever suas funções (Hare, 1991).

mesmo do bom humor. Ainda em 1971, o *Oxford English Dictionary* propunha definições similares a essas (Stukeley, 1723; Robinson, 1729 *apud* Hare, 1991, p. 39-40).

Por volta de 1730, os médicos ingleses perceberam que os termos *spleen* e vapores descreviam, na verdade, sintomas desde sempre atribuídos à histeria e à hipocondria. Persistia, porém, a discussão em torno do caráter diferencial dessas manifestações, em função da dificuldade de distinguir sintomas característicos de cada uma dessas entidades. Eram ou não categorias nosográficas distintas?

Gradualmente, foi se configurando um terceiro conjunto de sintomas, caracterizado principalmente por perturbações das funções digestivas. Em torno deles constituiu-se um subgrupo específico das doenças dos nervos, que passou a ser reconhecido pelo termo *dispepsia*. Esse termo foi introduzido na medicina inglesa apenas em 1657, porém, desde os tempos de Étios e Paulo de Égina já se atribuía aos problemas digestivos um lugar central entre os sintomas da hipocondria.

A generalização dessa perspectiva fez com que G. Baglivi afirmasse, em 1704, que os distúrbios mentais relacionavam-se às doenças do estômago, uma opinião também defendida por Mandeville, que atribuía especificamente a estas a causa da hipocondria e da histeria. Em 1770, Cullen definiu a hipocondria como indigestão acompanhada de languidez (abatimento, desalento, prostração), tristeza e medo de causas desconhecidas. Em 1827, Johnson ainda descrevia os problemas estomacais como a principal causa do nervosismo e da hipocondria (Baglivi, 1704; Mandeville, 1730; Cullen, 1810 *apud* Hare, 1991).

Na Inglaterra, nas primeiras décadas do século XVIII, a associação causal e sintomática entre dispepsia, hipocondria e histeria, a constatação da inexistência de uma diferença essencial entre *spleen* e vapores e a crença em uma suposta causalidade nos nervos aglutinaram um grupo de manifestações enigmáticas para os médicos, mas muito frequentes na clínica médica, constituindo a categoria das *doenças dos nervos* (Hare, 1991).

G. Cheyne consagrou esse termo em 1733. Até então, todo sintoma não relacionado a uma doença classicamente descrita era denominado com o nome de *spleen* ou vapores. As formas mais frequentes desses sintomas compreendiam, entre outras, "sensações de peso no peito (*angústia?*), murmúrios na barriga, vômitos e arrotos com sabor de humores amargos, dificuldade para respirar, palidez, convulsões, gritos" (Cheyne, 1733 *apud* Hare, 1991, p. 41).

As doenças dos nervos passaram a designar manifestações em que não era possível identificar nenhuma anormalidade patológica nos órgãos referidos na queixa dos pacientes, e cuja causa passou a ser atribuída ao sistema nervoso. Apesar dessa tentativa de definição, a identidade clínica dessa entidade permaneceu confusa, levando alguns autores, como Cheyne, inclusive, a afirmar que as doenças nervosas eram uma espécie de saco de gatos onde eram incluídas todas as doenças para as quais não se encontravam outros diagnósticos.

Assim, desde o início, essa nova categoria desencadeou questões problemáticas ligadas à etiologia, ao diagnóstico, à incidência e ao tratamento dessas doenças, muitas das quais permanecem até os nossos dias.

Na Inglaterra, a criação da categoria de doenças dos nervos, reunindo diferentes entidades nosográficas, antes separadas, criou a impressão de um aumento significativo da incidência dessas manifestações. Sydenham considerava que as doenças "histéricas" (incluindo a hipocondria) correspondiam a cerca de um sexto das doenças às quais estaria predisposta a humanidade, enquanto Cheyne apontava que cerca de um terço das queixas dos pacientes ingleses correspondia às doenças dos nervos. Mais radical, Trotter considerava, em 1807, que a "sociedade civilizada" condenava dois terços de seus membros a sofrerem de doenças nervosas, já atribuindo à vida urbana, mas também à luxúria, ao ócio, à corrupção e à decadência moral, um papel importante nessa grande incidência (Trotter, 1807 *apud* Hare, 1991).

O temperamento nervoso

Segundo Hare, a descoberta da natureza elétrica da condução nervosa levou ao abandono das tentativas de encontrar uma causa específica e localizada das doenças nervosas (Hare, 1991).

Assim, no século XIX, as doenças dos nervos passaram a ser explicadas em termos mais gerais de constituição e de temperamento. Através dessa perspectiva, introduziu-se a preocupação quanto à influência de fatores hereditários, constitucionais e ambientais na etiologia dessas doenças. Mais especificamente, inaugurou-se a possibilidade de se conceber o lugar e a função de tais manifestações na história e na vida do sujeito, por meio da ideia de uma constelação específica a cada pessoa, uma visão precursora da noção de personalidade.

Muitos médicos, como Sydenham (1749), Baglivi (1696) e Blackmore (1725) já haviam considerado a constituição ou o temperamento como fatores de predisposição às doenças dos nervos. Whytt (1767) afirmara que essas doenças eram causadas principalmente por uma "constituição fraca ou não natural dos nervos", sendo que esta condição poderia ser fruto de "uma constituição defeituosa, de uma doença dos nervos propriamente dita ou ainda de modos de vida irregulares que fragilizam todo o corpo e os nervos em particular" (Whytt, 1767 *apud* Hare, 1991, p. 43).

Tentando tornar compreensivo um campo de manifestações patológicas intrigantes e confusas para os médicos, em 1807, T. Trotter descartou as causas orgânicas e atribuiu a um *temperamento nervoso* a etiologia das doenças dos nervos. Esse temperamento poderia ser herdado de pais que apresentassem tais doenças ou adquirido a partir de desnutrição na infância, febres, golpes na cabeça, modo de vida inadequado, e utilização indiscriminada de remédios ou mesmo de venenos (Trotter, 1807 *apud* Hare, 1991).

Trotter também apontou que a principal dificuldade para a compreensão dessas doenças era a delimitação de seu quadro sintomático em função da inconsistência das descrições clínicas. Esse quadro variava de um indivíduo para outro e, até na mesma pessoa era possível observar, em diferentes momentos, diferentes sintomas. Esses sintomas eram, além disso, imprecisos e de difícil discriminação, dificultando ainda mais o consenso dos médicos sobre suas características e seus significados, e, sobretudo, a realização do diagnóstico diferencial.

Revelava-se assim, mais uma vez, o desafio para compreender o quadro sintomático dos pacientes e a natureza de suas queixas. A distinção entre "autênticas" doenças dos nervos e doenças do temperamento era bastante problemática, principalmente quando os médicos eram confrontados com a questão da existência ou não de disfunções orgânicas "reais" que necessitassem de tratamento. Já em 1729, Robinson discutira a questão da realidade ou não do *spleen* e dos vapores, apontando para os perigos de negligenciar disfunções orgânicas reais. Em 1802, Heberden afirmara que as doenças dos nervos tinham como causas fatores reais "como em qualquer outra doença" (Heberden, 1802 *apud* Hare, 1991, p. 42), porém, na época, todas as tentativas de encontrar uma lesão patológica para justificar tal afirmação acabaram fracassando. A hipocondria, como uma das manifestações dessas doenças, guardou para sempre as marcas desses dilemas diagnósticos. Também a configuração de um grupo de doenças, mais tarde denominadas funcionais ou psicossomáticas, é herdeira de tais dilemas (Volich, 2000).

Hare aponta que a dificuldade em demonstrar as causas orgânicas das doenças dos nervos teve ainda duas outras consequências. A primeira, decorrente das controvérsias históricas em torno da noção de espírito, reacendeu as polêmicas em torno das ambiguidades e das articulações entre os aspectos físicos e mentais da vivência humana. Mesmo após o abandono das teorias dos espíritos, demoníacos ou animais, a questão das relações etiológicas entre corpo e mente nessas doenças não havia sido esclarecida. A segunda, por não ter sido possível identificar e localizar as disfunções do corpo, as doenças nervosas passaram a ser consideradas predominantemente distúrbios da alma, tendo sido, a partir de então, explicadas em termos puramente psicológicos, levando à negligência do tratamento dos sintomas físicos dos pacientes.

As dificuldades com a etiologia, com a semiologia e com o diagnóstico das doenças dos nervos repercutiram, evidentemente, na dificuldade em desenvolver um método terapêutico eficiente para tratá-las. Por esse motivo, os médicos que se dedicavam ao tratamento de tais doenças foram cada vez mais objeto de desconfiança, chegando a ser denominados "médicos hipotéticos" (Hare, 1991, p. 43). A cultura e a literatura, em particular, contribuíram para a cristalização desse estereótipo caricaturando e mesmo ridicularizando tanto a atitude dos pacientes e suas doenças "imaginárias" como os médicos que os tratavam[16]. Esse legado repercutiu de forma significativa na desconfiança que marcou, ainda no século XIX, o surgimento dos novos campos da neurologia e da psiquiatria, disciplinas que passaram a se dedicar à investigação e ao tratamento das doenças dos nervos. Ainda hoje podemos encontrar os reflexos dessa desconfiança nas representações e nas atitudes individuais e coletivas relativas àqueles que trabalham no campo da saúde mental, e também nos preconceitos que muitas vezes marcam as práticas médicas que reconhecem a importância da abordagem dos aspectos psíquicos, emocionais e relacionais para a compreensão da doença e do seu tratamento.

A hipocondria, entre o desatino e o corpo

Dos humores à superstição, dos vapores aos nervos, dos órgãos ao espírito. Esse percurso pendular foi percorrido pela medicina através dos séculos na tentativa de compreender a saúde e o adoecer humanos. Inspirando a construção de um saber sobre a patologia, as diferentes teorias que surgiram nesse percurso foram também reveladoras da perplexidade do Homem diante da Natureza, de si mesmo e do outro. Através delas, revelou-se também a necessidade do Homem de criar representações como forma de construir um sentido para a experiência da doença e da morte, como tentativa

[16] O doente imaginário, de Molière, é o exemplo mais célebre desse tipo de abordagem.

de controlá-las, dominá-las, como forma de elaborar seu desamparo diante das mesmas. Como aponta Foucault, as diferentes perspectivas etiológicas da medicina são também reveladoras das transformações das representações do corpo humano e de seu funcionamento. A histeria e a hipocondria sempre foram manifestações que se prestaram de forma exemplar a essa função.

No limiar da era moderna, a experiência da loucura, da doença dita "mental", passou a ser primordialmente caracterizada pelo desatino, experiência de negatividade com relação a uma realidade considerada cada vez mais imperativa e incontornável. Segundo Foucault, naquela época, o delírio constituía a definição mais simples e mais geral que se podia dar da loucura, pois essa loucura, no sentido clássico, "não [designava] tanto uma mudança determinada no espírito ou no corpo como a existência, sob as alterações do corpo e a estranheza da conduta e dos propósitos, de um *discurso delirante*". No polo oposto encontrar-se-iam as doenças orgânicas, materializadas na positividade de um corpo cujos mistérios cada vez mais cediam às conquistas da ciência médica. A histeria e a hipocondria afastavam-se do desatino, sem, contudo, se constituir completamente no campo clássico da patologia orgânica. Porém, elas apresentavam elementos que as tornavam consistentes do ponto de vista da positividade, passando assim a serem situadas nos confins entre a moral e medicina "através da elaboração de um espaço corporal tanto ético como orgânico" (Foucault, 1972, p. 236 e 252).

As diferentes representações etiológicas da histeria e da hipocondria foram também tentativas de estabelecer teorias que pudessem relacionar o nexo e a comunicação existentes entre partes do corpo, revelando um princípio de manifestação "polimórfica" de um mal por este corpo. O fato de um mal mover-se percorrendo o espaço corporal, estando presente no corpo todo e não restrito apenas a um órgão ou região específicos, seria reveladora da possibilidade de "um transtorno dinâmico do espaço corporal" (Foucault, 1972, p. 252). Não seria mais o órgão que se move, mas o corpo como um todo que passou a ser concebido como passível de manifestação de um mal inespecífico, que, mais tarde, virá a ser denominado *idiopático* ou *funcional*.

Essas tendências marcaram as concepções da histeria e da hipocondria no século XIX. Cada vez mais, a histeria passou a ser considerada pelo médico a mais real e enganosa das doenças. Era incontestável a realidade de seus sintomas, mas, ao mesmo tempo, era ilusória sua natureza: tais sintomas pareciam provocados por uma perturbação inerente aos órgãos, quando, na verdade, essas perturbações eram apenas a manifestação de uma perturbação geral, uma desordem da mobilidade interna que assumia, na superfície do corpo, o aspecto de um sintoma regional. Sydenham já havia descrito a histeria como um "fingimento do corpo", podendo imitar quase todas as doenças do gênero humano, iludindo o médico despojado de sagacidade que atribuirá a uma doença verdadeira os sintomas que são mero resultado da afecção histérica. Da mesma forma, o caráter ilusório da queixa e do sintoma hipocondríacos marcou sua familiaridade com o campo dos distúrbios mentais. Apesar da vivacidade da descrição das dores, das dormências, dos calores, das sensações corporais, nenhuma evidência material positiva de sua substância se apresenta ao médico.

Foucault aponta como a concepção de Sydenham já sugeria a ideia de um corpo interior, cujo conteúdo precisaria ser penetrado pelo médico com "os olhos do espírito", diferente do corpo objetivo e neutro buscado pela medicina. Desde então, através dessa intuição, abriu-se para o médico a perspectiva de conceber uma outra representação do corpo, uma outra maneira de imaginá-lo, de decifrar seus movimentos interiores e, mesmo, de nele investir valores morais, através do que Foucault denomina uma *percepção ética* (Foucault, 1972, p. 288).

Como veremos, cada vez menos a evolução da medicina pode considerar essa abertura.

Apesar de penetrável, poroso, impunha-se ao corpo na hipocondria e na histeria uma exigência de continuidade. Esses dois atributos marcaram as visões do século XVIII, quando essas entidades transformaram-se em uma espécie de paradigma de um grupo nosográfico, o das doenças dos nervos. Evidenciava-se, dessa forma, que o corpo através do qual circulava a doença teria propriedades diferentes das do corpo onde aparecem dispersos os sintomas do paciente. A fibra nervosa foi considerada o elemento anatômico responsável pela integração das partes heterogêneas do corpo, ao mesmo tempo que pela manifestação de uma mesma doença em diferentes partes desse corpo.

Dessa concepção originou-se a ideia das doenças idiopáticas, de origem desconhecida, herdeira das dinâmicas da simpatia e sintônicas à ideia de distúrbios funcionais.

Segundo Foucault, gradativamente o sistema nervoso deixou de ser considerado apenas um elemento de transmissão de sensações ou de movimentos para ser compreendido como um elemento de "sensibilidade do corpo com relação aos fenômenos" que experimenta (p. 250). As doenças dos nervos, perturbações da simpatia, poderiam ser compreendidas como distúrbios da continuidade corporal resultantes da perturbação da função das fibras nervosas. Essas últimas, em função de uma mobilidade excessiva, falhariam em sua função unificadora e produziriam estados de irritação. Os doentes dos nervos seriam os mais irritáveis, os mais sensíveis, aqueles que possuiriam a alma mais facilmente impressionável, prestando-se a uma espécie de ressonância universal tanto com o meio que os envolve como com o seu organismo.

As doenças dos nervos seriam, então, doenças de um excesso de sensibilidade, de falta de contenção, de perturbação da continuidade do espaço corporal conduzindo a um transbordamento que poderíamos dizer traumático. Como afirmava Tissot, o excesso de sensibilidade e a irritação seriam capazes de ofuscar as sensações da alma, "como se a sensibilidade do órgão nervoso fizesse transbordar a capacidade que a alma tem de sentir e confiscasse para seu exclusivo proveito a multiplicidade de sensações que sua extrema mobilidade suscita" (Tissot, 1778-1780 *apud* Foucault, 1972, p. 292).

Ao mesmo tempo, segundo Foucault, era também perceptível uma outra tendência, na qual a visão dinâmica do espaço corporal foi substituída por uma *moral da sensibilidade*, uma tendência que mudou profundamente a significação das doenças nervosas, fazendo com que a "histeria e a hipocondria [mudassem] de direção – e [entrassem] definitivamente para o mundo da loucura" (p. 252).

Enquanto os males dos nervos tinham sido associados aos movimentos orgânicos das partes inferiores do corpo (mesmo pelos caminhos múltiplos e confusos da simpatia), situavam-se eles no interior de uma certa ética do desejo, configuravam a revanche de um corpo grosseiro; ficava-se doente de uma violência demasiado grande. Doravante, fica-se doente por sentir demais; padece-se de uma solidariedade excessiva com todos os seres vizinhos. Não se é mais forçado por uma natureza secreta, é-se vítima de tudo aquilo que, na superfície de mundo, solicita o corpo e alma (Foucault, 1972, p. 285 e 293).

O caráter ilusório das manifestações da histeria e da hipocondria será acentuado no século XIX. Dessa forma, cada vez mais elas se aproximaram do campo do desatino, a partir de então concebido como erro, como cegueira, como inconsequência. Mais tarde, a esse mesmo campo será também assimilada a experiência do sonho. Esse movimento marcou a incorporação da histeria e da hipocondria ao mundo da alienação e da doença mental:

> Enquanto os vapores eram convulsões ou estranhas comunicações simpáticas através do corpo, enquanto conduziam ao desmaio e à perda de consciência, não eram loucura. Mas quando o espírito se torna cego para os próprios excessos de sua sensibilidade – aí aparece a loucura (Foucault, 1972, p. 294).

No século XIX, consolidou-se o campo das doenças mentais, constituindo-se também as bases da psicopatologia e da psiquiatria modernas. Porém, esse movimento foi bastante marcado por uma representação da loucura que, muitas vezes com pretensões científicas, cristalizou preconceitos e julgamentos de valor a respeito da alienação, da loucura e do desatino. O humor e a caricatura, que marcaram as visões da hipocondria e da histeria até o século XVIII, foram substituídos pela desconfiança e pela recriminação dos médicos com relação aos pacientes que apresentavam tais manifestações. Nas concepções da doença mental originadas no século XIX esvaziou-se cada vez mais a dimensão perceptiva e imaginária das qualidades, fruto da relação e da proximidade dos médicos com seus pacientes, que as havia caracterizado até então.

A nova visão do século XIX passou cada vez mais a atribuir à loucura um conteúdo de culpa, de sanção moral e de justo castigo, sobrecarregando o desatino de novos valores. "Ao invés de fazer da cegueira a condição de possibilidade de todas as manifestações da loucura, [o médico] a descreve como o efeito psicológico de uma falta moral", comprometendo assim o que havia de essencial na visão clássica da experiência do desatino. O que era cegueira tornar-se-á inconsciência, o erro tornar-se-á falta. Como aponta Foucault, toda a hierarquia vertical que constituía a estrutura da loucura clássica, desde o ciclo das causas materiais até a transcendência do delírio, desfez-se espalhando-se na superfície de um domínio que será ocupado conjuntamente e logo será disputado pela psicologia e pela moral.

Nesse terreno foi gestada a psiquiatria que hoje conhecemos. A construção de um novo edifício para abrigar a experiência psicopatológica prometia reservar também à hipocondria o reconhecimento de sua natureza e sua especificidade no contexto dos quadros nosográficos. Entretanto, contrariando essa promessa, o movimento psiquiátrico acabou por conduzir, na verdade, ao ocaso da compreensão do significado e das manifestações da hipocondria[17].

A *psiquiatria, a psicopatologia e a hipocondria*

Duas grandes correntes deram início, no século XIX, à psiquiatria moderna. A corrente francesa foi marcada por Philippe Pinel (1745-1826), criador do *tratamento moral* da loucura, e por seu discípulo Jean-Etienne Esquirol (1772-1840). Este, desde 1817, foi o primeiro professor dessa especialidade, tendo publicado, em 1838, *Des Maladies*

[17] Cf. a seguir o Capítulo 4, "Horizontes médicos".

Mentales. Na Alemanha, Wilhelm Griesinger (1817-1868) exerceu uma importante influência. Autor de *Patologia e Terapêutica das Enfermidades Psíquicas*, publicado em 1845, ele foi professor de psiquiatria e de neurologia em Berlim até sua morte, em 1869 (Paim, 1993; Beauchesne, 1989).

A escola francesa de psiquiatria foi herdeira do Iluminismo dos séculos XVII e XVIII, caracterizado pela razão cartesiana, pela luta pela liberdade e contra as superstições[18]. Na concepção dessa escola, a doença mental, um transtorno da razão, deveria ser estudada de modo científico. Por sua vez, a psiquiatria alemã foi marcada pelo romantismo, que defendia o aspecto irracional do homem, a importância do contato com a natureza, os valores individuais. Segundo H. Beauchesne, "mais do que a razão, a empatia (*Einfühlung*) seria [o elemento] que permitiria descobrir os fundamentos do indivíduo, sua visão de mundo (*Weltanschauug*)" (Beauchesne, 1989, p. 28).

Entre essas duas correntes, uma terceira vertente permeava a construção das representações da doença mental no século XIX. Como aponta S. J. Cazeto, a teoria do magnetismo animal, surgida no final do século XVIII, foi bastante difundida no século XIX e estabeleceu "uma relação de tensão" com a psiquiatria. Franz Mesmer (1734-1815) desenvolveu suas teorias a partir da escola humoral de Boerhaave

[18] Uma excelente análise histórica e epistemológica das condições culturais, ideológicas e científicas que determinaram o surgimento e o desenvolvimento da psiquiatria na França do século XIX pode ser encontrada em *A constituição do inconsciente em práticas clínicas na França do século XIX* de Cazeto (2001).

e de Paracelso. Baseado nas então recentes descobertas sobre a eletricidade, ele defendia a existência de um fluido animal, essência da vida, que circulava no Universo e entre os seres vivos segundo os mesmos princípios magnéticos de um ímã. As doenças seriam consequência da perturbação do equilíbrio desses fluidos. O tratamento tinha como objetivo reequilibrar esses fluidos colocando os pacientes em contato com o magnetismo captado por uma tina contendo limalha de ferro. Apesar das controvérsias em torno de sua teoria, as experiências de Mesmer colocaram em evidência o fenômeno da sugestão e a possibilidade de indução de crises histeriformes, abrindo caminho para o surgimento do hipnotismo e para uma outra leitura da histeria e da doença mental em geral. O magnetismo também provocou o interesse pelo espiritismo, pelo sonambulismo, e pelas personalidades múltiplas tanto nos meios médicos como fora deles. Mais especificamente, segundo G. Swain, o magnetismo teve "a audácia, mas não a competência" de investigar o ponto cego da medicina clínica, as expressões do psiquismo e, principalmente, do inconsciente. A partir desses elementos desenvolveu-se a especificidade do "tratamento moral" ou da "cura psíquica" (Beauchesne, 1989; Swain, 1977 *apud* Cazeto, 2001).

Assim, como aponta Cazeto (2001), "a psiquiatria teria ocupado um espaço que os recalques da medicina teriam ajudado a constituir, mas conquistando-o às expensas do magnetismo, outro candidato a abrigar os excluídos da objetividade" (p. 166). É importante considerar que Johann Christian Reil (1759-1813), criador do termo psiquiatria, era um grande interessado pela anatomia cerebral, reconhecendo, porém, a importância dos tratamentos psicológicos para a doença mental (utilização do teatro e da música), e a existência de uma interação entre o psíquico e o somático. Na mesma época, Johann Christian Heinroth (1773-1843), utilizando uma terminologia religiosa, já defendia a existência nas doenças mentais de um conflito interno entre "os pecados e a consciência moral". Postulando a existência de diferentes níveis de consciência, Heinroth sustentava que corpo e psique seriam dois aspectos da autoconsciência (*Selbstbewusstsein*) do ser, tendo criado, em 1818, o termo *psicossomática*[19].

Na segunda metade do século XIX, a psiquiatria foi institucionalizada como ramo da medicina, com uma predominância da escola francesa. Os pontos de vista psicodinâmicos da escola alemã ocuparam um lugar secundário nesse cenário. Em 1878, Emminghaus criou o termo psicopatologia, equivalente na época ao termo psiquiatria clínica (Pichot *apud* Beauchesne, 1989). Num primeiro momento, o desenvolvimento da psiquiatria foi primordialmente realizado a partir de estudos clínicos, enquanto, desde o início

---

[19] Os processos psicológicos ocorreriam em três níveis: um nível inferior, o das forças instintivas, do magnetismo; um nível de consciência (*Bewusstsein*) e do Eu (*Ich*), em que predomina a inteligência e a autoconsciência; e o nível superior, da consciência moral (*Gewissen*). A consciência desenvolvida a partir do Eu permitiria superar o nível egocêntrico, e essa forma superior, elemento divino, poderia ser chamada de *Über uns* (supernós). Como apontou P. Giraud, essa representação do conflito psíquico prefigurava as noções de conflito interno de Freud e suas concepções sobres as instâncias do aparelho mental (id, ego e superego) (Beauchesne, 1989).

do século XIX, a medicina vinha privilegiando os estudos fisiológicos e anatômicos.

Persistiam, porém, as visões que consideravam a etiologia anatomofisiológica das doenças mentais, principalmente as que consideravam as causas inflamatórias. Retomando algumas das concepções clássicas das doenças dos nervos, François Broussais (1772-1838) afirmava que a loucura era o resultado de "inflamações e irritações do cérebro", ou ainda que a hipocondria era fruto de uma dupla irritação, uma gastrite crônica e uma predisposição cerebral, que enfraqueceria a razão desses pacientes (Broussais *apud* Beauchesne, 1989, p. 31-32; Broussais, 1828 *apud* Guedeney & Weisbrodt, 1995).

Por sua vez, opondo-se a Pinel, Pierre Cabanis (1757-1808) defendia, em 1802, a necessidade de ligar o estudo dos fatos psicológicos à fisiologia e não às sensações. Segundo ele, a loucura seria fruto de reações violentas do corpo oriundas das vísceras do baixo-ventre, de lesões das membranas cerebrais ou das partes adjacentes. A frenologia, desenvolvida por Franz Joseph Gall (1758-1828), representou a posição extrema das visões materialistas e localizacionistas. Segundo ele, as faculdades mentais estariam localizadas em áreas específicas da superfície cerebral, cuja ação excessiva ou deficiente determinariam o caráter da pessoa. O exame do formato exterior do crânio poderia revelar as características de personalidade e diagnosticar os distúrbios patológicos. A frenologia foi bastante reconhecida até o início do século XX, impulsionada principalmente pelas descobertas neurofisiológicas das localizações corticais que pareciam confirmá-las (Beauchesne, 1989).

Georget (1795-1828) tentou superar o debate sobre a existência ou não de bases anatomopatológicas para a alienação mental distinguindo entre os distúrbios mentais *sintomáticos*, que apresentavam uma causa orgânica conhecida, e os *idiopáticos*, cuja causa orgânica permanecia desconhecida, mas que, apesar disso manifestavam perturbações funcionais. A loucura propriamente dita seria a manifestação dos distúrbios idiopáticos, sendo que dessa distinção originar-se-ia, posteriormente, a separação entre a neuropsiquiatria e a psiquiatria (Collée & Quétel, 1994).

Paralelamente a essas tendências, observou-se a separação da psicologia da filosofia, à qual esteve intimamente ligada até o século XIX. Em 1889, descrevendo o panorama europeu no qual ocorreu essa mudança, Alfred Binet (1857-1911) apontava que, enquanto os psicólogos alemães dedicavam-se às pesquisas psicofísicas e os ingleses à psicologia comparada, os franceses dedicavam-se quase exclusivamente à psicologia patológica, contribuindo à consolidação do campo da psicopatologia. No início do século XX, na França, Théodule Ribot (1839-1916) criou, a partir da psicologia científica, o método patológico, propondo compreender a psicologia normal a partir dos fatos patológicos (Beauchesne, 1989). Discípulo de Wundt, Emil Kraepelin (1856-1926) dedicou-se na Alemanha à criação de uma classificação das doenças mentais construída a partir de critérios clínicos objetivos, considerando também os dados evolutivos dos diferentes quadros. Em seu *Tratado de Psiquiatria*, ele celebriza, a partir de 1899, a distinção entre dois grandes grupos das psicoses, as *psicoses maníaco-depressivas* (caracterizadas pelos distúrbios afetivos) e a *demência precoce* (caracterizada pela deterioração psíquica e intelectual progressiva, e reunindo três formas: hebefrênica, catatônica e paranoide).

Delinearam-se assim as linhas evolutivas da psiquiatria e da psicopatologia. Possuindo um campo de estudos comum, o objetivo da psicopatologia consolidou-se como a compreensão e o conhecimento dos fenômenos psicopatológicos, enquanto o da psiquiatria orientou-se para a terapêutica, a profilaxia e a readaptação, utilizando meios psicológicos, médicos, biológicos e sociais.

Doença imaginária, doença da imaginação

Alinhada cada vez mais às manifestações das doenças mentais, a hipocondria foi sendo situada nesse contexto. Mesmo antes do século XIX, alguns autores já haviam ressaltado a natureza eminentemente mental da etiologia e das dinâmicas da histeria e da hipocondria. Em 1755 e 1763, respectivamente, Alberti e Carl von Linné assinalaram o caráter imaginário dos sintomas hipocondríacos, enquanto, em 1761, Liteaud (1759, *apud* Foucault, 1972) afirmara que neste quadro "o espírito é tão ou mais afetado do que o corpo" (p. 279). Em 1763, Boissier de Sauvages também destacara a dimensão alucinatória e ilusória dos sintomas, distinguindo a hipocondria simples da hipocondria delirante.

Ao considerar a hipocondria uma neurose das funções cerebrais (afecção do sistema nervoso sem inflamação, nem lesão de estrutura ou febre), Pinel também ressaltou a dificuldade do diagnóstico diferencial, "a extrema dificuldade de se ter uma ideia justa e precisa da hipocondria e de não confundi-la com a histeria ou com a melancolia, em função da confusão que reina na maior parte dos escritos de medicina" (Pinel, 1798 *apud* Guedeney & Weisbrodt, 1995, p. 44). Entre as neuroses, algumas fariam parte das vesânias: a hipocondria, a melancolia, a mania, a demência, o idiotismo, o sonambulismo e a hidrofobia. Ele preferia, porém, o termo *alienação mental* ao de vesânia, destacando que aquele termo descrevia melhor a amplitude das lesões do entendimento, característica dos pacientes. Apesar da importância da ideia de alienação, ele insistiu que existe no doente mental uma parte dotada de razão à qual o médico pode endereçar-se. Contrariamente à ideia de uma loucura a-humana, que predominou por mais de dois mil anos, ele defendeu a ideia de que não existe loucura sem sujeito, considerando ser o objetivo da psiquiatria a tentativa de mudar a relação do sujeito com sua loucura. Segundo Pinel, era possível observar a existência de uma hierarquia da alienação mental, sugerindo que, por exemplo, frequentemente "a mania é o grau mais elevado da hipocondria e da melancolia" (Collée & Quétel, 1994, p. 72).

Esquirol prosseguiu os estudos de Pinel, bem como sua luta pela humanização do tratamento aos alienados. Desde sua tese de 1805, *Des passions considérées comme causes, symptômes et moyens curatifs de l'aliénation mentale*, ele afirmava que a loucura tinha causas tanto físicas quanto morais, considerando também o papel da hereditariedade e que a localização primitiva da loucura poderia encontrar-se nas vísceras. Ele distinguiu as *alucinações*, expressões sensoriais (visão, tato, audição) inexistentes e completamente produzidas pelo espírito, das *ilusões*, falsas impressões baseadas em impressões defeituosas de estímulos sensoriais. Tendo denominado o delírio geral de *mania* e definido as manias parciais (hipomania, cleptomania, piromania etc.), ele desenvolveu a noção de *monomania*, dividida em três grupos: as monomanias instintivas (futuras perversões e psicopatias), as afetivas e as intelectuais, nas quais o delírio encontra-se em primeiro plano. Segundo essas referências, ele classificou a hipocondria no grupo das *lipemanias*, "delírios tristes", neologismo que visava substituir o termo *melancolia* (Guedeney & Weisbrodt, 1995). Dessa forma, a hipocondria foi novamente associada aos quadros melancólicos e depressivos.

As neuroses, celebrizadas por W. Cullen em 1810, reuniram um grande número de manifestações anteriormente consideradas doenças dos nervos. Em sua classificação, Cullen não incluiu a hipocondria no grupo das vesânias, aquelas que se caracterizariam, sobretudo, pela perturbação das funções mentais, atendo-se à desvitalização e à debilidade de movimentos que pareciam caracterizá-la.

Inspirado pelas teorias evolucionistas e da transmissão hereditária de Darwin e de Lamarck, Bénedict Augustin Morel (1809-1873) considerava a possibilidade da transmissão hereditária de uma degenerescência de origem tóxica, climática, moral ou social, que poderia se agravar até chegar, no extremo, a extinção de toda uma família. Assim, os filhos de hipocondríacos manifestariam essa doença como seus pais, e poderiam apresentar ao longo da vida uma "disposição congênita à fraqueza intelectual, à melancolia e ao delírio de perseguição" (p. 73). Morel foi assim um dos primeiros a considerar a existência de relações dinâmicas entre a hipocondria e a as ideias de perseguição, sendo estas uma "transformação da hipocondria" (Morel, 1852 e 1857 *apud* Collée & Quétel, 1994; Guedeney & Weisbrodt, 1995).

Coube a Dubois d'Amiens (Fréderic Dubois), em 1833, uma descrição, tornada clássica, do quadro hipocondríaco. Baseado na hipótese de Sydenham, de que a histeria seria a neurose da mulher e a hipocondria a neurose do homem, ele defendeu a especificidade das manifestações da hipocondria, definindo-a como

> [...] monomania bem distinta, caracterizada por uma preocupação dominante, especial e exclusiva, ou por um receio excessivo e contínuo de doenças bizarras e imaginárias, ou pela íntima persuasão que as doenças, na verdade reais, mas sempre mal definidas, só podem terminar de maneira funesta (Dubois *apud* Oury, 1998, p. 207).

Mais especificamente, Dubois d'Amiens ressaltou a importância da dimensão imaginária desse quadro, o medo e a angústia referidos à crença na realidade da presença da doença:

> Uma forma doentia de pensar, independente de qualquer lesão cerebral... Toda vez que uma doença toma um curso insólito, toda vez que ela não cede a um tratamento em princípio racional, é preciso suspeitar que existe algo de hipocondríaco, no caso de um homem, ou de histérico, no caso de uma mulher... Perseguido pelo medo, o intelecto se assusta diante de todos os acontecimentos, o espírito se deprava, assim, por suas próprias emoções... Enganado pelas sensações que ele mesmo suscitou em seus órgãos, ele quase sempre acredita sofrer de uma doença singular e bizarra (Guedeney & Weisbrodt, 1995, p. 46).

Em 1860, o *Dictionnaire Littré* consagrava algumas das características da hipocondria, definindo-a como

> [...] doença nervosa que, perturbando a inteligência dos doentes, faz com que acreditem que são acometidos das mais diversas doenças, de forma que eles são considerados doentes imaginários, ao mesmo tempo em que sofrem muito e que se encontram mergulhados em profunda tristeza (Guedeney & Weisbrodt, 1995, p. 46).

Porém, ainda no final do século XIX, questionava-se a homogeneidade nosográfica da hipocondria. Alguns autores defendiam a existência de duas manifestações diferentes da doença, uma maior e outra menor.

A *hipocondria maior* seria caracterizada por delírios sistemáticos, como delírios de perseguição ou megalomania. É nesse contexto que foi situada a síndrome descrita por Jules Cotard em 1882, também conhecida como *End of World Psychosis*, uma forma de melancolia delirante composta de ideias de negação, em particular, de um delírio de negação de órgãos. Segundo Postel, essa síndrome caracteriza-se por uma terrível ansiedade interior, gemidos, estupor, hipocondria, autoacusação, suicídio e automutilação, alucinações visuais, negação de órgãos, sensação de estar morto ou de não poder morrer, sensações de aniquilação (o mundo, a família, os parentes não existem mais) terrores e insuportável dor moral (Guedeney & Weisbrodt, 1995; Cotard, 1880 e 1882).

Por sua vez, na *hipocondria menor* as fantasias dos pacientes referentes a seus males e a suas sensações corporais não atingiriam o nível delirante. Essas manifestações foram incorporadas por Georges Beard, em 1880, ao quadro da *neurastenia*. Esta doença do sistema nervoso seria caracterizada por uma debilitação geral da pessoa, sendo seus principais sintomas fadiga, cefaleias, raquialgias, distúrbios neurovegetativos, digestivos e sexuais. Inicialmente descrita nos Estados Unidos, ela migrou para a Europa tendo substituído a hipocondria no imaginário social (Guedeney & Weisbrodt, 1995). Foi através da perspectiva da neurastenia que a hipocondria foi introduzida na obra freudiana.

Do inconsciente ao corpo imaginário

A tradição alemã marcou naturalmente os estudos médicos de Freud na Universidade de Viena. Os professores que ele mais admirava, Carl Claus (anatomia comparada), Hermann Nothnagel (medicina interna) e, seu ídolo e mentor, Ernst Brücke (fisiologia), formaram-se todos na Alemanha, principalmente em Berlim. Porém, da mesma forma como questionou sua atividade como neurologista, que tudo fazia crer promissora, Freud também se interrogou sobre o significado de sua inserção dentro da tradição médica alemã.

Assim, em 1885, quando se candidatou a uma bolsa para um período de pesquisas no estrangeiro, Freud ponderava que "nada de essencialmente novo poderia esperar aprender numa universidade alemã" (Freud, 1886, p. 33). Sentindo-se atraído pela escola francesa, concretizou sua intenção de prosseguir "seus estudos de neuropatologia", mas também sobre o hipnotismo e o tratamento da histeria com J. M. Charcot (1825-1893), no Hospital da Salpêtrière em Paris. Mais tarde, em 1889, efetuou uma estadia em Nancy, junto a Bernheim, para aprofundar sua experiência com o uso terapêutico da hipnose[20].

---

20 Em outro trabalho, aponto como através da escolha de Charcot manifestava-se a insatisfação de Freud com as respostas que a neurologia oferecia para a compreensão de seus pacientes, principalmente aqueles acometidos de histeria, mas também sua necessidade de libertar-se da enorme influência de Brücke, que admirava seus dons de anatomista do sistema nervoso e sempre o apoiara esperando que ele prosseguisse suas pesquisas e mesmo se

A obra de Freud é, portanto, fruto da confluência das perspectivas alemãs e francesas da medicina, especialmente da neurologia e da psiquiatria, jovens disciplinas que, na época, ainda se encontravam em vias de se organizarem. Sua curiosidade diante de fenômenos considerados marginais por seus contemporâneos, seus questionamentos, suas opções teóricas e relações profissionais valeram-lhe muitas dificuldades para ser reconhecido e inserir-se no meio médico vienense. No relatório apresentado após sua permanência em Paris, ele comenta que

> [...] em decorrência da escassez de qualquer contato pessoal estimulante entre médicos franceses e alemães, as descobertas da escola francesa – algumas (sobre hipnotismo) deveras surpreendentes e outras (sobre histeria) de importância prática – foram recebidas [na Áustria e na Alemanha] mais com dúvidas do que com reconhecimento e crédito (Freud, 1886, p. 35).

Apesar dessa resistência, foi justamente através de tais experiências que Freud pôde descobrir as funções das manifestações do inconsciente, fundando a psicanálise e construindo uma nova perspectiva para a compreensão tanto da doença como da própria natureza humana.

---

tornasse professor na cadeira de neurologia. Cf. *Paixões de transferência*, de Volich (2000).

Como afirma Cazeto (2001), contrariamente ao que muitas vezes se propala, "no século XIX, a ideia de inconsciente não fazia escândalo". O impacto da tese psicanalítica sobre o inconsciente deveria ser "avaliado em relação à própria tradição de ideias anteriores sobre o inconsciente, e não em relação à sua ausência, como é mais comum se supor" (p. 27 e 31).

As concepções do inconsciente anteriores à da obra freudiana refletiam as mesmas influências filosóficas, ideológicas e culturais que marcaram as diferenças entre as escolas alemã e francesa de psiquiatria. A vertente inspirada pelo romantismo alemão tendia a "equiparar o inconsciente com o Absoluto", aproximando-se, assim, do que seriam as origens divinas desta instância, enquanto a vertente predominante na França era marcada por um "lastro mais propriamente corporal" do inconsciente[21].

A perspectiva francesa permitiu a Freud compreender a vinculação somática dos aspectos irracionais da alma humana, ressaltada pelos alemães. Segundo ele, o inconsciente não seria apenas um conceito resultante da reflexão filosófica, mas uma dimensão essencial do humano, cujas manifestações podem ser observadas tanto nos estados patológicos como na vida cotidiana, através dos sonhos, dos lapsos de linguagem e das mais triviais ações. Essas

---

21 "Para o romantismo alemão, o inconsciente é o 'santuário de nosso diálogo sagrado com a realidade suprema' (Béguin, [1939] 1991, p. 49), ao passo que os circuitos médicos franceses tendiam a compreendê-lo como 'o rumor obscuro das funções viscerais' (Starobinski, 1981, p. 272)" (Cazeto, 2001, p. 31).

manifestações são o resultado de dinâmicas articuladoras do aparelho psíquico, ancoradas e em interação permanente com o organismo. A partir dessa concepção, Freud esboçou um modelo de aparelho psíquico a partir do qual ele propôs uma nosografia psicopatológica especificamente referida às dinâmicas inconscientes.

Desafiado pela histeria, que durante séculos não se curvara às tentativas clássicas de decifração pela medicina, através do contato com Breuer, Charcot, Bernheim e com o hipnotismo, Freud pôde renunciar às promessas da neurologia para dedicar-se à investigação das profundezas da alma humana. Através desse movimento, os humores, os fluidos, os órgãos, as paixões, as simpatias e os temperamentos adquiriram um outro significado. Os sintomas da histeria colocaram em evidência distúrbios funcionais de partes do corpo sem lesões orgânicas concomitantes. Na verdade, as lesões que tantos buscaram deveriam ser compreendidas como "lesões [...] completamente independentes da anatomia do sistema nervoso", pois, na histeria e em outras manifestações, tudo se passa "como se a anatomia não existisse" (Freud, 1893a, p. 223). A "lesão" revelada pela histeria refere-se, portanto, não à anatomia do organismo, mas à concepção, à representação subjetiva desse corpo.

A partir da histeria, revelaram-se os mecanismos psíquicos através dos quais, articulados à anatomia, estrutura-se ao longo da história do sujeito uma outra experiência do corpo, marcada pelo prazer e pelo desprazer, vindo a constituir uma dimensão erógena da experiência desse corpo. Ampliou-se assim a possibilidade de compreender a natureza do sofrimento desses pacientes.

A histeria deixava de ser considerada apenas como fruto do capricho, como uma mera simulação. Da mesma forma, a hipocondria pôde deixar de ser compreendida simplesmente como uma doença imaginária, resultado de uma fantasia excessiva e de uma percepção errônea do sujeito sobre o funcionamento de seu corpo. Em vez de um erro de julgamento, de uma falta moral, a perspectiva freudiana convida à compreensão da hipocondria como um o verdadeiro paradigma subjetivo dos novos tempos que prometiam ao homem a superação de todos os seus males e a descobertas dos mais ínfimos segredos de seu corpo. Através da descoberta dos mecanismos inconscientes, mais do que um quadro da psicopatologia, a hipocondria revela-se ao observador como verdadeira experiência estruturante e constituinte do Homem, de sua existência e de sua relação com seus semelhantes.

2.

Visões freudianas

"[...] as neuroses daqueles tempos precoces entram em cena sob uma roupagem demoníaca, enquanto que aquelas do tempo presente, pouco psicológico, aparecem sob uma roupagem hipocondríaca, disfarçadas em doenças orgânicas."

(Freud, *Uma neurose demoníaca do século XVII*)

No final de 1922, enquanto dava seus últimos retoques em "O ego e o id", Freud dedicou-se na Biblioteca Nacional Austríaca ao estudo do manuscrito de número 14086, conhecido como "O troféu de Mariazell". Esse documento descreve a cura miraculosa, em 1677, do pintor Christoph Haitzmann, que, acreditava-se, havia estabelecido um pacto com o demônio, tendo sido por ele possuído. Analisando o relato dessa cura, Freud ressaltou que, olhando com outros olhos, poderíamos reconhecer nos relatos de possessão demoníaca do passado aquilo que a psicanálise havia revelado como sendo a essência do funcionamento neurótico.

Sugerindo que, através de suas crenças e seus costumes, cada época determina os meios mais adequados para a manifestação da neurose, Freud ressaltava que, no mundo antigo, a força da crença no sobrenatural e o livre curso à fantasia determinavam que as manifestações neuróticas fossem compreendidas como o resultado da possessão pelos espíritos e pelos demônios. Por sua vez, a crença no espírito científico que se anunciava no início do século XX marcava aquela época como "pouco psicológica", produzindo como consequência o disfarce hipocondríaco para a manifestação do sofrimento neurótico.

Apesar da importância e das implicações dessa constatação, Freud não se estende nesse artigo de 1923 sobre essa questão. Discutindo as antigas descrições das possessões demoníacas como relatos de ataques histéricos e, no caso de Christoph Haitzmann, a figura do Demônio como um duplo e um substituto do pai, Freud insiste, mais à frente no texto, que

> [...] um caso clínico de demonologia desse tipo produziria, sob a forma de metal puro, um material que nas neuroses de uma época posterior (não mais supersticiosas, *mas antes hipocondríacas*) tem de ser laboriosamente extraído, pelo trabalho analítico, do minério das associações livres e dos sintomas (Freud, 1923b, p. 91; grifo meu).

Freud apontava assim que, ao longo do tempo, o metal puro da histeria, fonte primordial da psicanálise, tenderia gradativamente a rarear ao mesmo tempo que se misturava a outros metais produzindo ligas desconcertantes para a manifestação da subjetividade. Contrapondo-se à exuberância das manifestações histéricas, com sua profusão de sintomas, seus corpos retorcidos, suas histórias fantásticas e cativantes, gradualmente foram se configurando outras manifestações clínicas, insidiosas, silenciosas, secretas que exigiriam dos psicanalistas, mas também de todos os clínicos, um esforço e uma energia cada vez maiores para extrair, analisar e separar os elementos que se mesclaram para manifestar o sofrimento do paciente, compreendê-lo e, assim, tratá-lo.

É intrigante constatar que Freud, geralmente tão atento à importância dos pequenos detalhes do discurso, ao aspecto significativo das psicopatologias da vida cotidiana e às manifestações culturais do inconsciente, não tenha se debruçado de forma sistemática sobre as manifestações hipocondríacas, já em 1923 reconhecidas por ele como uma "via privilegiada de manifestação do sofrimento humano" (Freud, 1923b, p. 23). Uma constatação profética, cujo alcance nem o próprio Freud pôde imaginar.

A hipocondria, porém, nunca foi estranha à obra freudiana. Desde seus primeiros escritos nos anos 1890, as referências a essa manifestação são constantes, porém fugazes, caracterizando-se quase sempre como uma manifestação sintomática inespecífica, sem vinculação patognômica a um quadro psicopatológico particular. Nos artigos desse período, Freud aponta a presença de sintomas hipocondríacos em quadros por ele caracterizados como histéricos, neuróticos obsessivos, fóbicos, na neurastenia e na neurose de angústia, e também nas então chamadas parafrenias, caracterizadas por episódios alucinatórios ou delirantes.

Mais tarde, a partir da análise do relato de Schreber, em 1911, e com o desenvolvimento do conceito de narcisismo, em 1914, Freud pode esboçar uma tentativa de compreensão da especificidade do fenômeno hipocondríaco a partir das dinâmicas narcísicas. Nesse momento, a hipocondria passou a ser considerada parte das neuroses narcísicas, destacando-se em sua associação com a paranoia. Mesmo depois desses desenvolvimentos, Freud continuou situando a hipocondria como uma das três grandes manifestações da neurose atual, ao lado da neurastenia e da neurose de angústia.

Assim, a perspectiva freudiana evidenciou que a hipocondria não se constitui como uma entidade nosográfica autônoma, podendo manifestar-se livremente em todos os quadros psicopatológicos, fazendo parte também de muitas de nossas experiências cotidianas. À fina capacidade de observação de Freud não escapou a dimensão hipocondríaca da atividade onírica, inspirando-o a pensar também sua função na estruturação do psiquismo. Essas perspectivas não apenas revelaram a capacidade mimética e migratória da hipocondria, já apontada por diversos autores ao longo da história, mas também contribuíram para compreendê-la como uma manifestação vinculada às dinâmicas inconscientes estruturantes de diferentes modos de subjetivação.

A hipocondria e a primeira nosografia psicanalítica

Da neurologia à psicanálise

Ao final de seus estudos de medicina, Freud já se dedicava à pesquisa em anatomia e fisiologia do sistema nervoso. Incentivado por muitos de seus professores, ele prosseguiu essa atividade após a conclusão de seu curso, trabalhando entre 1876 e 1882 sob a orientação de Ernst von Brücke (1819-1892). Entusiasmado com as qualidades de seu aluno, Brücke incitou Freud a realizar um enorme trabalho de sistematização de suas observações, que resultou em cerca de vinte artigos sobre suas pesquisas.

Apesar das expectativas e previsões promissoras de seus mestres, Freud gradativamente decepcionou-se com a atividade de pesquisa manifestando seu desapontamento com a anatomia do cérebro, "que não trouxe nenhum avanço com relação à fisiologia". Ele admitia também que sua decisão de orientar-se para a clínica, e, especialmente, para o estudo das doenças nervosas, fora também determinado por "fatores materiais", em função de seus projetos de formar com Martha Bernays uma família e poder sustentá-la (Freud, 1925b, p. 20).

Naquela época, a clínica neurológica e a psiquiatria formavam ainda um campo com fronteiras bastante fluídas, ambas dedicando-se ao tratamento das chamadas doenças nervosas. Segundo P. Gay, a psiquiatria era um ramo da medicina ainda pouco praticado em Viena, e nem mesmo Nothnagel, ex-professor de Freud e chefe da clínica onde, a partir de 1882, Freud foi assistente, tinha muito o que lhe oferecer a respeito (Gay, 1988). Como Freud ponderava, para progredir no tratamento das doenças dos nervos, "a pessoa tinha que ser seu próprio professor".

Em 1883, ele foi promovido a médico estagiário na clínica psiquiátrica de Meynert. A competência clínica de Freud, principalmente a precisão de seus diagnósticos, era reconhecida por esses grandes neurologistas da época, por seus colegas vienenses e mesmo estrangeiros. Graças a essas qualidades, Freud conseguiu vencer os preconceitos com relação a suas origens, ocupando todas as funções da hierarquia hospitalar na época, conseguindo, inclusive, ser nomeado em 1885 conferencista (*Privat-Dozent*) na Universidade de Viena.

Mas também a clínica neurológica e psiquiátrica praticada em Viena revelou-se insatisfatória. Freud, cada vez mais, interessava-se pelo trabalho de Charcot com a histeria e com a hipnose, conseguindo finalmente uma bolsa para trabalhar com ele em Paris, entre 1885 e 1886. Quando de seu retorno, Freud pronunciou uma conferência na Sociedade Médica de Viena defendendo a existência de uma histeria masculina, o que provocou uma violenta reação de Meynert. A partir de então, seu antigo mestre tornou-se um dos maiores oponentes a suas teorias. Na sequência desse episódio, Freud desligou-se do Instituto de Neurologia, dirigido por Meynert, abandonando seu último vínculo com a Universidade (Schur, 1975).

De suas experiências como anatomopatologista e fisiologista, no laboratório, e como clínico, nos ambulatórios de tratamento das doenças nervosas, Freud conservou a valorização da observação e da teorização sistemática como fontes essenciais dos critérios diagnósticos e dos sistemas de classificação. Assim, na passagem da neurologia e da psiquiatria para a psicanálise, ao renunciar aos tratamentos hidroterápicos e elétricos em favor da hipnose e, mais tarde, da associação livre, ao enveredar pelos caminhos abertos pelos fenômenos da histeria, Freud sempre se preocupou não apenas em caracterizar bem esses fenômenos, mas também em estabelecer a especificidade de suas diferenças em relação a outras manifestações com as quais eles poderiam ser confundidos. Esse é o espírito que permite compreender a transição de um texto sobre as afasias (Freud, 1891), primordialmente marcado pela neurologia, para o artigo inspirado por Charcot e publicado em 1893 distinguindo as paralisias histéricas das orgânicas (Freud, 1893a), no qual Freud estabelece claramente a especificidade da etiologia psíquica da histeria. Nesse trabalho, assim como no clássico estudo publicado com Breuer em 1895, a conversão, mas também outros sintomas da histeria (anestesias, distúrbios sensoriais e perceptivos, entre outros) são descritos como o resultado de conflitos entre experiências e ideias inconscientes e as defesas (o recalque principalmente) que tentam evitar sua manifestação no pensamento consciente (Freud & Breuer, 1895).

As psiconeuroses e as neuroses atuais

Nos anos 1890, Freud ampliou esse procedimento comparativo, ao mesmo tempo que defendia a existência de uma continuidade entre estados normais e patológicos. Em dois importantes artigos, ele caracteriza a especificidade de outras manifestações neuróticas, propondo também um modelo etiológico e funcional da psicopatologia referido a suas descobertas sobre a histeria, incluindo nesse modelo as neuroses obsessivas, as fobias e mesmo a paranoia (Freud, 1894 e 1896a). Marcado por uma perspectiva econômica que considera os destinos de quantidades de excitação (afeto) no aparelho psíquico, esse modelo descrevia as manifestações neuróticas a partir das relações entre os afetos e as representações passíveis ou não de serem admitidas na consciência. Nos casos, em que tal acesso pudesse ser fonte de desprazer, o afeto desvinculado da representação pelo recalcamento poderia ter seu curso desviado tanto para a esfera somática, nos fenômenos conversivos, como deslocados para representações substitutivas, no caso da neurose obsessiva ou da fobia. A construção dessas hipóteses etiológicas e de um modelo nosográfico a partir de suas descobertas ocupa um lugar significativo na correspondência de Freud com Wilhelm Fliess (Freud, 1895a).

> Há quatro tipos e muitas formas dessas neuroses. Posso apenas traçar uma comparação entre histeria, neurose obsessiva e uma forma de paranoia. Elas têm várias

> coisas em comum. São aberrações patológicas de estados afetivos psíquicos normais: de conflito (histeria), de autocensura (neurose obsessiva), de mortificação (paranoia), de luto (amência alucinatória aguda). Diferem desses afetos pelo fato de não conduzirem à resolução de coisa alguma, e sim a um permanente prejuízo para o ego (Freud, 1896c, p. 187).

A partir de tais concepções, Freud delineia dois grandes grupos psicopatológicos. Por um lado, as *psiconeuroses*, resultantes dos conflitos sexuais infantis, cujos sintomas se constituem como formações de compromisso simbólicas, resultantes do conflito entre o infantil, a pulsão e o recalque (Freud, 1894). Desse grupo, fariam parte a histeria, as neuroses obsessivas, as fobias e, inclusive, as psicoses ("confusão alucinatória"). Por outro lado, a *neurose atual* caracterizar-se-ia pela existência de angústias difusas e de uma sintomatologia funcional (vertigem, taquicardia, cefaleia etc.). Esses sintomas seriam apenas uma consequência imediata da estase libidinal, da impossibilidade de descarga de excitações do presente que se acumulam em função do bloqueio das satisfações libidinais. Eles não possuiriam, porém, um sentido simbólico, e tampouco uma relação com o infantil. A neurastenia e a neurose de angústia seriam manifestações resultantes dessas dinâmicas. É a essas dinâmicas que Freud atribui, de início, a etiologia da hipocondria. Em função das diferenças etiológicas, as psiconeuroses seriam suscetíveis ao tratamento psicanalítico, enquanto, na opinião de Freud, por sua função econômica exclusiva de gestão das excitações e da angústia, os sintomas das neuroses atuais seriam refratários à cura analítica[1]. O quadro a seguir, resume essas concepções.

Quadro 1. Nosografia psicanalítica em 1894: principais grupos e fatores etiológicos[2]

Neuroses atuais		Psiconeuroses de defesa	
Perturbação descarga atual excitação		Separação afeto/representação	
Fonte atual		Fonte infantil	
Neurastenia	*Descarga corporal*	Histeria	*Conversão*
Neurose Angústia	*Descarga corporal*	Obsessão	*Deslocamento*
Hipocondria	*Descarga corporal*	Fobias	*Deslocamento*
		Psicose	*Ruptura c/ realidade*

O questionamento da neurastenia

O grupo das neuroses atuais surgiu do empenho de Freud em superar, na construção de seu modelo nosográfico,

1 Como Freud ressaltava, "[...] nas fobias da neurose de angústia (1) esse afeto [ligado à representação] tem sempre a mesma tonalidade, que é a da angústia; e (2) o afeto não se origina numa representação recalcada, revelando-se *não adicionalmente redutível pela análise psicológica, nem equacionável pela psicoterapia*. Portanto, o mecanismo da substituição não é válido para as fobias da neurose de angústia" (Freud, 1895d, p. 243).

2 Adaptado de Laplanche & Pontalis (1977, p. 379). Como veremos, a nosografia psicanalítica sofreu inúmeras modificações, principalmente após o desenvolvimento do conceito de narcisismo. Cf. Quadro 2 a seguir.

o grande obstáculo representado pela neurastenia. Ele manifestava abertamente sua insatisfação com o caráter vago e inespecífico dessa categoria diagnóstica descrita por Beard, herdeira da histórica dificuldade dos clínicos em compreender as doenças dos nervos, e, principalmente, com uso indiscriminado que os médicos faziam desse diagnóstico.

Freud sustentava que "a neuropatologia só teria a ganhar" com a tentativa de separar da neurastenia um grande número de distúrbios neuróticos cujos sintomas são mais homogêneos e ligados entre si do que aos sintomas típicos da neurastenia, além de exibir diferenças essenciais em sua etiologia e mecanismo com relação à "neurose neurastênica típica". Esse procedimento permitiria tanto obter um quadro uniforme da "neurastenia genuína", distinguindo-a das "pseudoneurastenias", permitindo também diferenciá-las, como já havia proposto Moebius, de alguns dos *status nervosi* de indivíduos hereditariamente degenerados e também de algumas neuroses de natureza periódica ou intermitente, que deveriam ser incluídas na categoria das melancolias. Mais precisamente, Freud propunha distinguir da neurastenia uma síndrome específica por sua etiologia e sintomas, cuja principal característica seria a angústia, razão que o levou a nomeá-la *neurose de angústia*, um termo que já havia sido sugerido por E. Hecker em 1893 (Freud, 1895d).

A aposta de Freud era ousada. Não apenas o conceito de Beard havia se consolidado entre os médicos europeus, mas também, na mesma época em que Freud denunciava a heterogeneidade da neurastenia enquanto categoria diagnóstica, o eminente Krafft-Ebing (1840-1902) publicava, em 1895, o trabalho *Nervosismo e estados neurastênicos* que refletia uma visão eminentemente neurológica e psiquiátrica desta entidade nosográfica[3]. Enquanto Freud tentava referenciar seu modelo nosográfico aos fenômenos psíquicos e inconscientes, Krafft-Ebing definia o "nervosismo" como uma "disposição patológica inata, mais raramente uma alteração patológica adquirida no sistema nervoso central" (*apud* Gay, 1988, p. 123). Por uma via indireta sua definição da neurastenia aproximava-se da de Freud, sendo descrita como um "distúrbio funcional em que a vida mental não consegue mais estabelecer o equilíbrio entre produção e consumo de força nervosa" (Gay, 1988, p. 125). Porém, Krafft-Ebing insistia na etiologia primordialmente hereditária, sendo que as causas para as formas adquiridas poderiam ser atribuídas a diferentes tipos de "traumas" como "enfermidade infantil, infância infeliz, constituição neuropática, masturbação, ambiente destrutivo e mesmo tensões excessivas impostas pela vida moderna" (Gay, 1988, p. 125). Enquanto Krafft-Ebing defendia uma visão etiológica eminentemente fisiológica e hereditária, Freud considerava em seu trabalho muitos desses

[3] Richard von Kraft-Ebing foi professor de psiquiatria na Universidade de Viena no final do século XIX. Sua obra mais conhecida, *Psychopatia Sexualis*, publicada em 1888, na qual ele descrevia uma grande variedade de comportamentos e perversões sexuais, foi uma referência importante para a elaboração de Freud de suas teorias sobre a sexualidade.

mesmos fatores causais para a neurastenia, porém relacionando-os ao funcionamento do aparelho psíquico.

A oposição vigorosa de Meynert às hipóteses de Freud sobre a histeria masculina e o contraste entre as posições de Krafft-Ebing e as de Freud a respeito da neurastenia são emblemáticos das diferenças que foram sistematicamente encontradas, a partir de então, entre as posições freudianas e as da neurologia e da psiquiatria. Sem negligenciar o papel de fatores hereditários, fisiológicos, orgânicos ou de acontecimentos traumáticos, Freud apenas sugeria que eles não deveriam ser considerados exclusivos, mas que fossem compreendidos de forma mais ampla, dentro de uma *série etiológica complementar* que deveria considerar também as relações destes com os avatares da história da pessoa e suas dinâmicas psíquicas.

As novas perspectivas propostas por Freud, ressaltando a importância dos afetos (e da angústia em particular) e da descriminação dentro da cacofonia representada pelos quadros neurastênicos e neuróticos permitiram que a hipocondria fosse gradualmente compreendida de uma outra forma, no contexto da psicopatologia, mas também no da dinâmica estruturante do desenvolvimento do sujeito.

A histeria, a hipocondria e as neuroses de angústia

A histeria já havia ensinado a Freud que o corpo humano e suas funções podiam prestar-se a diversas formas de representação e a funções diferentes daquelas para as quais estariam anatômica e fisiologicamente destinados. Revelou-se, assim, que as dinâmicas histéricas podem produzir manifestações corporais que independem da existência de uma lesão real na parte afetada do corpo. Nos pacientes histéricos, o excesso de excitação liberado pelo sistema nervoso os impele "a interromper a monotonia da vida através de 'incidentes', entre os quais se destacam os de natureza patológica" (p. 127), inclusive somáticos. Da mesma forma, Freud constatou que também a queixa hipocondríaca se estruturava a partir da referência àquela outra dimensão da experiência corporal marcada pela fantasia. Comparando as duas manifestações, ele aponta que na histeria é notável a necessidade das pessoas de ficarem doentes, contrastando com o medo de adoecer na hipocondria (Freud & Breuer, 1895).

Porém essa concepção da hipocondria como "medo de adoecer", tomada do senso comum, era insuficiente para Freud. Ele refuta explicitamente essa noção, afirmando "[não poder considerar] correta a delimitação da hipocondria em nenhum dos trabalhos [que dela tratam], e a aplicabilidade de seu nome [...] parece ser prejudicada pela ligação fixa do termo com o sintoma de 'medo de doença'" (p. 127). Aprofundando suas observações, ele percebe que as queixas hipocondríacas parecem vincular-se mais intimamente ao fenômeno da angústia do que ao medo. Em carta a Fliess de 8/2/1893, ele destaca a hipocondria como uma das principais formas de expressão da neurose de angústia. Apontando que essa neurose pode manifestar-se como um *estado crônico* ou como um *ataque de angústia*, que podem aparecer combinados, ele ainda insistia na distinção desses ataques segundo o sexo da pessoa, numa perspectiva que lembra as clássicas posições de Sydenham. Segundo Freud, os ataques "são mais comuns nas formas ligadas à histeria, e, portanto, mais frequentes em mulheres", enquanto as formas crônicas "seriam mais comuns em homens neurastênicos"[4]. Entre os *sintomas crônicos*, destacavam-se as formas ligadas à hipocondria:

> Os sintomas crônicos são: (1) angústia relacionada com o corpo (hipocondria); (2) angústia em relação ao funcionamento do corpo (agorafobia, claustrofobia, vertigem em lugares altos); (3) angústia relacionada com as decisões e a memória – isto é, as fantasias de alguém a respeito de seu próprio funcionamento psíquico (*folie de doute*, ruminações obsessivas etc.) (Freud, 1893a, p. 255).

A angústia, como sintoma comum dessas manifestações, levava Freud a defender a equivalência dinâmica entre elas. Gradativamente, a clínica oferecia-lhe as evidências para sustentar suas hipóteses e estabelecer as relações entre a

---

4 Essa distinção entre as formas de manifestações da angústia, da histeria e da hipocondria em homens e mulheres é ainda mantida na discussão sobre a neurose de angústia: "[...] qualquer desenvolvimento [da neurose de angústia] só ocorre entre os homens que continuaram potentes ou entre as mulheres que não são anestésicas. Entre os neuróticos cuja potência já foi severamente comprometida pela masturbação, a neurose de angústia resultante da abstinência é muito leve e geralmente restrita à hipocondria e à vertigem crônica branda. A maioria das mulheres [...] deve ser considerada 'potente'; a mulher realmente impotente – isto é, realmente anestésica – é similarmente pouco suscetível à neurose de angústia [sendo mais propensa à histeria]" (Freud, 1895d, p. 243).

angústia, a sexualidade, as psiconeuroses e as neuroses atuais. Quanto a essas últimas, ele destacava o papel etiológico central da masturbação e do coito interrompido. Em outubro de 1893, entusiasmado, ele compartilhava com Fliess observações que pareciam confirmar seus pontos de vista:

> Ontem [...] vi quatro casos novos cuja etiologia [...] só poderia ser o *coitus interruptus*. [...] Homem, 42 anos: filhos de 17, 16 e 13 anos. Esteve bem até há seis anos. Aí, com a morte do pai, súbito ataque de angústia com palpitações, temores hipocondríacos de câncer da língua; vários meses depois, um segundo ataque, com cianose, pulso intermitente, medo de morrer etc.; a partir de então, fraqueza, vertigem, agorafobia, alguma dispepsia. Este é um caso de neurose de angústia pura, acompanhado de sintomas cardíacos subsequentes a uma emoção; contudo, o *coitus interruptus* foi aparentemente tolerado com facilidade durante dez anos (Freud, 1893e, p. 255).

Satisfeito em enriquecer a casuística que fortalecia sua hipótese sobre a etiologia das neuroses atuais, Freud não se ateve a refletir sobre relação entre a morte do pai, os ataques de angústia e os temores hipocondríacos, que poderiam esclarecer a dinâmica da série sintomática. Devemos lembrar que, naquele momento, os recursos clínicos e conceituais à disposição de Freud eram ainda incipientes, e que ele realmente parecia mais mobilizado pela questão causal e nosográfica do que pela história natural das neuroses. No entanto, é interessante perceber que esse breve relato já permite vislumbrar que o temor hipocondríaco se manifesta num contexto em que as questões da perda, do luto, do desinvestimento do objeto (como seria dito mais tarde) encontram-se no cerne da evolução da doença. Da mesma forma, podemos perceber que o movimento hipocondríaco também estaria de alguma forma relacionado às dinâmicas de culpa, ambivalência e autopunição, como mais tarde seria colocado em evidência pelo próprio Freud.

Um novo caso foi relatado a Fliess em agosto de 1894, em que novamente aparecem relacionadas à sintomatologia corporal, a perturbação da atividade sexual, a masturbação e a hipocondria. Sendo o paciente um médico, Freud aproveita para lançar uma breve, mas significativa, reflexão sobre a incapacidade da formação médica em impedir a desalienação do médico de si mesmo e de seu corpo.

> Dr. Z., médico, 34 anos. Por muitos anos, tem sofrido de sensibilidade orgânica nos olhos: fosfenos [clarões], ofuscação, escotomas etc. Isso tem aumentado consideravelmente, a ponto de impedi-lo de trabalhar nos últimos quatro meses (desde a época de seu casamento). *Antecedentes*: masturbação desde os 14 anos de idade, aparentemente continuada até esses últimos anos. Casamento não consumado, potência muito reduzida; aliás, tomadas providências para o divórcio.

> Caso típico evidente de hipocondria num determinado órgão em um masturbador, em períodos de excitação sexual. É interessante que a formação médica atinja uma profundidade tão rasa (Freud, 1894, p. 57).

Entre 1893 e 1894, Freud já havia estabelecido os principais eixos etiológicos e clínicos que vieram caracterizar a nosografia psicanalítica, na qual a hipocondria era alinhada no rol das neuroses atuais. No Rascunho B (8/2/1893), ele esboçara sua visão sobre a etiologia e as relações entre a neurose de angústia e a neurastenia e, em 1895, publicou seu artigo em que defendia a especificidade nosográfica da neurose de angústia distinguindo-a da neurastenia, mas também da histeria e das demais neuroses (Freud, 1895d). Ao descrever o quadro clínico da neurose de angústia, ele refere um grande número de manifestações corporais, e, principalmente, o lugar de destaque ocupado pelas queixas hipocondríacas.

Entre as principais manifestações da neurose de angústia Freud aponta 1. a irritabilidade geral, em particular hiperestesia auditiva, muitas vezes associada à insônia; 2. a expectativa angustiada; 3. as parestesias; 4. os distúrbios de uma ou mais funções corporais – tais como a respiração, a atividade cardíaca, a inervação vasomotora, ou a atividade glandular; 5. os ataques de angústia acompanhados por distúrbios da atividade cardíaca, tais como palpitação (com arritmia transitória ou com taquicardia de duração mais longa) que pode terminar num grave enfraquecimento do coração e que nem sempre é diferenciável da afecção cardíaca orgânica; e, ainda, 6. a pseudo-angina do peito. A neurose de angústia também se manifesta através de sudorese (geralmente noturna), tremores e calafrios, bulimia, diarreia, vertigem locomotora, congestões, parestesias, alternância entre diarreia e constipação, ataques de pânico à noite, desmaio, vertigem crônica, sensação permanente de grande fraqueza, lassidão e muitos outros. No rol de sintomas da neurose de angústia descrito por Freud, encontram-se detalhados todos aqueles que antes, como vimos, apareciam relacionados às doenças nervosas, inclusive as perturbações do aparelho digestivo[5].

A hipocondria aparece particularmente vinculada à *expectativa ansiosa*[6]. Freud ressalta que nem sempre as queixas

---

5 Freud descreve, entre eles, inclinação ao vômito e à náusca, fome devoradora que pode, isoladamente ou em conjunto com outros sintomas (como as congestões), suscitar um ataque de angústia rudimentar. Estados crônicos de expectativa angustiada podem produzir uma disposição à diarreia, "o que tem ocasionado os mais estranhos erros de diagnóstico. [...] A ilusão de uma relação reflexa é criada porque os mesmos sintomas que atuam na etiologia da neurose de angústia atuam na deflagração de tais afecções da próstata e distúrbios semelhantes. [...] Os casos mistos mostram com frequência a familiar alternância entre diarreia e constipação. Análoga a essa diarreia é a necessidade de urinar que ocorre na neurose de angústia" (Freud, 1895d, p. 107).

6 Na Edição Brasileira das obras de Freud, traduzidas do inglês, o termo alemão *angst*, utilizado por Freud é traduzido por ansiedade, em função da palavra inglesa *anxiety*, utilizado por Strachey. Como aponta Jean Laplanche, o termo angústia e os derivados deste são mais apropriados para transmitir o sentido deste conceito no pensamento de Freud, razão pela qual ele será utilizado aqui, a não ser nas citações da Edição Brasileira, quando o termo escolhido pelos tradutores brasileiros foi conservado (Laplanche, 1989).

hipocondríacas manifestam-se apenas como uma queixa imaginária, mas que, muitas vezes, elas se estruturam a partir de algumas sensações corporais.

> [...] Para uma das formas da expectativa angustiada – a que se relaciona com a saúde do próprio sujeito – podemos reservar o velho termo *hipocondria*. O auge alcançado pela hipocondria nem sempre é paralelo à expectativa angustiada geral; requer como precondição a existência de parestesias e sensações corporais aflitivas. Assim, a hipocondria é a forma preferida pelos neurastênicos genuínos quando estes caem presa da neurose de angústia, como ocorre com frequência (p. 108).

Através da expectativa ansiosa, sintoma nuclear da neurose de angústia, revela-se uma função importante dessa dinâmica. Segundo Freud, o "*quantum* de angústia em estado de livre flutuação [...]", observado nesses casos, "está sempre pronto a se ligar a qualquer conteúdo representativo adequado" (p. 108) e, quando isso ocorre, diminui a sensação desprazerosa provocada pela angústia livre e flutuante. As fantasias hipocondríacas de sofrimento ou da ruptura da integridade corporal se prestam a essa função de ligação.

> [...] O ataque de angústia pode consistir apenas no sentimento de angústia, sem nenhuma representação

> associada, ou ser acompanhado da interpretação que estiver mais à mão, tal como representações de extinção da vida, ou de um acesso, ou de uma ameaça de loucura; ou então algum tipo de parestesia, ou, finalmente, o sentimento de angústia pode estar ligado ao distúrbio de uma ou mais funções corporais – tais como a respiração, a atividade cardíaca, a inervação vasomotora, ou a atividade glandular. Dessa combinação o paciente seleciona ora um fator particular, ora outro. Queixa-se de "espasmos do coração", "dificuldade de respirar", "inundações de suor", "fome devoradora", e coisas semelhantes; e, em sua descrição, o sentimento de angústia frequentemente recua para o segundo plano ou é mencionado de modo bastante irreconhecível, como um "sentir-se mal", "não estar à vontade", e assim por diante (Freud, 1895d, p. 107).

Em sua detalhada descrição dos sintomas da neurose de angústia, Freud tenta distinguir as manifestações corporais reais (a pessoa realmente tem palpitações, falta de ar, vertigem etc.) e as manifestações da *expectativa angustiada*, categoria privilegiada para a expressão da hipocondria, em que a pessoa, em princípio, não sente nenhuma manifestação orgânica real, mas vive um verdadeiro terror antecipatório de que elas venham a ocorrer. Essa diferença entre a manifestação real do sintoma corporal e a fantasia do temor hipocondríaco aponta também para diferenças na economia psíquica dessas duas formas de manifestação. Sem desenvolver nesse artigo, Freud insinua, porém, que a hipocondria e o distúrbio corporal real são, ambos, modalidades de funcionamento que visam, cada um à sua maneira, ligar a excitação e a angústia vividas pelo sujeito.

Assim, o *ataque de angústia* caracteriza-se pelo sentimento de angústia, sem nenhuma representação (psíquica) associada. Nessas condições, é possível que o sujeito venha a recorrer à "interpretação que estiver mais à mão" (como o medo de morrer, a loucura ou a crença no distúrbio de uma função corporal – respiração, atividade cardíaca etc.), como uma tentativa de ligação da excitação, que permitiria a diminuição da angústia. Esse verdadeiro *imperativo de causalidade*, tentativa de atribuir uma causa à sensação difusa e desprazerosa experimentada pelo sujeito, tem um papel fundamental na experiência hipocondríaca.

As manifestações hipocondríacas guardam, portanto, uma relação particularmente íntima com a angústia, ou seja, com os níveis de excitação no organismo, e com os recursos psíquicos do indivíduo para escoá-la ou ligá-la através das representações. As sensações e as ideias hipocondríacas se prestam desta forma a um outro tipo de atividade representativa, no limite entre o psíquico e o somático, que tem por função justamente preencher uma falha econômica de representação e de ligação da excitação através dos recursos do aparelho mental[7].

7 Cf. "O trabalho da hipocondria", no Capítulo 5, a seguir.

Hipocondria, culpa e neurose obsessiva

Ao mesmo tempo que estabelecia seu modelo nosológico, Freud ampliava sua clínica e suas observações. Depois da publicação de "Neuropsicoses de defesa" e do artigo sobre as neuroses de angústia, tornaram-se mais frequentes nos relatos de Freud referências a manifestações hipocondríacas nas neuroses obsessivas. Em carta a Fliess de 1º de janeiro de 1896, ele explica essas manifestações como uma derivação do sentimento de culpa característico dessas neuroses[8]. No mesmo ano, ele publica um caso ilustrativo dessa dinâmica:

> *Caso 7. Preocupação e especulação obsessivas.* – Uma mulher sofria de ataques dessa obsessão, que só cessavam quando ela adoecia, cedendo então lugar a temores hipocondríacos. O tema de sua preocupação era sempre uma parte ou função de seu corpo; por exemplo a respiração: "Por que preciso respirar? Suponhamos que eu não queira respirar" etc.
>
> *Reinstauração:* Logo no princípio ela sofrera do medo de enlouquecer – fobia hipocondríaca bastante comum entre mulheres não satisfeitas por seus maridos, como era seu caso. *Para se assegurar de que não estava louca*, de que estava ainda de posse de suas faculdades mentais, começara a se

[8] "O sentimento de culpa na neurose obsessiva pode se transformar, entre outras coisas em hipocondria, por medo de efeitos somáticos" (Freud, 1896b, p. 299).

> fazer perguntas e a se interessar por problemas sérios. Isso inicialmente a acalmara, mas, com o tempo, o hábito da especulação substituiu a fobia. Por mais de quinze anos, alternaram-se nela períodos de medo [de doença] (patofobia) e de especulação obsessiva (Freud, 1896b, p. 299).

A forma hipocondríaca da especulação obsessiva não estaria, nesse caso, vinculada à etiologia da neurose obsessiva, relacionada ao sexual, ao infantil e ao recalque, como em toda psiconeurose. A preocupação hipocondríaca estaria aqui a serviço do mecanismo do *deslocamento*, característico da neurose obsessiva e da fobia. Dessa forma, as ideias hipocondríacas surgem como suportes da autorrecriminação e da culpa deslocadas com relação às representações recalcadas. Como já sugeria o caso relatado a Fliess em 6/10/1893, Freud (1896c) revela ser a angústia hipocondríaca uma das formas privilegiadas de expressão consciente da autoacusação dissimulada.

> O afeto da autocensura pode ser transformado, por diferentes processos psíquicos, em outros afetos, os quais, depois, entram na consciência mais claramente do que o afeto como tal: [...] pode ser transformado em angústia (medo das consequências da ação a que se refere a autocensura), hipocondria (medo dos efeitos corporais), delírios de perseguição (medo dos seus efeitos sociais), vergonha (medo de que outras pessoas saibam), e assim por diante (p. 89).

Em 1896, ao consolidar seu primeiro modelo etiológico e nosológico das neuropsicoses de defesa, Freud (1896a) insiste na importância de distinguir as manifestações da hipocondria na neurastenia e na neurose de angústia (neuroses atuais) daquelas da neurose obsessiva (psiconeurose).

> O afeto da autoacusação pode, por meio de algum acréscimo mental, transformar-se em qualquer outro afeto desagradável. Quando isso acontece, não há mais nada que impeça o afeto posto no lugar do primeiro de se tornar consciente. Assim, a *autoacusação* (por ter praticado o ato sexual na infância) pode facilmente transformar-se em *vergonha* (de que alguém o descubra), em *angústia hipocondríaca* (medo dos danos físicos resultantes do ato que envolve a autoacusação), em *angústia social* (medo de ser socialmente punido pelo delito), em *angústia religiosa*, em *delírios de ser observado* (medo de delatar-se pelo ato diante de outras pessoas), ou em *medo da tentação* (justificada desconfiança em relação a seus próprios poderes de resistência). [...] Muitos casos que, superficialmente examinados, parecem ser de hipocondria (neurastênica) comum, pertencem a esse grupo de *afetos obsessivos*; o que se conhece como "neurastenia periódica" ou "melancolia periódica" parece, em particular, decompor-se com inesperada frequência em afetos obsessivos e ideias obsessivas – uma descoberta que não é insignificante do ponto de vista terapêutico (p. 187).

Considerando a função econômica da ligação do afeto, Freud sugere que a angústia hipocondríaca na neurose obsessiva originar-se-ia no recalcamento, enquanto na neurose de angústia, a angústia hipocondríaca não seria oriunda do recalque, mas do acúmulo de excitações devido à impossibilidade atual de descarga da energia libidinal. Porém, a formulação de Freud (1895d) a esse respeito está longe de ser unívoca, uma vez que ele admite que a hipocondria pode justamente se constituir como uma espécie de *substituto secundário* (subsequente) aos temores (fobias) da neurose de angústia (não oriundas do recalque). Ele não explicita a natureza dessa substituição e em que ela seria diferente do deslocamento da neurose obsessiva e das fobias. Apesar disso, tanto em um caso como no outro, essas manifestações da hipocondria revelam o valor econômico da especulação e da dúvida na regulação de tais conflitos.

> [...] [o que as fobias típicas e a agorafobia na neurose de angústia têm em comum com as fobias da neurose obsessiva] é que, em ambas, uma representação torna-se obsessiva em decorrência de estar ligada a um afeto disponível. [...]
>
> Ambas as espécies de fobias (e também as obsessões) frequentemente aparecem lado a lado, embora as fobias *atípicas*, baseadas nas obsessões, não precisem brotar, necessariamente, do solo da neurose de angústia. [...] No que era originalmente uma simples fobia pertencente a uma neurose de angústia, o conteúdo dessa fobia é

> substituído por outra representação de modo que o substituto é *subsequente* à fobia. Geralmente, o que mais se emprega como substituições são as "medidas protetoras" originalmente usadas para combater a fobia. Por exemplo, a "mania especulativa" é suscitada a partir dos esforços do sujeito para provar que ele não é louco, como lhe afirma sua fobia hipocondríaca; as hesitações e a dúvida, e mais ainda as repetições da *folie du doute* [mania de duvidar] emergem de uma dúvida justificável quanto à certeza do curso do próprio pensamento, já que se está cônscio do persistente distúrbio deste por representações de tipo obsessivo, e assim por diante. Portanto, podemos afirmar que também muitas das síndromes da neurose obsessiva, como a *folie du doute* e outras semelhantes, devem ser consideradas, clínica, se não conceitualmente, como pertencentes à neurose de angústia (p. 108).

Apesar de, em alguns momentos, nebulosas, as formulações de Freud indicam que a neurose obsessiva e a hipocondria compartilham uma importante dinâmica comum, estruturada em torno da dúvida e da incerteza. A constatação de que as manifestações hipocondríacas se prestam à mediação dos conflitos vividos em torno da culpa e da autoacusação, convida à reflexão sobre os motivos e as condições em que o corpo se vê convocado a essa função mediadora ou, ainda, a ser suporte das dúvidas do sujeito. Percebemos também que nessas dinâmicas encontram-se envolvidas dimensões identificatórias vinculadas aos processos de formação do ego, a sua relação com o mundo exterior, e particularmente às instâncias superegoicas, o ego ideal e o ideal do ego, mais tarde reveladas por Freud.

A função da dúvida e da ambivalência

As dinâmicas hipocondríacas propiciam ao sujeito a oportunidade de constantemente interrogar-se sobre a natureza e sobre a integridade de seu corpo e suas funções. Como sabemos, essa é apenas uma das formas de manifestação da dúvida enquanto mecanismo psíquico, sendo a dúvida obsessiva bem mais conhecida. Mas, afinal, por que duvidar?

No caso do "Homem dos Ratos", Freud (1909) revela que a dúvida, um dos mecanismos centrais da neurose obsessiva, é fruto da ambivalência, do conflito e da mescla entre amor e ódio que fundam e caracterizam essa neurose. Ele ressalta que o ódio, recalcado no inconsciente por ação do amor, também desempenha uma função importante na etiologia da histeria e da paranoia, admitindo igualmente o caráter instável das relações entre esses dois afetos. A intensidade do conflito entre essas duas forças conduz à paralisia da vontade e à incapacidade de decidir. Essa paralisia vai estender-se, através do deslocamento, a todos os campos da vida do paciente.

> A *dúvida* corresponde à percepção interna que tem o paciente de sua própria indecisão, a qual, em consequência da inibição de seu amor através de seu ódio, dele se apossa diante de qualquer ação intencionada. A dúvida é, na realidade, uma dúvida de seu próprio amor – que devia ser a coisa mais exata em sua mente como um todo; e ela se difunde por tudo o mais, sendo mormente capaz de ser deslocada para aquilo que é mais insignificante e sem valor. Um homem que duvida de seu próprio amor permite-se, ou, antes, tem de duvidar de alguma coisa de menor valor.
>
> É essa mesma dúvida que leva o paciente à incerteza com respeito a suas medidas protetoras, bem como à sua contínua repetição delas com o fito de expulsar a incerteza; ademais, é, também, essa dúvida que enfim estabelece o fato de os próprios atos protetores do paciente serem impossíveis de se realizarem, tanto quanto a sua original decisão inibida em relação ao seu amor (p. 159).

Conhecemos a intensidade dos esforços dispendidos pelo neurótico obsessivo a fim de evitar a certeza e preservar a dúvida[9]. Esses mecanismos favorecem o afastamento do sujeito

[9] "[são óbvios] os esforços que os pacientes empreendem a fim de poderem evitar a certeza e ficarem em dúvida. [...] alguns deles [manifestam] uma vívida [...] aversão por relógios, como também nos pequenos artifícios inconscientes de que se utilizam para tornar inócuos esses instrumentos que extinguem as dúvidas. Esse nosso paciente [o Homem dos Ratos] desenvolvera um especial talento para

da realidade e seu isolamento do mundo, tornando-o incapaz de qualquer decisão ou ação, especialmente em matéria de amor, e fazendo com que protele toda e qualquer iniciativa em sua vida pessoal, em seu trabalho, em suas atividades cotidianas. Segundo Freud, para preservar esses mecanismos, essas pessoas frequentemente ocupam seus pensamentos com

> [...] temas perante os quais toda a humanidade está incerta e nossos conhecimentos e julgamentos necessariamente expostos a dúvida. Os principais temas dessa natureza são paternidade, duração da vida, vida após a morte e memória – na qual todos nós costumamos acreditar, sem possuirmos a menor garantia de sua fidedignidade (*Ibidem*, p. 160).

Ampliando dinâmicas presentes em todo ser humano, as lentes da neurose obsessiva revelam que ao lado da dúvida convivem imensas certezas, tanto mais intensas quanto maior a capacidade do sujeito de duvidar. A insistência e os esforços dispendidos pelo Homem dos Ratos para saldar a dívida que ele acreditava ter com o Tenente A., e que absolutamente não existia, são emblemáticos dessa modalidade de funcionamento[10]. Freud atribui à *onipotência* de

---

evitar um conhecimento de quaisquer fatos que o teriam auxiliado a chegar a uma decisão sobre o seu conflito" (Freud, 1909, p. 159).

10 Apesar de todas as evidências contrárias e das negativas do Tenente A. e de outras pessoas contestando a afirmação de que este teria

pensamentos e de sentimentos, bons ou maus, as fontes desse funcionamento. As ideias onipotentes são por ele consideradas, muitas vezes, delírios que ultrapassam os limites da neurose obsessiva, referidos à megalomania característica da tenra infância.

Na dinâmica hipocondríaca, o sujeito toma seu corpo como palco onde ele se deixa levar pelas oscilações de suas dúvidas e certezas. Ele duvida de sua saúde, do funcionamento de seus órgãos, e, aparentemente, para livrar-se de seus receios e de suas questões, ele procura um médico. Porém, ao receber a resposta que poderia tranquilizá-lo, assegurá-lo de que tudo está em ordem, ele não acredita. Mais do que isso, ao ter suas queixas contestadas pelo médico, reforça-se no paciente a convicção em seus males, em uma certeza que, como veremos, aproxima-o das dinâmicas da paranoia. Todos os artifícios são então utilizados para produzir as provas de sua doença e para ignorar o valor das evidências que a contradizem: o laboratório onde foram feitos os exames não seria suficientemente moderno, os médicos deixam de ser confiáveis, a qualidade do hospital seria insatisfatória, e tantas outras. Entre a desconfiança com relação ao seu corpo e a desconfiança do outro que poderia curá-lo, é o mecanismo da dúvida que se perpetua escamoteando a verdadeira questão: quem é a vítima?

---

pagado nos correios pelos óculos que recebera, o Homem dos Ratos elabora uma série de planos e empreende uma tortuosa viagem de trem para conseguir que de alguma forma o pagamento chegasse ao Tenente A.

Duvidar do corpo, duvidar do médico, deslumbrar-se com as conquistas da medicina, em outros momentos desprezá-las. Que tipo de representação do corpo e do outro subjaz a essas dinâmicas? Questão fundamental, pois, em vez de entregar-se à escalada terapêutica, na qual invariavelmente mergulham médico e paciente, talvez pudéssemos considerar que a ruminação hipocondríaca em torno do funcionamento de seus órgãos e de sua saúde revelaria, na verdade, uma verdadeira falha, não da função corporal, mas da representação corporal e da relação ao outro[11].

Nesse contexto, a dialética entre o amor e o ódio encontra-se comprometida. Na representação do sujeito, o outro não é confiável como fonte de amor, não podendo, portanto, propiciar a experiência de um corpo íntegro a ser amado. O outro não é tampouco confiável como depositário do ódio do sujeito, não podendo assim permitir que esse ódio deixe de tomar o próprio corpo como objeto de destruição. Oferecer o corpo em busca de alívio ao outro, para em seguida desautorizá-lo no cuidado desse corpo não deixa de ser uma forma de vingança e de denegrimento diante da desconfiança quanto à capacidade do outro de cuidar dele. A oferenda do corpo feita pelo hipocondríaco a seu médico seria, então, um engodo, revelando-se, na verdade, como uma tentativa, às vezes no limite do desespero, de subtrair esse corpo ao saber e ao desejo de um outro. Percebemos, assim, que, marcada

[11] Cf. "Função materna e experiência hipocondríaca", no Capítulo 5 a seguir.

por um ódio que não pode ser dialetizado através da relação ao outro, a oferta permanente e insistente de seu corpo, feita pelo hipocondríaco ao outro, escamoteia, na verdade, uma autêntica dinâmica de destruição.

Projeção, paranoia e hipocondria

Já em 1895, Freud (1895b) considerava que a dúvida, a culpa e a autorrecriminação constituíam também um eixo fundamental para a compreensão da paranoia. Em uma carta a Fliess, ele aponta que enquanto na neurose obsessiva a autorrecriminação é vivida como oriunda de dentro do sujeito, na paranoia, através do mecanismo da projeção, sua origem é atribuída a uma fonte fora dele. Comentando a especificidade da defesa paranoica, ele discute o caso de uma mulher solteira, com cerca de trinta anos, que, após ter sido abandonada por um pretenso namorado, começou a apresentar "delírios" de estar sendo observada, perseguida e objeto de comentários das vizinhas.

> Antes, tratara-se de uma autocensura interna; agora, era uma recriminação vinda de fora. O julgamento a respeito [da paciente] fora transposto para fora: as pessoas estavam dizendo aquilo que, de outro modo, ela diria a si mesma. Havia uma vantagem nisso. Ela teria sido obrigada a aceitar o julgamento proveniente de dentro; já o que

> vinha do exterior, podia rejeitar. *Dessa forma, o julgamento, a censura, era mantida afastada de seu ego* (p. 395).

Nessas suas primeiras concepções sobre a paranoia, Freud sugere que o objetivo desse mecanismo é expulsar uma ideia incompatível com o ego, projetando-a no mundo externo. Segundo ele, a paranoia caracteriza-se por um *duplo excesso*: o exagero na utilização da projeção, um mecanismo presente no funcionamento psíquico normal, e também a exacerbação da importância das ideias projetadas.

> Trata-se do abuso de um mecanismo. Sempre que ocorre uma modificação interna, temos a opção de supor a existência de uma causa interna ou de uma causa externa. [constata-se na paranoia uma] supervalorização daquilo que as pessoas sabem a nosso respeito e daquilo que as pessoas nos fizeram. O que é que as pessoas sabem a nosso respeito, de que nada sabemos e que não podemos admitir? *Trata-se, pois, de um abuso do mecanismo da projeção para fins de defesa* (*Ibidem*, p. 395).

Já nesse texto, Freud aponta para a articulação entre a paranoia e a hipocondria. Curiosamente, nessa articulação, a hipocondria dá forma a fantasias de perseguição que atribuem a *uma fonte externa* as ameaças que pairam sobre o sujeito. Nos primórdios de suas conceituações, Freud não descobrira ainda a amplitude da dinâmica projetiva, sobretudo sua contrapartida, a introjeção. Em função disso, naquele momento, ainda não era possível para Freud vislumbrar o movimento dissociativo que, muitas vezes, transforma o próprio corpo em perseguidor. Ficava, porém, implicitamente colocada a questão da fonte da queixa hipocondríaca. Dentro da perspectiva da projeção, o pensamento hipocondríaco seria resultado de uma impossibilidade extrema do paranoico em reconhecer em si mesmo, e, em particular, na vida sexual, a fonte de seus problemas atribuindo sempre a origem de seus males a uma fonte exterior.

> O hipocondríaco vai se debater, durante muito tempo, até encontrar a chave de suas sensações de estar gravemente enfermo. Não admitirá perante si mesmo que seus sintomas têm origem na sua vida sexual; mas causa-lhe a maior satisfação pensar que seu mal, como diz Moebius, não é endógeno, mas exógeno. Logo, ele está sendo envenenado (*Ibidem*, p. 396).

Nesse contexto, surge para Freud a importante intuição a respeito do elemento desencadeador e articulador das diferentes manifestações defensivas: toda defesa é o resultado de uma necessidade imperativa de proteger o ego de representações que possam ameaçá-lo. Essa formulação deixa entrever de forma embrionária a ideia de *defesa narcísica*:

> Em todos os casos a *ideia delirante* é sustentada com a mesma energia com que uma outra ideia, intoleravelmente penosa, é rechaçada do ego. Assim, [os paranoicos] *amam seus delírios como amam a si mesmos*. É esse o segredo (*Ibidem*, p. 396).

Em função da ameaça narcísica constituída por uma certa representação, a intensidade da defesa promoverá uma maior ou menor ruptura entre o ego e a realidade. Na histeria e na neurose obsessiva, a relação entre o ego e a realidade é mantida, enquanto na confusão alucinatória e na paranoia ocorre o desligamento parcial ou total do sujeito do mundo externo. Na hipocondria, é a fantasia da doença, da perturbação do funcionamento do corpo que se coloca como objeto daquele amor, já então claramente apontado como narcísico. A realidade da qual se desliga a crença hipocondríaca é a própria realidade das sensações e das percepções corporais.

A vinculação estabelecida no Manuscrito H entre a projeção e a intensidade da defesa (narcísica), e a intimidade entre a paranoia e a projeção virão a se constituir na essência da compreensão freudiana da hipocondria, que será, a partir de então, cada vez mais frequentemente associada por Freud à paranoia.

Assim, cerca de dez anos mais tarde, após suas primeiras formulações sobre a teoria da libido (Freud, 1905b), Freud reitera essas posições, acrescentando a eles a perspectiva da regressão. Em duas reuniões do primeiro grupo de psicanalistas de Viena, em 21/11/1906 e 06/02/1907, ele destacou o papel da regressão da libido na hipocondria e na paranoia[12], levantando também a hipótese de que a hipocondria seria o equivalente somático da paranoia[13]. Em uma carta a Jung de 14/04/1907, Freud ressaltava ainda a relação indissociável existente entre a paranoia e a hipocondria[14].

É importante constatar que, enquanto o deslocamento é o elemento articulador entre a neurose obsessiva e a hipocondria, a articulação entre a hipocondria e a paranoia é promovida pela projeção. Porém, da perspectiva da topologia, essas duas dinâmicas respondem a um mesmo imperativo: em ambos os casos, as representações encontram-se fora de lugar por não ser possível sua permanência em um lugar próprio. Também nos dois casos são as representações corporais que mediatizam esses movimentos topográficos, movimentos que apenas são possíveis graças à superação da realidade anatômica propiciada pela experiência imaginária e erógena do corpo.

O deslocamento, a projeção e a experiência erógena do corpo não são dinâmicas inatas. Elas só podem se constituir a

12 "Na hipocondria, como na paranoia, deve se produzir uma regressão da libido" (Les premiers psychanalystes, 1976, p. 84-85).

13 "A hipocondria deve ser o equivalente somático da paranoia; o retorno da libido para o ego é sempre acompanhado de sensações desprazerosas" (Les premiers psychanalystes, 1976, p. 132).

14 "A hipocondria frequentemente se aproxima da paranoia, evolui para a paranoia, se mescla à paranoia" (Freud & Jung, 1975, p. 88).

partir dos cuidados e da mediação propiciada pelos primeiros objetos na relação com o outro e com o mundo. O outro humano propicia a vivência do corpo erógeno e a metaforização das partes corporais, tornando-as plásticas, móveis e intercambiáveis na fantasia. Esse outro será também investido de um saber que se constitui, no extremo, como verdadeiro aglutinador da alienação paranoica/hipocondríaca do corpo.

Ao enunciar a relação indissociável entre essas duas experiências, Freud indica também o caminho através do qual o sujeito pode alienar-se no saber do outro. Compreendemos assim um pouco mais a experiência paradoxal e paroxística vivida pelo hipocondríaco ao depositar no outro seu corpo e um saber sobre o mesmo, ao mesmo tempo que trava com ele uma verdadeira batalha para libertar-se da servidão à qual ele mesmo, sem perceber, entregou-se. O relato de Schreber é uma demonstração exemplar dessas dinâmicas.

Schreber: corpo transmutado, alma perseguida

A análise das memórias de Daniel Paul Schreber trouxe para Freud a confirmação de suas hipóteses sobre a paranoia. Já na primeira internação de seis meses, entre 1884 e 1885, o Dr. Flechsig havia diagnosticado os distúrbios de Schreber como "uma crise de grave hipocondria" (Schreber, 1903, p. 301)[15]. Oito anos depois, em fins de outubro de 1893,

---

[15] Para uma compreensão mais ampla das dinâmicas da paranoia em Schreber e a extensão que elas adquiriram na teoria psicanalítica, confira o belo livro de Renata U. Cromberg (2000), *Paranoia*, nesta mesma coleção.

manifestou-se um segundo episódio da doença iniciado "com um torturante acesso de insônia" (*Ibidem*, p. 301). No relatório de sua internação, redigido em 1899 pelo Dr. Weber, diretor do asilo de Sonnenstein, é mencionada pela primeira vez a associação entre suas preocupações hipocondríacas e as ideias persecutórias.

Ao ser internado, Schreber manifestava "ideias hipocondríacas", acreditando "ter um amolecimento do cérebro e que morreria cedo" (Freud, 1911, p. 23). Ele já apresentava também "ideias de perseguição", relacionadas a "ilusões sensoriais" esporádicas e "um alto grau de hiperestesia", principalmente uma "grande sensibilidade à luz e ao barulho". Com o tempo tornaram-se mais frequentes "as ilusões visuais e auditivas" que, junto com distúrbios cenestésicos, passaram a dominar "a totalidade de seu sentimento e pensamento". Schreber acreditava "estar morto e em decomposição, que sofria de peste; asseverava que seu corpo estava sendo manejado da maneira mais revoltante, [que] passou pelos piores horrores que alguém possa imaginar, e tudo em nome de um intuito sagrado". Absorto nessas experiências, ele se mostrava inacessível ao contato e refratário a qualquer outra impressão, podendo ficar sentado durante horas "perfeitamente rígido e imóvel" em uma atitude descrita como "estupor alucinatório". Suas ideias o "torturavam a tal ponto, que ele ansiava pela morte", tendo, inclusive, tentado provocá-la "afogando-se durante o banho" e solicitando que lhe fosse ministrado o "cianureto que lhe estava destinado". Seus delírios evoluíram adquirindo caráter místico e religioso; e ele passou a acreditar que "achava-se em comunicação direta com Deus, era joguete de demônios, via 'aparições miraculosas', ouvia 'música sagrada'". Na fase final de seu episódio delirante, chegou, inclusive "a acreditar que estava vivendo em outro mundo" (*Ibidem*, p. 23).

O Dr. Weber descreveu a evolução do quadro clínico de Schreber de uma psicose inicial aguda, definida como "insanidade alucinatória", até as manifestações paranoicas. Sua "engenhosa estrutura delirante" convivia com outro aspecto de sua personalidade que se mostrava capaz de satisfazer as exigências da vida cotidiana. Ao longo de seu relato, Schreber lança-se em um vigoroso embate no qual estão envolvidos: Deus, o Dr. Flechsig, seu pai e as "vozes" que dizia ouvir. Em meio a esses confrontos, Schreber sentia seu corpo transformar-se, ser penetrado por raios, deformar-se, mudando de sexo e gerando uma nova espécie de seres.

> [Ele acreditava que era sua missão] redimir o mundo e restituir à humanidade o estado perdido de beatitude. Foi convocado a essa tarefa [...] por inspiração direta de Deus. [...] A parte mais essencial de sua missão redentora é ela ter de ser procedida por sua transformação em mulher, [...] um "dever" baseado na Ordem das Coisas, ao qual não há possibilidade de fugir [...]. Nem ele nem o resto da humanidade podem reconquistar a vida do além, a não ser mediante a transformação em mulher.

> [...] Durante anos, experimentou estes milagres em seu corpo e teve-os confirmados pelas vozes que com ele conversaram. [...] Alguns de seus órgãos corporais sofreram danos tão terríveis que inevitavelmente levariam à morte qualquer outro homem; viveu por longo tempo sem estômago, sem intestinos, quase sem pulmões, com o esôfago rasgado, sem bexiga e com as costelas despedaçadas; costumava às vezes engolir parte de sua própria laringe com a comida etc. Mas milagres divinos ("raios") sempre restauravam o que havia sido destruído, e, portanto, enquanto permanecer homem, é inteiramente imortal. [...] Ele tem a sensação de que um número enorme de "nervos femininos" já passou para o seu corpo e, a partir deles, uma nova raça de homens originar-se-á, através de um processo de fecundação direta por Deus. Somente então [...] poderá morrer de morte natural e, juntamente com o resto da humanidade, reconquistará um estado de beatitude. Nesse meio tempo, não apenas o Sol, mas também árvores e pássaros, que têm a natureza de "resíduos miraculados [...] de antigas almas humanas, falam-lhe com inflexões humanas, e coisas miraculosas acontecem por toda a parte a seu redor" (*Ibidem*, p. 23).

Nesse quadro, as fantasias hipocondríacas são verdadeiros operadores do sistema delirante, condição essencial para a realização de sua missão salvadora. Tudo é excessivo, amplificado. As partes do corpo de Schreber se prestam à representação de um funcionamento megalomaníaco que abarca sua descendência, Deus e a humanidade. Em torno do corpo dilacerado e transmutado de Schreber decide-se o destino de todo o Universo. Da mesma forma, é para esse corpo que convergem os raios, as perseguições, as vozes e a atenção de todos os inimigos, que visam não apenas à posse de sua alma, mas, sobretudo, o ataque a seu corpo. Entre esses inimigos destaca-se Flechsig, objeto do mesmo ódio e veneração manifestos por Schreber com relação a seu pai e às entidades divinas.

Assim, o delírio de Schreber coloca-o no centro de um litígio, com todos os traços de um processo judicial, em que acusação e defesa se degladiam em torno da posse e da integridade de seu corpo. Em sua análise, Freud revela que a posição feminina, a relação de "submissão reverente e insubordinação amotinada" de Schreber a seu Deus era uma derivação da atitude infantil para com o pai, situando a dinâmica de sua doença no terreno do complexo paterno, em particular em sua dimensão homossexual. A profissão do pai era um catalisador importante da ambivalência de Schreber com relação ao pai e a seus sucedâneos.

> A circunstância de o pai de Schreber ter sido médico, e médico dos mais eminentes, que sem dúvida foi muito respeitado por seus pacientes, é que explica as características mais notáveis de seu Deus e aquelas sobre as quais se demora, de maneira tão crítica. Poderia um escárnio mais acerbo ser demonstrado por um médico, do que declarar

> que ele nada compreende sobre os homens vivos e só sabe lidar com cadáveres? (*Ibidem*, p. 23).

Retomando suas primeiras concepções sobre a paranoia e sobre a etiologia sexual das neuroses, Freud aponta que a culpa, a autoacusação e a projeção estariam situadas no cerne da doença, sublinhando também a importância das fantasias de castração. A ruminação e os delírios hipocondríacos encontrariam nos conflitos em torno desses fatores suas principais fontes de estruturação.

> [...] as vozes dão-nos fundamentos para suspeitar que a acusação de assassinato de alma levantada contra Flechsig foi, desde o início, uma autoacusação.
>
> As vozes diziam, como se fornecendo fundamentos para a ameaça de castração: "Pois você deve ser *representado* como sendo dado a excessos volutuosos". Finalmente, chegamos ao pensamento forçado a que o paciente se submeteu porque supunha que Deus acreditaria que ele se havia tornado idiota e se afastaria dele se deixasse de pensar por um só momento. Trata-se de reação [...] à ameaça ou temor de perder a razão por entregar-se a práticas sexuais e, especialmente, à masturbação. Considerando o enorme número de ideias delirantes de natureza hipocondríaca que o paciente desenvolveu, talvez não se deva dar grande importância ao fato de algumas delas coincidirem,

> palavra por palavra, com os temores hipocondríacos dos masturbadores (*Ibidem*, p. 27).

No entanto, Freud (1911) percebia que suas hipóteses eram ainda insuficientes para compreender as manifestações delirantes de Schreber. Resgatando uma proposição de Morel, Freud passa a considerar que a hipocondria deveria se constituir como uma condição essencial para a compreensão da paranoia. Mais do que isso, comparando a relação econômica entre os pares hipocondria/paranoia e neurose de angústia/histeria, Freud revela sua intuição sobre a importância das diferenças entre o caráter narcísico e objetal de cada uma dessas manifestações.

> [...] eu só considerarei uma teoria da paranoia como digna de confiança quando ela conseguir inserir em seu conjunto os sintomas hipocondríacos quase que regularmente concomitantes. Parece-me que, com relação à paranoia, a hipocondria situa-se na mesma posição que a neurose de angústia com relação à histeria (p. 81).

O modesto espaço atribuído a essa ideia no texto (uma breve nota de rodapé em meio às interpretações dos delírios exuberantes de Schreber) não corresponde a sua repercussão ulterior na obra freudiana. Por meio dessa ideia, Freud reconhece o potencial clínico e conceitual das dinâmicas da hipocondria para o esclarecimento não apenas da paranoia, mas do próprio conceito de narcisismo, e de seus desdobramentos no campo da psicopatologia.

Narcisismo e hipocondria

Intuído nos textos dos anos 1890 e permeando discretamente os "Três ensaios sobre a teoria da sexualidade", o conceito de *narcisismo* passou, na década de 1910, ao primeiro plano da obra freudiana. Ele ocupa um lugar central no artigo sobre Leonardo da Vinci (Freud, 1910), e é percebido, a partir do estudo sobre Schreber, como um importante articulador da experiência psicopatológica. Através da análise do relato de Shreber, o narcisismo revela-se como a dinâmica mediadora entre a homossexualidade e a paranoia, e também como a condição econômica central das esquizofrenias.

> Pesquisas recentes dirigiram nossa atenção para um estádio do desenvolvimento da libido, entre o autoerotismo e o amor objetal. Este estádio recebeu o nome de narcisismo. [...] chega uma ocasião, no desenvolvimento do indivíduo, em que ele reúne seus instintos sexuais [até aqui empenhados em atividades autoeróticas], a fim de conseguir um objeto amoroso; e começa por tomar a si próprio, seu próprio corpo, como objeto amoroso, sendo apenas subsequentemente que passa daí para a escolha de alguma outra pessoa que não ele mesmo, como objeto

> [...] os paranoicos *se esforçam por proteger-se contra esse tipo de sexualização de suas catexias sociais instintuais*, [...] o ponto fraco em seu desenvolvimento deve ser procurado em algum lugar entre os estádios de autoerotismo, narcisismo e homossexualismo, e que sua disposição à enfermidade deve estar localizada nessa região. Uma disposição semelhante teria de ser atribuída aos pacientes que sofrem da demência precoce de Kraepelin ou de (como Bleuler a denominou) *esquizofrenia* (Freud, 1911, p. 81).

Segundo Freud, na paranoia, é a libido narcísica, vinculada ao ego, que alimenta o engrandecimento deste e, consequentemente, através da projeção, os delírios de perseguição. A "fixação no estádio do narcisismo", e a regressão ao "homossexualismo sublimado para o narcisismo" passam a ser consideradas duas das principais características da paranoia.

A partir dessas concepções, Freud amplia e sistematiza sua teorização sobre o narcisismo. Como vimos, no *Manuscrito H*, ele já insinuava a dimensão narcísica do fenômeno hipocondríaco. Em 1914, ele utiliza a hipocondria, a parafrenia, a doença orgânica e a vida erótica dos sexos como modelos para discutir o fenômeno do narcisismo (Freud, 1914). Na doença orgânica o homem doente retira seus investimentos de libido de seus objetos para reinvesti-los no próprio ego. Essa mesma dinâmica ocorre durante o sono, quando, para promover e preservar a necessidade de dormir, os investimentos de libido são retirados do mundo voltando--se narcisicamente para o ego.

Apesar da inexistência de lesões corporais reais, a hipocondria também promove, como a doença orgânica, um movimento de retraimento narcísico. Porém, cuidadoso, Freud aponta que é frágil a tentativa de discriminar entre a doença orgânica e a hipocondria unicamente a partir dos sinais orgânicos demonstráveis. Ele deixa claro que *o hipocondríaco pode ter razão em suas queixas.* Apesar da inexistência de sinais corporais concretos, a hipocondria manifestaria uma alteração corporal de outra ordem, revelando uma outra experiência e um outro saber sobre o corpo.

> A hipocondria, da mesma forma que a doença orgânica, manifesta-se em sensações corpóreas aflitivas e penosas, tendo sobre a distribuição da libido o mesmo efeito que a doença orgânica. O hipocondríaco retira tanto o interesse quanto a libido – a segunda de forma especialmente acentuada – dos objetos do mundo externo, concentrando ambos no órgão que lhe prende a atenção. Torna-se agora evidente uma diferença entre a hipocondria e a doença orgânica: na segunda, as sensações aflitivas baseiam-se em mudanças demonstráveis [orgânicas]; na primeira, isso não ocorre. Mas estaria inteiramente de acordo com nossa concepção geral dos processos de neurose, se resolvêssemos dizer que *a hipocondria deve estar certa:* deve-se supor que as modificações orgânicas também estão presentes nela (*Ibidem*, p. 81; grifo meu).

Através das dinâmicas do narcisismo, e da hipocondria em particular, fica consolidada, nessa passagem, a noção de *corpo erógeno*. Desde 1893, Freud insistia na importância em considerar a existência de uma experiência do corpo que não correspondia à representação anatômica deste corpo (Freud, 1893a). Na época, ele já sustentava que as "lesões" às quais se tentava atribuir a etiologia da histeria deveriam ser compreendidas como "independentes da anatomia do sistema nervoso". As dinâmicas da histeria colocavam em evidência a possibilidade de constituição de um sintoma corporal "ignorando" as leis da anatomia.

Experiências da mesma ordem levaram Freud a considerar, vinte anos mais tarde, a possibilidade de que também na hipocondria deveriam existir "modificações orgânicas", apesar da impossibilidade da investigação médica em encontrar uma base material para os sintomas. Essa afirmação comporta uma dupla perspectiva. Por um lado, insinua-se através dessa frase a hipótese sobre a dimensão hipocondríaca do sonho: este seria capaz de detectar e representar sinais oriundos do organismo, imperceptíveis durante a vida de vigília. Essa dimensão da atividade onírica, enunciada desde "A interpretação dos sonhos", será explicitada por Freud em um artigo específico sobre a metapsicologia do sonho[16]. Por outro lado, em 1914, era possível para Freud apontar explicitamente para a eroge-

16 "Não há dúvida de que a cenestesia física [ou sensibilidade geral difusa] está entre os estímulos somáticos internos capazes de ditar o conteúdo dos sonhos" (Freud, 1900, p. 1). Cf. "O corpo, fonte e objeto do sonho", a seguir.

neidade (a quantidade de libido investida) do órgão como a fonte da sensação e da representação de uma perturbação de seu corpo, vividas pelo paciente.

Freud ilustra essas dinâmicas através do funcionamento dos órgãos genitais, cujos estados de excitação provocam modificações de sua sensibilidade, alterando também a percepção que a pessoa tem do mesmo. Ele afirma que processos análogos podem ocorrer com qualquer parte do corpo, constituindo a experiência hipocondríaca do corpo.

> [...] nossa teoria da sexualidade de há muito nos habituou à ideia de que certas outras partes do corpo – as zonas "erógenas" – podem atuar como substitutos dos órgãos genitais e se comportarem analogamente a eles. [...] Podemos decidir considerar a erogenicidade uma característica geral de todos os órgãos e, então, podemos falar de um aumento ou diminuição dela numa parte específica do corpo. Para cada uma das modificações na erogenicidade dos órgãos poderia, então, verificar-se uma modificação paralela da catexia libidinal no ego. Tais fatores constituíram aquilo que acreditamos estar subjacente à hipocondria e aquilo que pode exercer o mesmo efeito sobre a distribuição da libido tal como produzida por uma doença material dos órgãos (Freud, 1914, p. 89).

O hipocondríaco tem razão ao se queixar de seus órgãos. Se a medicina não detecta nenhuma anomalia nos mesmos é por não considerar que a estranheza e a preocupação do sujeito quanto ao funcionamento de seu corpo referem-se a outras dimensões da experiência desse corpo, as dimensões erógena e relacional.

A hipocondria, as neuroses narcísicas e de transferência

Através do narcisismo, a hipocondria foi consagrada como um verdadeiro operador da teoria psicanalítica. Mais que uma categoria psicopatológica, ela passou a ser reconhecida por Freud com o mesmo estatuto que o do sonho, que o do recalque, que o da perversão, deixando de ser considerada simplesmente um desvio ou uma perturbação para ter suas manifestações plenamente reconhecidas ao longo de toda a linha de continuidade entre o normal e o patológico. Mais do que uma simples doença, a hipocondria passou a ser considerada parte dos processos de subjetivação, de expressão e de representação do indivíduo.

A teoria do narcisismo promoveu importantes mudanças conceituais na teoria psicanalítica[17]. No campo da nosografia, ela permitiu a Freud ampliar seu modelo dos

[17] Mencionando apenas as mais importantes, podemos considerar: a consolidação da metapsicologia (compreendendo os fenômenos psíquicos segundo suas dimensões tópicas, dinâmicas e econômicas), a passagem da denominada primeira tópica (inconsciente/pré-consciente/consciente) para a segunda (id/ego/superego), o desdobramento da primeira dualidade pulsional (pulsões de autoconservação/pulsões sexuais) na segunda (pulsão de vida/pulsão de morte), e a passagem da primeira teoria da angústia (angústia resultante do excesso de excitações) para a segunda (angústia automática e angústia sinal de alarme).

anos 1890 considerando as condições do investimento libidinal, narcísicas e objetais, um novo parâmetro para a compreensão das manifestações psicopatológicas. Assim, no grupo das psiconeuroses, ele passou a distinguir as *neuroses de transferência* (caracterizadas pelo modo de relação objetal), entre as quais ele alinhava a histeria, a neurose obsessiva e a fobia (histeria de angústia), das *neuroses narcísicas* (marcadas pelo retraimento narcísico da libido), que compreendiam as parafrenias (psicoses, esquizofrenia), a paranoia, e a melancolia.

O grupo das *neuroses atuais* foi mantido nesse novo modelo. Apesar de ter ressaltado, implícita ou explicitamente, o caráter narcísico da hipocondria, Freud continuou a considerá-la uma neurose atual, ao lado da neurastenia e da neurose de angústia. Em 18/03/1912, ele relatava a Ferenczi essa hipótese, e, como tentou fazer na análise de Schreber, ele sugeria ampliar a reflexão sobre a função das queixas somáticas na relação entre a hipocondria e a parafrenia, sem ainda poder chegar a uma formulação clara a respeito dessa questão.

> [...] a hipocondria [é] a terceira neurose atual, e a base somática da parafrenia, como a neurose de angústia o é para a [histeria]. Eu deduzi isso das contribuições erógenas dos órgãos, que se voltam para o ego, ao invés de dirigir-se em direção da libido, mas precedidas de um sinal [negativo]; Entretanto, [disso] não resultou nada de consistente e,

> evidentemente, eu não quero forçar nada que não se preste a isso mais facilmente (Freud & Ferenczi, 1992, p. 380)[18].

No artigo sobre o narcisismo, Freud (1914) manteve essa concepção, reconhecendo, porém, os limites e as possibilidades da "indagação puramente psicológica" de penetrar nas fronteiras da pesquisa fisiológica, uma formulação que não deixa de ser curiosa, quando referente aos destinos da libido nas manifestações psicopatológicas. Mesmo que continuasse a considerar a hipocondria uma neurose atual, ele indicava que ela pode se manifestar em todas as neuroses, situando-a como um operador importante para compreender as relações entre elas. Um núcleo hipocondríaco, de caráter narcísico, poderia ser encontrado na formação de qualquer neurose.

> [...] as sensações corpóreas de natureza desagradável, comparáveis às da hipocondria, ocorrem também nas outras neuroses. [...] Provavelmente não seria ir muito longe supor que, no caso das outras neuroses, uma pequena dose de hipocondria também se forma regularmente ao mesmo tempo. Temos o melhor exemplo disso, creio eu, na neurose de angústia com sua superestrutura de histeria (Freud, 1914, p. 89).

[18] Em uma reunião em 23/04/1913, diante do grupo de psicanalistas de Viena, ele também defende essa posição (Les premiers psychanalystes, 1983).

E, mais adiante,

> [...] podemos suspeitar que a relação da hipocondria com a parafrenia é semelhante à das outras neuroses "reais" [atuais] com a histeria e a neurose obsessiva: podemos desconfiar [...] que ela está na dependência da libido do ego, assim como as outras estão na da libido objetal, e que a ansiedade hipocondríaca é a contrapartida, enquanto provém da libido do ego, da ansiedade neurótica. Além disso, visto já estarmos familiarizados com a ideia de que o mecanismo do adoecer e da formação de sintomas nas neuroses de transferência – o caminho da introversão para a regressão – deve ficar vinculado a um represamento da libido objetal, podemos também ficar mais perto da ideia de um represamento da libido do ego, e podemos estabelecer uma relação dessa ideia com os fenômenos da hipocondria e da parafrenia (p. 90).

Na "Conferência XXIV", sobre os estados neuróticos comuns, Freud (1916-1917b) dá mais clareza a essas relações. Ele evidencia a impossibilidade de considerar as psiconeuroses e as neuroses atuais entidades excludentes. Admitindo a possibilidade de existirem exceções a suas novas formulações, ele afirma que todo sintoma psiconeurótico possui frequentemente um núcleo, que, na verdade, constituiu-se originalmente como uma neurose atual. Ele apresenta, então, sua célebre imagem, descrevendo a neurose atual como o grão de areia que formaria, nos moluscos, a madrepérola que corresponderia à psiconeurose.

Essa relação poderia ser observada entre a neurastenia e a neurose de transferência (histeria de conversão), bem como entre a neurose de angústia e a histeria de angústia (fobia). Esse mesmo tipo de relação poderia ser encontrado entre a hipocondria e as parafrenias (demência precoce e paranoia).

> [No caso de uma] dor de cabeça ou dor lombar histérica, a análise nos mostra que, pela condensação e pelo deslocamento, o sintoma tornou-se satisfação substitutiva de toda uma série de fantasias e recordações libidinais. Mas essa dor, em determinada época, era também uma dor real e era, então, um sintoma sexual-tóxico direto, expressão somática de uma excitação libidinal. Longe estamos de afirmar que *todos* os sintomas histéricos contêm um núcleo dessa espécie. Mas persiste o fato de que este é, com especial frequência, o caso, e que quaisquer influências somáticas (normais ou patológicas) causadas por excitações libidinais são preferidas na construção dos sintomas histéricos (p. 21).

Freud aponta que essa perspectiva possui um importante interesse diagnóstico e terapêutico. Em uma pessoa "predisposta a uma neurose" sem, porém, manifestar qualquer sinal neurótico, é possível que uma "modificação somática patológica (por inflamação ou lesão)" desencadeie a formação do sintoma. Nesse caso, o sintoma existente na realidade teria sido transformado em "representante de todas as fantasias inconscientes que estavam apenas aguardando a ocasião de lançar mão de algum meio de expressão". Do ponto de vista terapêutico, o médico pode tentar "abolir a base orgânica, sem importar-se com a ruidosa elaboração neurótica", ou "atacar a neurose" que utilizou a oportunidade oferecida pela "causa precipitante orgânica" (Freud, 1916-1917b, p. 21)[19].

Apesar de ressaltar a fluidez das manifestações psicopatológicas e a dificuldade de delimitar claramente as fronteiras entre elas, Freud reconheceu a importância de refletir sobre as repercussões das novas perspectivas propiciadas pelo narcisismo em suas concepções da nosografia psicanalítica. A partir dessa preocupação, ele promoveu sucessivas mudanças em suas classificações da psicopatologia. O quadro a seguir apresenta essas mudanças.

Quadro 2. As transformaçoes da nosografia psicanalítica[20]

	Neuroses atuais	Psiconeuroses de defesa	
	Neurastenia	Histeria	
1896	Neurose angústia	Neurose obsessiva	
	Hipocondria	Fobias	
		"Confusão alucinatória", paranoia	

19 Freud observa ainda que nem sempre é possível distinguir o elemento mais proeminente da formação da neurose, e que, muitas vezes, será o resultado da escolha de uma ou outra conduta que indicará *a posteriori* se a compreensão da dinâmica etiológica foi correta, ressaltando também a dificuldade em fazer recomendações gerais para abordar esses "casos mistos".

20 Adaptado de Laplanche & Pontalis (1977, p. 379).

<table>
<tr><td rowspan="5">1905</td><td>Neuroses atuais</td><td colspan="3">Psiconeuroses de defesa</td><td>Perversões</td></tr>
<tr><td>Neurastenia</td><td colspan="3">Histeria</td><td>Sadismo / masoquismo</td></tr>
<tr><td>Neurose angústia</td><td colspan="3">Neurose obsessiva</td><td>Voyeurismo/exibicionismo</td></tr>
<tr><td>Hipocondria</td><td colspan="3">Fobias</td><td></td></tr>
<tr><td></td><td colspan="3">Paranoia</td><td></td></tr>
<tr><td rowspan="4">1915</td><td>Neuroses atuais de transferência</td><td>Psiconeuroses Narcísicas</td><td colspan="2">Psiconeuroses</td><td>Perversões</td></tr>
<tr><td>Neurastenia</td><td>Histeria</td><td colspan="2">Paranoia</td><td>Sadismo / Masoquismo</td></tr>
<tr><td>Neurose angústia</td><td>Neurose obsessiva</td><td colspan="2">Parafrenia (Esquizofrenia)</td><td>Voyeurismo/ exibicionismo</td></tr>
<tr><td>Hipocondria</td><td>Fobias</td><td colspan="2">Melancolia</td><td></td></tr>
<tr><td>1924</td><td>Neuroses atuais</td><td>Neuroses</td><td>Neuroses narcísicas</td><td>Psicoses</td><td>Perversões</td></tr>
</table>

A hipocondria, "grão de areia" do sintoma

Desde o início considerada uma neurose atual, a hipocondria deve, portanto, também se prestar àquela função, intuída por Freud, de "grão de areia" na formação das neuroses. Essa perspectiva pode, naturalmente, esclarecer o lugar da hipocondria na etiologia dessas manifestações, mas também lançar uma nova luz sobre as concepções freudianas das *séries complementares* e da *complacência somática.*

Desde o início, a preocupação com a etiologia das neuroses conduziu Freud a investigar o papel da hereditariedade, da sexualidade, das experiências infantis e das dinâmicas metapsicológicas que produzem tais manifestações. A ideia de *série complementar* foi formulada como uma forma de superar a concepção de que a etiologia da neurose deveria ser atribuída exclusivamente a fatores externos ou internos. Desde 1898, Freud já sustentava que tanto os fatores constitucionais como os da sexualidade participariam da dinâmica da neurose (Freud, 1898). Nos anos 1916-1917, ele formula mais claramente essa ideia ao afirmar que causas endógenas (constituição, modos de organização libidinal) e exógenas (traumatismos e frustrações) contribuiriam segundo intensidades diferentes à etiologia neurótica[21]. Com relação à histeria, em particular, diversas vezes Freud questionou os fatores que produzem o "salto" do conflito psíquico para a esfera somática, e, mais especificamente, a "escolha" do sintoma e do órgão através do qual ele se manifesta. Na discussão do caso Dora, ele afirma que seria empobrecedor tentar compreender a etiologia da histeria segundo uma causa única. Ele apresenta, então, a ideia de que, na formação do sintoma, existiria uma *complacência somática* entre um processo corporal, normal ou patológico, que favoreceria a constituição da solução de compromisso referente ao conflito psíquico inconsciente[22].

21 "[as causas da neurose] enquadram-se numa série [complementar], dentro da qual os dois fatores – constituição sexual e experiência, ou, se preferirem, fixação da libido e frustração – estão representados de tal modo que, quando um dos fatores é mais forte, o outro o é menos. [...] Nos casos intermediários da série, um maior ou menor grau de predisposição na constituição sexual se combina com um grau menor ou maior de experiências nocivas na vida das pessoas" (Freud, 1916-1917a, p. 21).

22 "[É frequentemente levantada a questão] se os sintomas da histeria são de origem psíquica ou somática [...]. Esta pergunta [...] não é adequada. [...] Até onde posso ver, todo sintoma histérico requer a participação de ambos os lados. Não pode ocorrer sem a presença de uma certa complacência somática fornecida por algum processo

Ao observar que "toda neurose comporta uma certa dose de hipocondria", Freud deixa implícita a ideia de que, mesmo nos quadros sintomáticos que não apresentam nenhuma manifestação ou queixa corporal, as dinâmicas hipocondríacas devem estar presentes como modos de experiência, de elaboração e de ligação das quantidades de excitação e de estímulos internos e externos vividos pelo sujeito. O corpo, através da sensorialidade, da percepção e das marcas por elas inscritas, constitui-se por excelência como o lugar da experiência do mundo e do semelhante.

As dinâmicas hipocondríacas constituiriam, então, uma pré-condição para que a complacência somática seja possível. Dessa forma, revelar-se-ia clinicamente o sentido não apenas da relação entre a histeria e a hipocondria, sugerida por diferentes autores ao longo dos séculos, mas também de vinculações menos aparentes com outras manifestações da psicopatologia. Participando da regulação dos movimentos narcísicos e objetais, as dinâmicas hipocondríacas permeiam todos os processos de formação do sintoma. Como sugere Freud, da mesma forma que "modificações somáticas reais" podem catalisar a formação de um quadro psiconeurótico, devemos considerar que também o investimento autoerótico, narcísico ou, mesmo, pelo objeto de uma parte do corpo pode mobilizar e participar da formação de um quadro sintomático.

---

normal ou patológico no interior de um órgão do corpo ou com ele relacionado" (*Ibidem*, p. 21).

Seja qual for a natureza do sintoma, psiconeurótico, atual, narcísico ou objetal, sabemos que sua etiologia, constituição e dinâmica são determinadas pela experiência do desprazer, e, em particular, pela angústia, experiências eminentemente corporais[23]. Assim, percebemos que a experiência hipocondríaca, manifesta ou não através de sensações, representações, fantasias ou sonhos, é uma mediadora essencial da economia psicossomática. Através de sua função de ligação, articulam-se as vivências do sujeito, seus prazeres, suas angústias, seus sintomas e os destinos de sua existência.

A função econômica da hipocondria

No artigo sobre o narcisismo, Freud (1914) retoma um elemento importante de sua teoria ao afirmar que o aparelho psíquico tem como função primordial ligar e dominar as excitações que de outra forma seriam sentidas como desprazerosas ou teriam efeitos patogênicos. A elaboração através do psiquismo favorece o escoamento das excitações, impossíveis de serem descarregadas diretamente para o exterior, ou para as quais tal descarga é, no momento, indesejável. Dessa

[23] "a ansiedade [angústia] surgiu originalmente como uma reação a um estado de perigo e é reproduzida sempre que um estado dessa espécie se repete. [...] As inervações envolvidas no estado original de ansiedade provavelmente tinham um significado e finalidade [...]. No nascimento é provável que a inervação, ao ser dirigida para os órgãos respiratórios, esteja preparando o caminho para a atividade dos pulmões, e, ao acelerar as pulsações do coração, esteja ajudando a manter o sangue isento de substâncias tóxicas. [...] quando o estado de ansiedade é reproduzido depois como um afeto, faltar-lhe-á tal oportunidade" (Freud, 1926, p. 107).

forma, o retraimento narcísico estaria a serviço dessa função econômica de ligação.

> [a elaboração das excitações] na mente auxilia de forma marcante um escoamento das excitações que são incapazes de descarga direta para fora, ou para as quais tal descarga é, no momento, indesejável. [...] é indiferente que esse processo interno de elaboração seja efetuado em objetos reais ou imaginários (p. 89).

Na parafrenia, por exemplo, a libido liberada pela frustração não permanece ligada a objetos na fantasia, mas se retira para o ego, alimentando a megalomania. A falha desse mecanismo de ligação da libido através das fantasias megalomaníacas desencadearia as sensações hipocondríacas da parafrenia. Segundo Freud, as manifestações hipocondríacas nas parafrenias corresponderiam à angústia nas neuroses de transferência. Nessas, a angústia pode ser transformada, por uma elaboração psíquica ulterior, em conversões, formações reativas, ou mecanismos fóbicos.

Freud já mencionara, na análise de Schreber, que os delírios seriam tentativas de cura da doença. No artigo sobre o narcisismo, ele afirma que as manifestações da doença na parafrenia correspondem a "tentativas de restauração", que podem ocorrer segundo três modalidades: 1. fenômenos residuais de um estado normal de neurose; 2. processos mórbidos que correspondem ao afastamento da libido dos seus objetos e, que se manifestam através de megalomania, hipocondria, perturbações afetivas e todo tipo de regressão; e 3. processos que representam a restauração, nos quais a libido pode voltar a se ligar a objetos como uma histeria (na demência precoce ou na parafrenia propriamente dita), ou como em uma neurose obsessiva (na paranoia) (*Ibidem*).

Em 1920, Freud examinou a etiologia e as dinâmicas das *neuroses traumáticas*, desencadeadas por "graves concussões mecânicas, desastres ferroviários e outros acidentes que envolvem risco de vida". Ele aponta para a semelhança entre a sintomatologia dessas neuroses e as da histeria, sem, contudo, apresentar a dimensão simbólica e fantasmática das mesmas. Nesse sentido, a exuberância das queixas e sua natureza narcísica seriam mais próximas da hipocondria e da melancolia. Essas manifestações estariam a serviço da necessidade de ligação do incremento abrupto de excitações desencadeado pelas circunstâncias traumáticas. Nas "neuroses traumáticas dos tempos de paz", inclusive, observa-se (como na hipocondria) que a existência de um ferimento físico pode, até mesmo, evitar o desenvolvimento de uma (psico)neurose.

> O quadro sintomático [da] neurose traumática aproxima-se do da histeria pela abundância de seus sintomas motores semelhantes; em geral, contudo, ultrapassa-o em seus sinais fortemente acentuados de indisposição subjetiva (no que se assemelha à hipocondria ou melancolia),

> bem como nas provas que fornece de debilitamento e de perturbação muito mais abrangentes e gerais das capacidades mentais. [Nas neuroses de guerra] o fato [dos] sintomas às vezes aparecerem sem a intervenção de qualquer grande força mecânica, pareceu a princípio esclarecedor e desnorteante. [Nas neuroses traumáticas dos tempos de paz], neuroses traumáticas comuns, duas características surgem proeminentemente: primeira, que o ônus principal de sua causação parece repousar sobre o fator da surpresa, do susto, e, segunda, que um ferimento ou dano infligidos simultaneamente operam, via de regra, *contra* o desenvolvimento de uma neurose (Freud, 1920, p. 17)[24].

Cabe, então, considerar que as sensações e as fantasias hipocondríacas podem vir a preencher essa necessidade imperativa de ligação da excitação. As formas narcísicas e transferenciais da hipocondria e suas manifestações em todos os quadros da psicopatologia poderiam ser compreendidas como tentativas de ligação da excitação e da angústia segundo um nível mais primitivo de funcionamento, a partir de uma experiência corporal, com ou sem representação psíquica associada[25].

---

[24] Myriam Uchitel apresenta, de forma clara e sensível, os desdobramentos dessas questões em seu livro *Neurose traumática: uma revisão crítica do conceito de trauma* (2010), nesta mesma coleção.

[25] Cf. "O trabalho da hipocondria", no Capítulo 5 a seguir.

Hipocondria e funcionamento onírico

Percebemos ao longo de nosso percurso como, gradualmente, Freud foi ressaltando na análise dos fenômenos hipocondríacos a relação destes com a sexualidade, com o deslocamento e com a projeção, com as defesas, com a regressão e com o narcisismo, articulando-os também com as diferentes formas de manifestação da psicopatologia. Assim, chegados a esse ponto, é natural que encontremos, na obra freudiana, a hipocondria plenamente associada à perspectiva do sonho.

O corpo, fonte e objeto do sonho

Desde "A interpretação dos sonhos" Freud já apontava os estímulos somáticos e sensoriais como fontes oníricas, discutindo a natureza e a participação desses estímulos na formação do sonho. Nessa obra, ele menciona várias teorias que, essencialmente, distinguem três diferentes fontes somáticas do sonho: "os estímulos sensoriais objetivos provenientes de objetos externos, os estados internos de excitação dos órgãos sensoriais com base apenas subjetiva, e os estímulos somáticos provenientes do interior do corpo" (Freud, 1920, p. 17). Reconhecendo a dificuldade em provar que os estímulos somáticos internos tenham realmente originado as representações dos sonhos, Freud sugere admitir essa relação a partir da "influência universalmente reconhecida que exercem [nos] sonhos os estados de excitação de [...] órgãos digestivos, urinários e sexuais" (*Ibidem*). Segundo ele, muitos autores considerariam, inclusive, que a "estimulação nervosa" e a "estimulação somática" seriam as únicas fontes dos sonhos, erroneamente desprezando os mecanismos psíquicos que participam de sua formação.

Contrapondo-se a tais posições, Freud apresenta as visões de outros autores, como Strümpell, que afirmava, em 1877, que

> [...] durante o sono, a mente atinge uma consciência sensorial muito mais profunda e ampla dos eventos somáticos do que durante o estado de vigília. É obrigada a receber e a ser afetada por impressões de estímulos provenientes de partes do corpo e de modificações do corpo das quais nada sabe enquanto desperta (Strümpell, 1877 *apud* Freud, 1920, p. 17).

Ele atribuía esse fenômeno à capacidade de a mente "retrair-se do mundo externo durante o sono", e sua necessidade de "construir ilusões" como forma de "interpretar" os estímulos sensoriais objetivos, internos ou externos, aos quais ela está submetida. Strümpell denominava o resultado dessa "interpretação" de "sonho devido à estimulação nervosa [...] um sonho cujos componentes são determinados por um estímulo nervoso que produz seus efeitos psíquicos na mente segundo as leis da reprodução" (p. 19). Para Freud, essa capacidade interpretativa do sonho, através de ilusões, poderia dar origem a um número ilimitado de interpretações e representações dos estímulos somáticos.

Segundo Freud, os estímulos sensoriais e corporais possuiriam, com relação ao sonho, a mesma função que os *restos diurnos*, constituindo a matéria-prima onírica. Porém, ele ressalta que "há mais de uma maneira de reagir a um estímulo somático durante o sono". O trabalho do sonho é capaz de representar ambos os tipos de fontes do sonho: a somática e a psíquica. Segundo sua intensidade, os estímulos nervosos externos e os estímulos somáticos internos atraem a atenção psíquica, e, no interesse de preservar o sono, constituem-se como o núcleo da formação de um sonho, colocando-se a serviço de um desejo recalcado. Ele observa que em diversos sonhos, o conteúdo onírico é ditado pelo elemento somático, e que, em particular, a "cenestesia física (ou sensibilidade geral difusa) é um dos principais estímulos somáticos internos" (*Idem*, 1920, p. 19) determinantes do conteúdo onírico.

O corpo no sonho: um sonho de Freud

O interesse de Freud pelas fontes somáticas dos sonhos e por suas funções não era apenas ditado pelas controvérsias da literatura sobre o assunto. Seus próprios sonhos o intrigavam, e, muitos deles, relatados ao longo de toda sua obra, apresentam uma exuberância de imagens corporais, por exemplo, o famoso sonho "da injeção feita a Irma". Não se trata de acrescentar mais uma interpretação do mesmo a uma lista já numerosa. Porém, é interessante examinar de perto esse sonho e sua interpretação para compreender a importância para Freud das imagens corporais na dinâmica onírica, e, inclusive, para além do que ele mesmo nos indicou, em sua própria história pessoal.

O sonho, as circunstâncias que o desencadearam e a análise feita por Freud são descritos no segundo capítulo de "A interpretação dos sonhos". Resumindo, recordemos apenas que, no verão de 1895, Freud vinha tratando pelo método psicanalítico uma jovem senhora, que mantinha "relações cordiais de amizade" com ele e com sua família. Reconhecendo os riscos dessa proximidade para o tratamento, ele relata que este havia terminado com "êxito parcial; a paciente ficara livre de sua angústia histérica, mas não perdera todos os sintomas somáticos". Ela não aceitara "a solução" proposta por Freud, e, nestas circunstâncias, o tratamento foi interrompido para as férias de verão. Durante essas férias, Freud recebeu a visita de um amigo, Otto, colega de profissão, que estivera com Irma e com sua família. Pedindo notícias dela, Freud recebeu como resposta que ela "estava melhor, mas não inteiramente boa". Freud aborreceu-se com as palavras de Otto, sentindo-as como uma recriminação a sua conduta com a paciente, considerando também que Otto teria se deixado influenciar pelos familiares dela que nunca haviam "visto o tratamento com bons olhos". Naquele momento, Freud não percebeu com clareza a dimensão de seu desagrado, e não fez qualquer comentário a respeito. Porém, na mesma noite, redigiu o caso de Irma, pretendendo entregá-lo a outro amigo, o Dr. M., como forma de justificar sua conduta. Durante a noite de 23-24 de julho de 1895, Freud sonhou:

Um grande salão – numerosos convidados a quem estávamos recebendo. Entre eles estava Irma. No mesmo instante, puxei-a de lado, como que para responder a sua carta e repreendê-la por não ter ainda aceitado minha "solução". Disse-lhe: "Se você ainda sente dores, é realmente apenas por culpa sua". Respondeu ela: "Ah! se o senhor pudesse imaginar as dores que sinto agora na garganta, no estômago e no abdômen... isto está me sufocando". Fiquei alarmado e olhei para ela. Parecia pálida e inchada. Pensei comigo mesmo que, afinal de contas, devia estar deixando de perceber algum distúrbio orgânico. Levei-a até a janela e examinei-lhe a garganta, e ela deu mostras de resistências, como fazem as mulheres com dentaduras postiças. Pensei comigo mesmo que realmente não havia necessidade de ela fazer aquilo. Em seguida, ela abriu a boca como devia e, no lado direito, descobri uma grande placa branca; em outro lugar, vi extensas crostas cinza-esbranquiçadas sobre algumas notáveis estruturas recurvadas, que tinham evidentemente por modelo os ossos turbinados do nariz. Chamei imediatamente o Dr. M., e ele repetiu o exame e o confirmou... O Dr. M. tinha uma aparência muito diferente da habitual; estava muito pálido, claudicava e tinha o queixo escanhoado... Meu amigo Otto estava também agora de pé ao lado dela, e meu amigo Leopold a auscultava através do corpete e dizia: "Ela tem uma área surda bem embaixo, à esquerda". Indicou também que parte da pele do ombro esquerdo

> estava infiltrada. (Notei isso, tal como ele fizera, apesar do vestido.)... M. disse: "Não há dúvida de que é uma infecção, mas não tem importância; sobrevirá uma disenteria, e a toxina será eliminada"... Tivemos também pronta consciência da origem da infecção. Não muito antes, quando ela não estava se sentindo bem, meu amigo Otto lhe aplicara uma injeção de um preparado de propil, propilos... ácido propiônico... trimetilamina (e eu via diante de mim a fórmula desse preparado, impressa em grossos caracteres)... Injeções como essas não deveriam ser aplicadas de forma tão impensada... E, provavelmente, a seringa não estava limpa (Freud, 1900, p. 103)[26].

Em sua detalhada interpretação, Freud ressalta a relação deste sonho com os acontecimentos do dia que o precedeu, com as notícias que tivera de Irma através de Otto e com o relatório sobre o caso que redigira. Ele sublinha o caráter desconcertante do sonho: os sintomas dos quais Irma se queixava eram distintos daqueles pelos quais Freud a tratara. A injeção de ácido propiônico e as reflexões consoladoras do Dr. M. também pareciam inusitadas e risíveis.

Aprofundando a análise, Freud se reconhece "especialmente aflito" no sonho. Ao repreender Irma "por não haver

[26] Para facilitar a leitura, optei por reproduzir a integralidade do sonho, tal como Freud o apresenta. Quanto a sua interpretação, remeto o leitor à riqueza do original, uma vez que, aqui, ela será apresentada apenas de forma bastante resumida, concentrando-se nos desdobramentos dos elementos somáticos do sonho.

aceito [sua] solução", ele se eximia da responsabilidade pela persistência de "suas dores", aliviando-se da culpa pelo eventual insucesso terapêutico do tratamento psicanalítico. As queixas "na garganta, abdômen e estômago", a sensação de sufocação que delas decorriam, e também a palidez e o inchaço de Irma pareciam estranhos a Freud, fazendo-o suspeitar de que "se referiam a outra pessoa". "Alarmado com a ideia de não haver percebido alguma doença orgânica", Freud manifestava uma preocupação frequente daqueles "que se dedicam ao tratamento das doenças neuróticas". Mas, ao mesmo tempo, um eventual erro diagnóstico também o desincumbiria da responsabilidade e da culpa pelo fracasso do tratamento, pois este "visava apenas eliminar as dores histéricas".

O exame da garganta junto à janela, a resistência de Irma a este procedimento e a dúvida de Freud quanto à necessidade desta conduta sugerem a ele que, no sonho, Irma representasse uma amiga dela que também sofria de sufocação histérica. Freud havia considerado a possibilidade de tratar dessa amiga, mas ponderou ser isso improvável por ser ela "muito reservada". Os dentes "estragados" levaram Freud a pensar em uma terceira paciente, também resistente ao tratamento. Essas substituições teriam sido motivadas pela ideia de que, talvez, as outras pacientes teriam "aberto a boca como deviam" e dito mais coisas do que Irma, permitindo o sucesso do tratamento. A "placa branca" na garganta e as "crostas nos ossos turbinados" lembraram a Freud a difterite da amiga de Irma, e também a aflição e o susto pelos quais passara dois anos antes, durante uma doença grave de sua filha mais velha, Mathilde. Ele também associa tais imagens a seu próprio estado de saúde e ao uso da cocaína para reduzir o incômodo de "inchações nasais". Essas associações o remetem a mais dois episódios terapêuticos, o de uma paciente sua que, "seguindo seu exemplo", desenvolvera uma necrose da membrana mucosa nasal devido ao uso da cocaína, e o de um grande amigo que falecera em função do uso indevido desta droga. A recomendação do emprego terapêutico da cocaína trouxera-lhe "sérias recriminações" de seus colegas. A solicitação para que o "respeitável" Dr. M. repetisse o exame lembra a Freud mais um "evento trágico em sua clínica" quando, diante da intoxicação de uma paciente recorrera "às pressas à assistência e ao apoio de [um] colega mais experiente". Como se fosse "uma retaliação do destino", essa paciente, "que sucumbiu ao veneno", tinha o mesmo nome da filha mais velha de Freud. Ele observa, assim, que o sonho parecia reunir todos os episódios que indicariam sua "falta de conscienciosidade médica".

Freud se inquieta da palidez e da claudicação do Dr. M., associando seu aspecto ao do irmão mais velho de Freud, que sofria de uma "infecção artrítica no quadril". Os dois se fundiam no sonho, pois, também eles "haviam rejeitado uma sugestão que lhes fizera". Otto e Leopold, amigos e colegas de trabalho de Freud, também examinavam a paciente. Este último detectou uma "área surda [...] à esquerda", tendo feito uma "contribuição inesperada [à] decisão [diagnóstica]". A área surda lembrou um caso de afecção metastática acompanhado por Leopold, e a paciente que Freud gostaria de ter em lugar de Irma, que parecia ter produzido "uma imitação de tuberculose".

A "pele do ombro esquerdo estava infiltrada" remete Freud a seu próprio reumatismo, que ele diz observar "invariavelmente quando [fica] acordado até altas horas da noite". O termo infiltração sugere mais uma vez a referência "ao pulmão e [...] à tuberculose". Ele ressalta a ambiguidade das palavras do sonho, "notei isso, tal como ele...", concluindo que elas referiam-se às percepções de seu próprio corpo ("notei-o em meu próprio corpo").

O Dr. M. emite um parecer que Freud considera ridículo ("é uma infecção, mas não tem importância; sobrevirá uma disenteria, e a toxina será eliminada"). Freud tece considerações de ordem diagnóstica sobre o quadro clínico (seria uma "difteria", uma "difterite" ou uma "picmia"?), mas o consolo do Dr. M. se sobressai dessas observações: "no fim tudo ficaria bem". O caráter "disparatado" desse consolo o intriga. Ele persiste na análise e lembra de outro paciente, que, em viagem ao Egito, recebeu erroneamente um diagnóstico de "disenteria" para suas crises de caráter histérico. Freud conclui que esta parte do sonho expressa seu "desprezo pelos médicos que não conhecem a histeria". Ridicularizando-o no sonho, Freud censurava o Dr. M. por não ter identificado a histeria da amiga de Irma, manifestando também seu ressentimento por ele tampouco ter concordado com a solução que Freud oferecera a Irma.

O trecho do sonho referente à injeção aplicada a Irma lembra novamente Freud de seu amigo que não escutara suas recomendações, utilizando a cocaína por via intravenosa em vez de realizar aplicações locais. Os preparados, "ácido propiônico", "trimetilamina" sugerem a Freud deslocamentos em torno de fórmulas químicas relacionadas ao licor de ananás que lhe fora presenteado por Otto. A visualização no sonho da fórmula química da trimetilamina lembrou Freud de outro amigo (Fliess) que levantara a hipótese de que esta substância estaria relacionada ao metabolismo sexual, mais uma referência, no sonho, à questão da sexualidade no caso de Irma. Freud pensara em sugerir que Irma consultasse esse amigo. Suas associações evocam também sua "angústia" relativa à rinite da qual sofria Fliess. Freud critica Otto por ter ministrado de forma "impensada" a injeção a Irma e pelo fato de a "seringa não estar limpa". Dessa forma, agora é Freud que aparece como consciencioso, mas suas associações mostram também "o inverso", trazendo novamente à tona seus fracassos com seu amigo morto por causa da cocaína e a história de sua filha mais velha, Mathilde. Esse fragmento conduz ainda Freud a pensar na possibilidade de flebites provocadas por injeções, e, daí, à trombose de sua mulher durante uma gravidez. Dessa forma, "três situações semelhantes, envolvendo [sua] esposa, Irma e a falecida Mathilde, permitiam substituir, no sonho, as três figuras entre si" (Freud, 1900, p. 104).

Freud conclui sua interpretação apontando que o sonho tinha como objetivo aliviá-lo das ideias do dia anterior, eximindo-o da responsabilidade pela persistência das dores de Irma, atribuindo-a a Otto e a uma série de outros fatores. Freud se vingava, assim, do aborrecimento provocado pelo comentário de Otto sobre a cura incompleta de Irma. Ele se vingava também de sua paciente desobediente, trocando-a por outra mais sensata e menos resistente, bem como do Dr. M. (na realidade J. Breuer), mostrando "que ele era um ignorante no assunto (da sexualidade)"[27]. Nenhum deles aceitara a "solução", da causa sexual dos sintomas histéricos de Irma. Outros temas no sonho, a doença de sua filha e a de sua paciente com o mesmo nome, o efeito prejudicial da cocaína, o distúrbio de seu paciente com problemas intestinais, sua preocupação com a saúde de sua mulher, de seu irmão e do Dr. M., seus próprios males físicos, e sua aflição por seu amigo que sofria de rinite supurativa, pareciam também contribuir para provar "o interesse de Freud por sua própria saúde e pela saúde de outras pessoas – sua conscienciosidade profissional" (Freud, 1900, p. 104).

Freud reconhece que sua análise não esgota todo o sentido de seu sonho, e que outras linhas de interpretação seriam possíveis. Como sabemos, todo sonho comporta múltiplas

[27] Graças aos biógrafos de Freud, sabemos que o Dr. M. corresponde a Josef Breuer, coautor com Freud de "Estudos sobre a Histeria", publicado no ano do sonho (1895). Considerando as divergências entre eles sobre a etiologia sexual da histeria e das neuroses em geral, já expressas nessa obra, podemos compreender melhor o sentido e a intensidade da animosidade manifestada no sonho contra ele por Freud. Em 1896, em função da acentuação de tais divergências, a ruptura entre os dois se consumou.

interpretações, e mesmo aquelas já conhecidas podem ganhar outra dimensão a partir de novas associações. No livro, ele se abstém de comunicá-las, alegando que elas ultrapassariam os limites de sua privacidade[28].

Uma lente sobre o corpo

É compreensível que Freud não tenha fornecido todas as suas associações para a análise desse sonho. Porém, se considerarmos alguns elementos da vida de Freud, que passaram a ser conhecidos a partir de suas biografias, a compreensão do sonho de Irma pode ser ampliada, sobretudo no que diz respeito ao significado e ao alcance de seus elementos somáticos.

Com efeito, é impressionante a quantidade de queixas e de imagens corporais ali representadas. Como aponta Anzieu (1988a), o sonho apresenta uma multiplicidade de sensações gustativas (o licor de ananás), olfativas (o cheiro de álcool amílico, o mau cheiro das supurações nasais), cromáticas (as crostas cinza-esbranquiçadas), cenestésicas (a sensação de sufocamento) e táteis (a percussão e a ascultação de Irma, sensações através das roupas), com o destaque

[28] No prefácio de sua obra, Freud já alertara para as dificuldades do método por ele empregado. Optando por analisar seus próprios sonhos, em vez daqueles disponíveis na literatura ou, ainda, os de seus pacientes, ele reconhece que corria o risco de "revelar mais aspectos íntimos de [sua] vida mental do que gostaria, ou do que é normalmente necessário para qualquer escritor que seja um homem de ciência e não um poeta". Solicitando a indulgência do leitor, ele assume esse risco, mas aparando as "arestas de algumas de [suas] indiscrições por meio de omissões e substituições" (Freud, 1900, p. 105).

das imagens visuais (ver a garganta de Irma, a fórmula visual da trimetilamina) (p. 66). Nele estão também representadas inúmeras funções corporais como a defecação (a disenteria), a micção (eliminação da trimetilamina pela urina), a respiração (a área surda à auscultação).

A *surpresa* inicial relatada por Freud, pelo fato de serem os sintomas de Irma no sonho diferentes daqueles pelos quais ele a tratava, tem todas as marcas da estranheza familiar provocada pelas manifestações do inconsciente (Freud, 1919b). É provável que ele tenha se surpreendido não tanto com a discrepância dos sintomas, mas com sua clareza e evidência. Sabemos que o caráter egoísta do sonho sugere que todos seus personagens se referem, de certa forma, ao sonhador. Assim, mesmo que expressas por Irma e atribuídas nas associações a outras pessoas, podemos considerar que as queixas e as imagens corporais do sonho referem-se também a Freud. É essa, justamente, a hipótese defendida por Anzieu.

Entre todos os sintomas repertoriados no sonho, apenas duas vezes Freud comunica associações referentes a si mesmo: o uso que fazia da cocaína para o tratamento de supurações nasais e a relação que estabelecera entre a "infiltração na pele do ombro esquerdo" e sua dor reumática no ombro. No contexto desse fragmento, tanto no sonho como na interpretação, Freud é explícito: tudo isso, ele experimentara "em seu próprio corpo" ("Notei isso, tal como ele..."). Freud se examina assim como Leopold examinava Irma. Quanto aos demais sintomas do sonho, Freud não mostra a menor dificuldade em atribuí-los a outros pacientes, familiares e colegas.

Mas não era ele o sonhador? Não teriam aquelas queixas atribuídas a outros também algo a ver com ele?

É certo que, em associação com as placas brancas observadas na garganta de Irma, Freud menciona vagamente suas preocupações "com seu próprio estado de saúde". Em diversos momentos, Freud manifesta sentimentos de preocupação: "aflição" (em relação com os sintomas de Irma, com a possibilidade de não ter detectado alguma doença orgânica, com a doença de sua filha), "susto" (com a doença grave da filha), "inquietação" (com a aparência de Irma, com a de Dr. M. e com a saúde de seu irmão), "surpresa" (com os sintomas de Irma), "angústia" (quanto à rinite de Fliess). Todos esses afetos, diferentes expressões de ansiedade, estariam apenas relacionados a sua culpa quanto ao resultado do tratamento de Irma, ou a sua preocupação com sua imagem profissional?

Freud, o sonhador, tinha muito mais motivos para preocupar-se com sua saúde do que aqueles que ele revela em sua interpretação. Desde 1892, ele vinha evocando, em sua correspondência com Fliess, inúmeros episódios sintomáticos: dores de cabeça (denominadas por Freud "crises de enxaqueca", das quais Fliess também sofria), afecções nasais e sinusite crônica (como Fliess), distúrbios gastrintestinais vagos e uma sintomatologia cardíaca, que se destacava de todos os demais sintomas (Schur, 1975, p. 62). Em 18/10/1893, Freud mencionou a Fliess um episódio cardíaco e, a partir dele, atribuiu a Fliess o lugar de médico de confiança, apesar de ser tratado por Breuer em Viena. Segundo Schur, Breuer tendia a valorizar a etiologia orgânica dos males de Freud atribuindo-os a uma "miocardite crônica", enquanto Fliess defendia uma "intoxicação ou hipersensibilidade à nicotina" como causa da doença.

Desde então, iniciou-se entre Freud e Fliess uma intensa correspondência na qual, ao lado de trocas científicas e de manifestações efusivas de amizade, a saúde de ambos (a de Freud principalmente) ocupava um lugar de destaque. Nela é possível também acompanhar uma verdadeira batalha em torno do tabagismo de Freud, que Fliess o intimava a abandonar. É evidente nessa correspondência que, pensando no sonho de Irma, Freud também não havia aceitado completamente a "solução" de Fliess. Fumante inveterado e grande apreciador de charutos, era extremamente penoso para Freud renunciar a eles, a ponto de, muitas vezes, ter literalmente recusado reconhecer os efeitos nocivos do fumo, principalmente sobre seus problemas cardíacos.

Na primavera de 1894, Freud sofreu mais um episódio cardíaco, sequela de uma forte gripe intensificada pelo fumo. Em 19/04/1894, Freud fez um relato detalhado de sua história clínica para Fliess, descrevendo suas crises repetitivas (quase quotidianas) de taquicardia, com arritmias "violentas", dores torácicas que irradiavam pelo braço esquerdo e dispneia (Schur, 1975, p. 65). Segundo Anzieu, nessa ocasião, intensificaram-se as fantasias e as angústias de Freud a respeito de sua própria morte. Desde então, "sua sintomatologia habitual, depressiva e psicossomática, acentuou-se, mas ele ainda não era capaz de estabelecer uma relação clara entre [sua] angústia [de morte] e [aquela] sintomatologia" (Anzieu, 1988a, p. 83).

Em 22/06/1894, ele remete "seu próprio caso clínico" para Fliess, descrevendo também seu desespero diante das condutas de Breuer e de sua incapacidade para definir o diagnóstico de sua doença: Freud efetivamente se sentia inseguro quanto a ele. No contexto das questões transferenciais, entre Freud, Breuer e Fliess, encontramos aqui um outro bom motivo para que Freud o tenha ridicularizado no sonho de Irma.

No inverno de 1895, Freud adoece de mais uma forte gripe que evoluiu para uma sinusite crônica. Em fevereiro, em Viena, Fliess tratou dele com aplicação local de cocaína e cauterização do nariz. Em uma carta de 11/04/1895, Freud relata a Fliess a melhora de seu estado de saúde, e lhe solicita que "aceite não querer saber mais sobre essa questão do coração" (*apud* Schur, 1975, p. 111). As crises cardíacas diminuíram, assumindo um caráter intermitente. Schur afirma que Freud parecia então "cada vez menos preocupado com seu estado cardíaco". Será?

Percebemos nesta rápida retrospectiva que, desde 1892, os problemas de saúde eram fonte permanente de preocupação e de cuidados para Freud, ocupando um lugar central no tipo de relação que ele estabeleceu com Fliess. Com ele, Freud compartilhava não apenas suas teorias e seu cotidiano, mas também seu sofrimento e os mais íntimos detalhes de sua saúde e do funcionamento de seu corpo. Ele discutia também com Fliess muitos de seus casos clínicos, sendo que alguns de seus pacientes eram também tratados por Fliess.

Por insistência de Freud, em fevereiro de 1895, na mesma época em que cuidara de Freud, Fliess operara Emma Eckstein, paciente que Freud tratava por "dores abdominais histéricas", na qual Fliess detectou uma "patologia da cavidade nasal e dos sínus". No pós-operatório, a paciente manifestou "intensas dores e supurações fétidas e sanguinolentas", que se agravaram rapidamente. Um outro médico descobriu que Fliess havia esquecido no campo cirúrgico 50 cm de gaze embebida em iodo. Ao retirá-la, sobreveio uma grave hemorragia que fez com que Emma desmaiasse. Freud, que assistia a esses procedimentos, sentiu-se mal e foi obrigado a se retirar da sala. Entre março e abril de 1895, Freud e Fliess discutiram longamente esse episódio em sua correspondência. Apesar de negá-lo, a confiança de Freud em Fliess ficou bastante abalada por esse caso. Schur aponta que, entre a operação de Emma e o sonho de Irma, as cartas de Freud revelam uma mudança de seu quadro clínico e da forma de reagir a ele, ao mesmo tempo que mudava também o modo de relacionar-se com Fliess (Schur, 1975).

Poderia Freud continuar confiando nas "soluções" de seu amigo? Não teria ele também sido objeto da desconfiança e da vingança de Freud no sonho?

O sonho de Irma apresenta inúmeros desdobramentos do ponto de vista da construção da teoria psicanalítica, da vida pessoal e profissional de Freud, e das questões transferenciais que ele vivia naquele momento entre seus mestres e colegas. Não pretendo me estender nessas direções, mais uma vez convidando o leitor a consultar a excelente análise realizada por Anzieu e o relato minucioso de Schur.

Porém, se focalizarmos nossa atenção nos aspectos somáticos do sonho, percebemos que ele apresenta um grande número de imagens da parte esquerda do corpo. Assim, as preocupações "com seu próprio estado de saúde", vagamente mencionadas na interpretação de Freud, podem ser compreendidas, como sugere Anzieu, não apenas como uma manifestação de uma ansiedade geral de Freud relacionada à sua saúde, mas como uma preocupação particular com seus problemas cardíacos. Em função da melhora dessa sintomatologia, na época do sonho, Freud considerava retomar o fumo, interrompido sob ordens de Fliess. Segundo Anzieu, o sonho materializaria a ameaça de Fliess (que quando o auscultava, assim como Leopold a Irma, prognosticava a possibilidade de uma recidiva de sua doença cardíaca devido à intolerância ao fumo). O sonho representa, ao mesmo tempo, a decisão de Freud de transgredir a interdição e desafiar essa ameaça.

Anzieu ressalta que o sonho com Irma pode também ser compreendido como *um verdadeiro inventário do corpo*,

> [...] onde figuram, em pano de fundo, os cinco sentidos externos e a sensibilidade interna, bem como referências à maior parte das grandes funções: a respiração, a circulação, a eliminação, a reprodução, a fonação, o sistema nervoso, e, menos claramente, a nutrição (reduzida a um licor intragável), e onde se destacam, como tempos fortes,

> os pontos de sensibilidade erógena ou dolorosa: dados, funções, pontos que pertencem tanto ao corpo próprio do sonhador como do que é objeto de seu desejo. [...] Mas esse inventário eufórico do corpo em bom estado de funcionamento convoca sua contrapartida, o inventário do corpo doente; o sonho da injeção feita a Irma enumera todos os distúrbios dos quais Freud já sofreu ou ainda sofre: os sintomas intestinais (a disenteria), a angina de 1892 que o impediu de engolir e de falar, as supurações nasais, as dores cardíacas (Schur, 1975, p. 68).

O sonho com Irma revela-se, assim, como um autêntico inventário hipocondríaco realizado por Freud a respeito de si mesmo. Nele, Freud, o sonhador, desdobra-se ora em Irma, a paciente, ora em Leopold, o médico. Freud examina e é examinado.[29] Ele se representa como Otto, o incauto aplicador de seringas sujas, sugerindo a suas pacientes histéricas soluções inaceitáveis. Ele representa Fliess com quem compartilha não apenas suas teorias sobre a sexualidade, mas um intenso sofrimento devido a rinites e supurações nasais. Freud se representa até mesmo através do ridículo Dr. M. (Breuer), através de sua representação pálida – como após um episódio de dispneia – e claudicante – como os que sofrem de artrose

[29] D. Anzieu comenta a esse respeito que o fato de ser Freud o doente que ele mesmo examina, sugere que esse sonho manifeste "seu desejo de se autoanalisar" (1988a, p. 25).

ou reumatismo, seu irmão no quadril, e ele, no ombro. Os fragmentos relacionados ao pulmão – a auscultação de Irma, as referências à tuberculose – estariam provavelmente também relacionados ao conflito de Freud em torno dos efeitos do fumo e sua dificuldade em obedecer as orientações de Fliess. Um conflito que o acompanhou durante toda sua vida, com diversos desdobramentos.

Segundo Max Schur, médico de Freud desde 1928, apesar de sua ambivalência e dos momentos de negação, Freud sempre conheceu os efeitos nocivos do tabaco. Porém, apenas nos momentos mais graves de seus episódios cardíacos, ele conseguiu renunciar ao fumo. Ele sabia que, além dos problemas cardíacos e respiratórios, o fumo podia predispor a leucoplasias[30]. Apesar disso, frequentemente ele se recusava à abstinência. Ao longo de toda a vida, Freud sentiu os efeitos de sua recusa. Em novembro de 1917, descobriu "uma lesão preocupante no palato", logo tratada. Em 25/04/1923, escreve a Jones relatando a descoberta de um tumor, uma "leucoplasia na mandíbula e do lado direito do palato". Durante um certo tempo, Freud escondeu a existência desse tumor de muitos de seus próximos. A extração do tumor o impediu de trabalhar e de deglutir. Apesar do diagnóstico de benignidade, Freud manifestou seu receio de

[30] "Qualquer tipo de espessamento de epitélios estratificados com o desenvolvimento de placas brancas opacas, e que pode sofrer transformação maligna. Elas podem ocorrer em diversos locais do organismo, como p. ex., nas mucosas de bochecha, gengiva, vulva etc." (Ferreira, 1999, p. 450).

uma evolução maligna. A causa dessa "rebelião de tecidos" foi atribuída ao fumo (Schur, 1975, p. 416).

Seria, sem dúvida, muito ousado atribuir ao sonho de Irma um eventual caráter premonitório. Porém, não deixa de ser impressionante a "coincidência" entre as imagens de placas brancas de uma leucoplasia descobertas no palato direito de Freud e, no sonho, "a grande placa branca" por ele encontrada "do lado direito" no exame da garganta de Irma. Lembremos que foi justamente na interpretação desse fragmento que Freud manifestou explicitamente suas preocupações "com seu próprio estado de saúde"[31].

Apesar da resistência de Freud em reconhecer a nocividade do fumo, é provável que ele, como todo fumante, sentia as consequências imediatas do ato de fumar sobre seu corpo. Os efeitos sobre a respiração, sobre o paladar e o olfato, a sensação de aspirar a fumaça, tragá-la, a irritação provocada nas mucosas da garganta e da boca. Não estariam essas sensações também representadas no sonho de Irma? Em meio a seus conflitos sobre suas doenças e da ambivalência em obedecer ou não às veementes proibições de Fliess, é provável que, através do sonho, Freud se questionasse sobre as consequências de sua rebeldia. "Inquieto"

31 M. Sami-Ali assume essa ousadia de forma categórica, apontando que não apenas o sonho de Irma, mas várias outras passagens da obra freudiana revelam as premonições de Freud quanto ao câncer que mais tarde o acometeu. Segundo ele, "parece difícil dissociar a atividade onírica de um poder oculto que se enraíza no corpo" (Sami-Ali, 1990, p. 28).

com o risco de "negligenciar (em si mesmo) uma doença orgânica" (como com Irma), "surpreso" com os sintomas representados no sonho, talvez ele se perguntasse, "angustiado", sobre a capacidade do sonho de prognosticar as repercussões de seus desejos.

Através do sonho, Freud convoca em torno de Irma e de si mesmo uma verdadeira junta médica formada por Leopold, por Otto, pelo Dr. M (Breuer) e também por Fliess. Através do inventário de seus próprios sintomas, travestidos em Irma, ele os desafia a aceitar a solução que oferecera a Irma, sob o risco de se ridicularizarem todos diante da histeria. Ele os convida a acompanhá-lo na aventura psicanalítica que então se iniciava, ao mesmo tempo que se interrogava sobre seu fôlego para empreender tal aventura: até quando ele, fragilizado pelas doenças e angustiado pela fantasia de morte, poderia acompanhá-los? Caso não aceitassem, permaneceria Freud solitário, abandonado à profusão de sensações e sinais provenientes de seu corpo e à angústia que eles suscitavam, sem ter quem os interpretasse. Sem eles, não haveria quem auscultasse seu espírito em ebulição, gestando a teoria psicanalítica.

O sonho da injeção aplicada em Irma sempre foi considerado por Freud um momento inaugural da psicanálise. Logo após a publicação de "A interpretação dos sonhos", ele imaginou, inclusive, a inscrição que ele gostaria de ver colocada no frontispício da casa de Bellevue, onde ele sonhou: "Aqui, em 24 de julho de 1895, o segredo dos sonhos revelou-se ao Dr. Sigm. Freud". Observando o fascínio e a inquietação de Freud com relação a esse sonho, não podemos deixar de considerar que esse marco fundador da ciência freudiana carrega, entremeado pelas marcas do corpo de Freud e de suas angústias, os traços profundos da experiência hipocondríaca.

Do sonho à dimensão erógena do corpo

A partir de então, Freud rapidamente compreendeu que as partes do corpo e suas sensações não eram apenas meros estímulos para a formação do sonho, e que, na verdade, suas relações com o desenvolvimento e o funcionamento do psiquismo eram bem mais complexas. Os "Três ensaios sobre a teoria da sexualidade", inicialmente publicados em 1905, mas sucessiva e, em algumas partes, profundamente modificados por mais de vinte anos, são o melhor testemunho da evolução das posições de Freud sobre as relações entre as experiências corporais e o funcionamento psicossexual.

Ao descrever a sexualidade infantil, ele aponta que a propriedade erógena, de ser fonte e objeto de prazer, pode ser experimentada "de maneira mais marcante [por] certas partes do corpo" (Freud, 1905b, p. 129). Inicialmente, ele afirma que existiriam "zonas erógenas predestinadas" a essa experiência, como a boca, o ânus, os genitais, que, inclusive, corresponderiam às *zonas histerógenas*, através das quais se manifestam os sintomas da histeria. Rapidamente, ainda nas primeiras edições dos "Três ensaios", ele observa que outras partes do corpo, como a pele ou outras mucosas, podem assumir os atributos e as funções de uma zona erógena. Em 1915, Freud reconhece, em uma nota de rodapé, que a propriedade erógena não é exclusiva aos órgãos sexuais, mas que todas as partes do corpo, inclusive os órgãos internos, possuem essa capacidade. Em 1920, em outra nota, criticando o uso do termo autoerótico feito por Havelock Ellis, Freud aprofunda essas concepções ressaltando que, para a psicanálise, o essencial do autoerotismo não é a fonte ou a gênese da excitação (interna ou externa), mas a modalidade de relação ao objeto por ela constituída.

Essa elaboração sucessiva em torno do conceito de erogeneidade reflete, naturalmente, o movimento induzido na psicanálise pela melhor compreensão do narcisismo, das relações objetais e da metapsicologia, principalmente das dinâmicas pulsionais. Nesse contexto, também a compreensão do lugar e das funções do corpo nesses processos foi se requintando. O corpo não seria apenas fonte da erogeneidade e das pulsões, mas poderia também ser tomado como seu objeto (Freud, 1915c). Quanto ao sonho, paradigma do funcionamento psíquico, revelava-se também que as experiências corporais não eram apenas fontes do trabalho onírico, mas que existiria entre essas duas experiências relações bem mais elaboradas.

O sonho, observatório privilegiado do corpo

A exemplo de muitos outros, o sonho da injeção de Irma mostra claramente que há muito Freud já vinha intuindo essa complexidade, sem ter completamente desenvolvido suas consequências. Sem poder revelar plenamente a extensão de sua própria vivência das imagens corporais oníricas, ele se respaldou em inúmeros autores, tomando-os, de certa forma, porta-vozes de suas experiências. Assim, ainda em "A interpretação dos sonhos", ele enumera vários trabalhos que sustentavam que o estado onírico permitiria uma percepção e uma representação dos órgãos e de seu funcionamento diferentes daquelas da vida de vigília. Ele menciona Aristóteles, que, já na Antiga Grécia, "considerava perfeitamente possível que os primórdios de uma doença se pudessem fazer sentir nos sonhos, antes que se pudesse observar qualquer aspecto dela na vida de vigília, graças ao efeito amplificador produzido nas impressões pelos sonhos" (Freud, 1900, p. 103). Ele reconhece a herança hipocrática que sustentava tanto a possibilidade diagnóstica como a função terapêutica do sonho[32].

[32] Já no século V antes de nossa era, Hipócrates afirmava: "Os sonhos reproduzem a ação ou as intenções do sujeito desperto. Quando o corpo está saudável, ele não perturba a atividade onírica da alma, e os conteúdos do sonho são então idênticos aos pensamentos do sujeito em vigília. Por outro lado, as afecções do corpo perturbam a alma modificando esses conteúdos segundo um processo analógico. Toda oposição sonhada aos projetos ou às percepções da alma desperta indica, portanto, uma patologia. Sua natureza pode ser detectada pela análise que se refere, por um lado, a um simbolismo macrocósmico [...], e, por outro lado, a um simbolismo metafórico.

Segundo Freud, também Schopenhauer exerceu uma importante influência sobre os autores do século XIX que discutiram essas questões. Em 1851, ele afirmara que a característica do intelecto seria tomar as impressões que o atingem de fora e remodelá-las segundo as categorias de tempo, espaço e causalidade. Os estados de vigília e de sono permitiriam experiências diferentes dos estímulos externos e internos.

> Durante o dia, os estímulos vindos do interior do organismo, do sistema nervoso simpático, exercem, no máximo, um efeito inconsciente sobre nosso estado de espírito. Mas, à noite, quando já não somos ensurdecidos pelas impressões do dia, as que provêm de dentro são capazes de atrair a atenção – do mesmo modo que, à noite, podemos ouvir o murmúrio de um regato que é abafado pelos ruídos diurnos (Freud, 1900, p. 110).

Freud menciona vários trabalhos (Radestock, 1879; Spitta, 1882; Maury, 1878; Simon, 1888, Tissié, 1898) que reconheciam as possibilidades diagnósticas dos sonhos. Em 1877, Strümpell (*apud* Freud, 1900, p. 2) afirmava que

> [...] durante o sono, a mente atinge uma consciência sensorial muito mais profunda e ampla dos eventos somáticos

[...] As perturbações dos pensamentos refletem assim as perturbações do corpo, um corpo são deixando a alma livre e idêntica a ela mesma no sono" (Hipócrates apud Ayache, 1992, p. 37).

> do que durante o estado de vigília. É obrigada a receber e a ser afetada por impressões de estímulos provenientes de partes do corpo e de modificações do corpo das quais nada sabe enquanto desperta.

Em 1898, Tissié relatara o caso de uma mulher de 43 anos, aparentemente em perfeita saúde, cujos sonhos de angústia revelaram o estágio inicial de uma afecção cardíaca, da qual veio finalmente a falecer. Segundo Freud, a frequência dos sonhos de angústia nas doenças do coração e dos pulmões parecia ser geralmente admitida. Como vimos, em função de seu próprio estado de saúde, Freud tinha excelentes razões para interessar-se por essas manifestações em particular.

Alguns autores, como Tissié, defendiam que o órgão afetado e representado no sonho determinaria um conteúdo específico ao sonho: as doenças cardíacas provocariam "sonhos curtos", com "final assustador ao despertar", incluindo sempre uma "situação de morte horrível". As doenças pulmonares produziriam sonhos de "sufocação", "grandes aglomerações e fugas", com caráter de "pesadelo". Os distúrbios digestivos suscitariam sonhos relacionados com "o prazer ou com a repulsa pela na alimentação". Freud opunha-se a essa visão, contrapondo a essas *interpretações simbólicas*, que atribuíam a cada imagem onírica um significado determinado e constante, a ideia de que uma fonte do sonho poderia ser representada de diferentes maneiras dependendo das características, da história, e dos mecanismos oníricos do sonhador. A interpretação dos elementos do sonho seria absolutamente idiossincrática, dependendo das associações do sujeito.

Freud aponta que a teoria das fontes somáticas dos sonhos era a preferida das autoridades médicas de sua época. Essa concepção, que atribuía à sensação orgânica vegetativa a origem dos sonhos, permitia considerar uma etiologia única para os sonhos e as doenças mentais, pois muitos sustentavam que mudanças cenestésicas e estímulos provenientes dos órgãos internos seriam também os maiores responsáveis pela origem das psicoses. Em 1859, Krauss atribuiu a sensações organicamente determinadas a origem dos sonhos, *deliria* (alucinações) e delírios. Ele dividia essas "sensações" em duas classes: "(1) as que constituem a disposição de ânimo geral (cenestesia) e (2) as sensações específicas oriundas dos sistemas vegetativos, entre as quais se encontram: (a) sensações musculares, (b) respiratórias, (c) gástricas, (d) sexuais e (e) periféricas" (*apud* Freud, 1900, p. 114).

Reconhecendo a importância das observações de todos esses autores, Freud passa a teorizar sua própria experiência, insistindo no fato de que não apenas as doenças, mas qualquer sensação orgânica pode ser representada nos sonhos, e que estes fenômenos ocorrem em qualquer pessoa, sadia ou enferma: "Os órgãos internos não precisam estar doentes para provocar excitações que atinjam a mente adormecida [transformando-se assim] em imagens oníricas" (*apud* Freud, 1900, p. 114). Também inspirado por Schopenhauer, ele afirma que a *cenestesia, sensibilidade geral difusa* aos sistemas orgânicos, existe na vida de vigília, mas, à noite, ela é ampliada devido à retirada dos interesses do mundo exterior, tornando-se mais vigorosa e capaz de produzir imagens oníricas. Em termos freudianos posteriores, pode-se dizer que o movimento narcísico e a regressão, condições necessárias ao fenômeno do sono e do sonho, são ao mesmo tempo os fatores responsáveis pela ampliação da cenestesia e pela maior sensibilidade do aparelho psíquico às fontes somáticas de excitação.

Assim, em 1915, é com naturalidade que Freud aponta para as marcas da experiência hipocondríaca nas relações entre os sonhos e as fontes somáticas. Retomando sob o ângulo da metapsicologia suas hipóteses apresentadas no Capítulo VII de "A interpretação dos sonhos", ele examina em um novo artigo os efeitos produzidos pelo estado de sono sobre os diferentes "sistemas" da mente, concentrando-se no fenômeno da alucinação e em uma investigação do modo como, no estado normal, realiza-se a distinção entre a fantasia e a realidade. Ressaltando o caráter narcísico do sonho e a função da projeção como o mecanismo central do processo onírico, Freud atribui à dinâmica hipocondríaca uma parte importante do trabalho representativo do sonho:

> [...] sabemos que os sonhos são inteiramente egoístas e que a pessoa que desempenha o principal papel em suas cenas deve sempre ser reconhecida como aquela que

> sonha. Isso é agora facilmente explicado pelo narcisismo do estado de sono.
>
> [...] A capacidade de "diagnóstico" dos sonhos – um fenômeno geralmente reconhecido, mas considerado enigmático – se torna igualmente compreensível. Nos sonhos, a doença física incipiente é com frequência detectada mais cedo e mais claramente do que na vida de vigília, e todas as sensações costumeiras do corpo assumem proporções gigantescas. *Essa amplificação é por natureza hipocondríaca*; depende da retirada de todas as catexias psíquicas do mundo externo para o ego, tornando possível o reconhecimento precoce das modificações corporais que, na vida de vigília, permaneceriam inobservadas ainda por algum tempo.
>
> Um sonho é [...], entre outras coisas, uma *projeção*: uma externalização de um processo interno. Podemos recordar que já encontramos a projeção em outra parte, entre os meios adotados para defesa (Freud, 1917b, p. 253; grifo meu).

Sabemos que este artigo foi provavelmente escrito entre abril e maio de 1915. É difícil dizer em que medida Freud tinha em mente as imagens do sonho com Irma quando escreveu essas linhas. Porém, essa menção à capacidade diagnóstica do sonho e à amplificação hipocondríaca das sensações corporais dificilmente encontraria melhor exemplo do que o daquele sonho inaugural, que provavelmente, vinte anos depois, continuava a reverberar no espírito de Freud.

É importante considerar que essa ampliação das sensações corporais promovida pela dinâmica sono/sonho tem também seus inconvenientes. Subjacente a essa dinâmica, o movimento narcísico-hipocondríaco é, do ponto de vista econômico, perturbador do equilíbrio psicossomático. Ele concentra no corpo quantidades de libido que podem se tornar fonte de desprazer e, dessa forma, perturbar a função do sono. Nesse momento, através da projeção, o sonho se forma como uma defesa que, exteriorizando o processo desprazeroso, visa afastar essa fonte de perturbação, preservando o sono. Freud (1916-1917c) reitera e amplia essas posições na "Conferência XXVI", sobre a teoria da libido e sobre o narcisismo. Discutindo o conflito entre o inconsciente recalcado que se opõe ao desejo do ego de dormir e a forma como esse inconsciente se liga aos restos diurnos e às fontes somáticas, ele comenta:

> A doença orgânica, a estimulação dolorosa ou a inflamação de um órgão criam a condição que resulta nitidamente em um desligamento da libido, de seus objetos. A libido que é retirada, é encontrada novamente no ego, como catexia aumentada da parte doente do corpo. Na realidade, [...] a retirada da libido de seus objetos, nessas circunstâncias, é mais visível do que o desvio do interesse egoísta em relação ao mundo externo. Isto parece nos oferecer um

> caminho para a compreensão da hipocondria, na qual um órgão, de forma semelhante, atrai a atenção do ego, sem que, pelo menos na medida em que podemos perceber, esse órgão esteja doente (p. 253).

Existe, portanto, uma tensão permanente entre as tendências narcísicas e objetais da economia libidinal. Fonte das pulsões, que buscam objetos para serem satisfeitas, o corpo pode ser tomado como objeto autoerótico para essa satisfação. Mas ele pode também se constituir como um polo natural de atração da libido investida nos objetos, a partir do núcleo narcísico necessário à sobrevivência. Ao mesmo tempo que solicitam o investimento e a satisfação pelo objeto, o corpo, os órgãos, as sensações, as funções somáticas convidam ao desinvestimento objetal. Através desse movimento, de natureza hipocondríaca, percebemos, no processo do adormecer, a articulação característica do humano entre a dimensão da *necessidade* (o funcionamento fisiológico que assinala o cansaço e o imperativo de repouso) e a dimensão *pulsional* (que desencadeia o movimento narcísico e regressivo, permanentemente convocado pelo corpo erógeno). A perturbação dessa articulação, sobretudo da dimensão pulsional do sono, é uma das principais fontes dos distúrbios do sono e da atividade onírica[33].

[33] N. C. P. Ganhito, *Distúrbios do sono* (2001), nesta mesma coleção. D. Gurfinkel, *O colapso do sonhar* (2002).

Hipocondria e constituição do psiquismo

A *alucinação, do corpo à pulsão*

Freud sempre considerou que as experiências corporais constituíam as fontes a partir das quais se formam as funções e instâncias do psiquismo. Desde seus primeiros escritos, ele concebe o aparelho psíquico como resultante da necessidade do organismo em lidar com exigências e excitações provenientes tanto de seu interior como do mundo externo (Freud, 1895c). O corpo do bebê é, por excelência, o palco das experiências sensoriais e perceptivas do ambiente que o cerca: inicialmente da vida intrauterina, e, mais tarde, do mundo, de seus semelhantes e de si mesmo. Através do contato com o próprio corpo e com o corpo do outro estruturam-se as primeiras formas de organização do aparelho psíquico.

A passagem do útero para o mundo confronta o recém-nascido com suas necessidades fisiológicas, que não podem mais ser automaticamente satisfeitas pelo corpo materno, e com o desconforto decorrente desta condição. O desamparo, marca dessa experiência, submete o bebê à dependência de um outro humano que possa lhe propiciar os elementos necessários à satisfação das exigências oriundas de seu corpo. Para diminuir ou eliminar o desprazer, fruto das excitações provocadas por tais exigências, é necessária uma *ação específica* que propiciará uma descarga eficiente para aquelas tensões, caracterizando, neste caso, a *experiência de satisfação* (Freud, 1895c, 1900).

Considerando a fome, por exemplo, Freud aponta que, pouco após a satisfação através do seio materno, o bebê começa a realizar com os lábios movimentos de sucção (Freud, 1905b). A repetição desses movimentos, mesmo durante o sono, é indício de um registro de memória, uma lembrança do alívio propiciado pela ação específica, vivido como prazeroso, e da tentativa de reproduzir esse alívio. Caracteriza-se assim a passagem da necessidade corporal para a *alucinação primitiva*, uma experiência marcada pelo prazer, que inaugura a experiência erógena do corpo. Essa mesma dinâmica funda o aparelho psíquico.

A possibilidade de reproduzir, pela lembrança, pelo gesto, pela alucinação ou pelo sonho, a experiência de satisfação marca a possibilidade de uma representação do corpo independente do corpo biológico, cujas origens, porém, se remetem a este corpo. Através desses processos, o ser humano ganha uma certa autonomia, limitada, sem dúvida, tanto com relação as suas necessidades corporais como com relação aos objetos que podem satisfazê-las. Ao mesmo tempo, surge no psiquismo do bebê uma inscrição do objeto de satisfação, e, através dele, do mundo externo. A alucinação primitiva é uma experiência primordial, a partir da qual se organiza a representação do outro e do mundo, a atividade de fantasia e o sonho, e, especialmente, o aparelho psíquico e o funcionamento psicossomático.

O paradigma fundador da alucinação primitiva perpassa toda a obra freudiana. Discutindo as pulsões, "matéria-prima" do funcionamento psíquico, Freud (1915c) as define como

> [...] um conceito situado *na fronteira entre o mental e o somático*, como o representante psíquico dos *estímulos que se originam dentro do organismo* e alcançam a mente [psiquismo], como uma medida da *exigência feita à mente* no sentido de trabalhar *em consequência de sua ligação com o corpo* (p. 137; grifo meu).

Percebemos aqui as marcas do fenômeno hipocondríaco. É do corpo que emana permanentemente a exigência de trabalho feita ao psíquico. A fonte da pulsão é um "processo somático que ocorre num órgão ou parte do corpo". O *alvo* da pulsão é conseguir obter satisfação através de um *objeto*, que não precisa necessariamente pertencer ao mundo externo. Esse objeto "pode igualmente ser uma parte do próprio corpo do indivíduo" (*Ibidem*). Freud afirma ainda que não existe nenhuma distinção de *natureza* entre as pulsões, quando se encontram na esfera somática ou quando se encontram representadas no psiquismo. Se diferenças podem ser observadas, elas dizem respeito às intensidades pulsionais, às quantidades de excitação em jogo, na esfera psíquica ou somática, e suas repercussões.

O inconsciente, do corpo à palavra

Em seu artigo "O inconsciente", Freud propõe compreender a especificidade dos mecanismos e dos conteúdos desta instância psíquica a partir das manifestações das psiconeuroses narcísicas e, em particular, da esquizofrenia (Freud,

1915a). Segundo ele, é possível observar nos pacientes esquizofrênicos, principalmente nas etapas iniciais da doença, modificações significativas na fala, que se mostra "afetada" e "preciosa" com frases "desorganizadas e incompreensíveis". As "referências a órgãos corporais ou a inervações" destacam-se no conteúdo do discurso dessas pessoas. Freud aponta que nas manifestações esquizofrênicas, a relação entre as representações substitutivas no discurso e o recalcado é diferente daquela observada nas psiconeuroses (histeria ou neurose obsessiva).

Ele menciona uma observação de uma paciente com esquizofrenia, feita por Victor Tausk, na qual se evidenciavam esses mecanismos. Após uma discussão com o amante, a paciente queixava-se "de que seus olhos não estavam direitos, estavam tortos", manifestando uma série de acusações contra ele. Ela o acusava, sobretudo, de ser hipócrita e responsável por lhe ter "entortado os olhos". Em função disso, seus olhos "não eram mais os olhos dela", razão pela qual "via o mundo com olhos diferentes". Na opinião de Freud, esse fragmento permite compreender o significado e a gênese da formação de palavras esquizofrênicas. Concordando com Tausk, Freud aponta que o órgão corporal (o olho) arrogou para si a representação de todo o conteúdo dos pensamentos da paciente. Segundo Freud, o modo de pensamento expresso nesse discurso esquizofrênico apresenta "uma característica hipocondríaca", tornando-se "fala do órgão".

Em uma outra comunicação, essa paciente relatara que, estando de pé na igreja, sentiu repentinamente "um solavanco [e] teve de mudar de posição, como se alguém a estivesse pondo numa posição" (Freud, 1915a, p. 191). Esse relato referia-se a uma nova série de acusações contra o amante: "ele era vulgar, ele a tornara vulgar também, a fizera igual a ele, dera uma falsa impressão da posição dele; agora ela era igual a ele (por identificação), a pusera numa falsa posição". Também aqui, observa Freud, "todo encadeamento de pensamento é dominado pelo elemento que possui como conteúdo uma inervação do corpo (ou, antes, a sensação dessa inervação)". Acompanhando o movimento narcísico, a fala do órgão corresponderia, então, à capacidade hipocondríaca de um órgão, ou de uma parte do corpo, de mobilizar o universo de representações.

Essas duas vinhetas, e também outros relatos feitos por Bleuler e por Jung, ilustram o que Freud denomina de *fala hipocondríaca* ou *fala do órgão*, presente no discurso esquizofrênico, mas também, em menor medida, em outros modos de comunicação. Nesse tipo de discurso,

> [...] as palavras estão sujeitas a um processo igual ao que interpreta as imagens oníricas dos pensamentos oníricos latentes – que chamamos de processo psíquico primário. Passam por uma condensação, e por meio de deslocamento transferem integralmente suas catexias de umas para as outras. O processo pode ir tão longe, que uma única palavra [se adequada devido a suas conexões] assume a representação de todo um encadeamento de pensamento (*Ibidem*, p. 138).

Freud aponta que a estranheza da formação substitutiva e do discurso na esquizofrenia pode ser compreendida como uma característica mais geral dos processos inconscientes. Essa estranheza pode ser atribuída à predominância das *representações de palavras* sobre as *representações de coisas*. Ele observa que a representação consciente, que obedece ao processo secundário, é formada da combinação das representações de coisa com as representações de palavra, propiciada pelo pré-consciente. As representações conscientes distinguem-se das inconscientes pelo fato de que estas, obedecendo ao processo primário, são formadas apenas pelas representações de coisa. O trabalho do recalcamento consiste, portanto, na perturbação da ligação entre as representações de coisa e as de palavra, o que impede o acesso das representações de coisa à consciência.

Segundo Freud, as representações de coisa originam-se de percepções sensoriais, de imagens mnêmicas diretas das experiências, de marcas das vivências corporais. Estas, para tornarem-se conscientes, necessitam, em um primeiro momento, do investimento e da nomeação (inscrição das palavras) por um outro humano, que promove, desta forma, a diferenciação e a constituição do pré-consciente. O investimento das sensações e das representações de coisa pelas representações de palavras do outro e do pré-consciente constitui uma das principais características dos processos de pensamento. A experiência de satisfação propiciada pelo objeto e a alucinação primitiva são os protótipos desse processo de diferenciação progressiva e de constituição das instâncias psíquicas, bem como da ligação entre seus conteúdos.

Na esquizofrenia, como no sonho, as representações de palavra são tratadas como representações de coisa, segundo as leis do processo primário. Em alguns momentos de desorganização, resultantes de movimentos regressivos ou de experiências traumáticas, é também possível observar essa transmutação de palavras em coisas, no extremo, na própria coisa corporal. O dedo levado instantaneamente à boca, quando de um corte, ou a expressão "aperto no coração", que utilizamos em um momento de angústia, são pequenos exemplos, cotidianos, dessa capacidade de utilização urgente do corpo como primeira linha de defesa contra ameaças a nossa integridade ou, mesmo, contra o desprazer provocado por uma frustração.

O ego, superfície corporal

Presente em todos os trabalhos da metapsicologia, o paradigma hipocondríaco é novamente utilizado quando Freud se encaminha para formular seu segundo modelo do aparelho psíquico. Em 1915, em seu artigo sobre as pulsões, e também em 1917, ele aponta para a importância das experiências corporais como aquelas a partir das quais se distinguem o interno e o externo, e organiza-se o princípio de realidade.

> [...] atribuímos ao organismo ainda inerme a capacidade de efetuar uma primeira orientação no mundo por meio de percepções, distinguindo "externo" e "interno" de acordo com a relação entre essas percepções e a ação muscular

> do organismo. Uma percepção que desaparece por meio de uma ação é reconhecida como externa, como realidade; nos casos em que tal ação [não] tem influência, a percepção se origina dentro do próprio corpo do indivíduo – não é real. É valioso para o indivíduo possuir um meio como esse, que lhe permita reconhecer a realidade [...] (Freud, 1917b, p. 255).

O funcionamento psíquico vem responder à necessidade do organismo de contar, com relação aos instintos e pulsões (fontes de estímulos "do interior"), com um recurso equivalente às ações musculares que permitem discriminar e, mesmo, evitar os estímulos oriundos "do exterior". O mecanismo da *projeção*, correlato à alucinação primitiva, visa preencher essa função, transpondo para fora o que é fonte de desprazer dentro do sujeito. Freud considera que o sistema percepção-consciência (Pcpt.-Cs.), situado na fronteira entre o interno e o externo, é responsável tanto pelo teste de realidade como pelo desencadeamento do mecanismo de projeção. Ficam assim caracterizadas as principais funções do ego, bem como sua localização[34].

[34] "Essa função de orientar o indivíduo no mundo pela discriminação entre o que é interno e o que é externo deve [...] ser exclusivamente atribuída ao sistema Pcpt.-Cs. O Cs. deve ter à sua disposição uma inervação motora que determina se se pode fazer com que a percepção desapareça, ou se ela oferece resistência. [...] Situaremos o teste da realidade entre as principais instituições do ego, ao lado das censuras que viemos a reconhecer entre os sistemas psíquicos" (Freud, 1917b, p. 255).

Essas concepções culminam, em 1923, com a descrição da constituição do ego e do superego a partir do id. As experiências corporais permanecem sendo apontadas por Freud como determinantes desse processo. Se no artigo anterior Freud ressaltava a importância do aparelho muscular na distinção entre as sensações internas e externas, aqui é o papel da superfície do corpo, da pele, do tato, que será ressaltado como lugar dessa discriminação. As sensações, os investimentos internos e externos dessa superfície podem ser fonte de prazer, mas também, tornar-se desprazerosos. Também nesse caso a projeção surge, como na alucinação e no sonho, como uma forma de afastar, colocando "para fora" o aumento de excitações que se tornou fonte de desprazer. É essa projeção que promove a formação do ego, uma nova instância discriminada a partir do id (reservatório natural das pulsões), e que comporta também, através do mecanismo da introjeção, uma representação interna e distinta do mundo exterior. O ego carregará para sempre essas marcas de suas origens e da mediação das experiências corporais em sua constituição.

> O próprio corpo de uma pessoa e, acima de tudo, a sua superfície, constitui um lugar de onde podem originar-se sensações tanto externas quanto internas. Ele é *visto* como qualquer outro objeto, mas, *ao tato*, produz duas espécies de sensações, uma das quais pode ser equivalente a uma percepção interna. [...] Também a dor parece desempenhar um papel no processo, e a maneira pela qual

> obtemos novo conhecimento de nossos órgãos durante as doenças dolorosas constitui talvez um modelo da maneira pela qual em geral chegamos à ideia de nosso corpo. O ego é, primeiro e acima de tudo, um ego corporal; não é simplesmente uma entidade de superfície, mas é, ele próprio, a projeção de uma superfície (Freud, 1923a, p. 23).

Como vimos, a doença orgânica, a estimulação dolorosa ou ainda a inflamação de um órgão foram explicitamente mencionadas por Freud como processos que desencadeiam os movimentos de retraimento narcísico, e que permitem também compreender a dinâmica hipocondríaca, ou seja, a capacidade de um órgão saudável atrair a atenção do ego. É esse paradigma que ele convoca na concepção de seu novo modelo tópico, ao mencionar a função dos "processos dolorosos" na discriminação entre o interno e o externo, e, sobretudo, na forma de "conhecimento dos órgãos" e do próprio corpo.

O corpo, capaz de catalisar o investimento narcísico, pode mobilizar ao desinvestimento da libido colocada no mundo, promovendo dentro do ego, pela introjeção, a constituição dos representantes psíquicos dos objetos do mundo. Por outro lado, o investimento narcísico do corpo atrai a atenção do ego para os processos e as instâncias do corpo, no limite da dor e do prazer. A relação do sujeito com o mundo e com seus objetos fica assim marcada pelas dinâmicas de investimento e desinvestimento, de projeção e introjeção inevitavelmente permeadas, desde suas origens, pela experiência hipocondríaca.

3.

O corpo, outro em si

Queixando-se de algumas fantasias sádicas e outras masoquistas, um jovem de 22 anos apresentou-se à consulta de um psicanalista. Durante seu relato, ele fez apenas uma leve referência a uma cirurgia que sofrera recentemente para a remoção de um testículo atacado pela tuberculose. Meses depois, ele consultou novamente esse analista para perguntar-lhe se devia acatar o conselho de um cirurgião e retirar o outro testículo, que também havia sido acometido pela doença. Diante dessa pergunta dramática, o analista ficou particularmente intrigado ao perceber que, ao invés da preocupação, do medo, ou mesmo de uma certa depressão que poderiam ser esperados nessas circunstâncias, o paciente mostrava-se eufórico, "num estado de grande excitação". Ele solicitava realizar um tratamento psicanalítico depois da cirurgia, pois imaginava que "após a eliminação da libido orgânica seria mais fácil restabelecer os desvios patológicos da psiquê". Surpreso com essa observação despropositada, dissociada do caráter trágico da situação, o analista sugeriu deixar a decisão sobre a cirurgia nas mãos do cirurgião, questionando ao mesmo tempo a utilidade da análise partindo de tais pressupostos. Dias mais tarde, o paciente foi operado.

Algum tempo depois, o analista foi procurado pelo pai do rapaz que, desesperado, relatava grandes mudanças no caráter e no modo de vida de seu filho. Ele apresentava um comportamento bizarro, negligenciava os estudos e a música (que antes o apaixonava), não se preocupava com horários, não queria ver seus pais. O jovem justificava esta atitude dizendo estar enamorado de uma jovem cujo pai era um burguês eminente da cidade.

Diante da insistência do pai, o analista recebeu novamente o jovem constatando "o caráter erotomaníaco e interpretativo" de suas atitudes. Ele enumerava os indícios do amor da jovem por ele, ao mesmo tempo afirmava que "o mundo inteiro interessava-se por seus órgãos genitais". A ideia de que "algumas pessoas, inclusive, referiam-se diretamente a eles" o levou a desafiar um rapaz em duelo. O paciente afirmava também que sua mãe era "inconscientemente apaixonada" por ele, tendo comunicando a ela sua impressão. O quadro clínico agravou-se, revelando rapidamente o fundo homossexual de suas ideias paranoicas e o paciente acabou sendo internado em um sanatório.

Em outra ocasião, esse mesmo analista foi consultado por uma jovem estrangeira que apresentava "crises de angústia particularmente intensas". Sem poder ficar só nem por um segundo, ela queixava-se de sensações corporais generalizadas e do medo de morrer. Ela relatava a impressão de ter "algo na garganta", que sentia alguns "pontos" saindo de seu couro cabeludo, que suas orelhas alongavam-se, que sua cabeça se destacava para a frente, que seu coração batia etc. Todas essas sensações eram consideradas por ela sinais de sua morte iminente. Além disso, ela pensava também em suicidar-se.

A análise dessa paciente evidenciou a relação dos sintomas hipocondríacos com sua angústia de morte, revelando um quadro misto de sintomas puramente hipocondríacos e sintomas histéricos. Segundo o analista, no início do tratamento, o quadro clínico parecia configurar-se como uma esquizofrenia, mas aos poucos revelou-se como um esboço de um quadro paranoico. Curiosamente, o analista interpretou as queixas hipocondríacas da paciente a partir de um registro simbólico. As sensações na garganta corresponderiam "ao desejo de fazer escutar e admirar sua bela voz de contralto", os pontos do couro cabeludo representariam "os parasitas que um dia foram descobertos em sua cabeça e foram motivo de grande vergonha", o alongamento das orelhas foi associado ao fato de que, na escola, "uma vez a chamaram de burra".

O que haveria em comum entre esses dois casos? No primeiro, constatamos a repercussão de uma doença e de um episódio cirúrgico no desenvolvimento de um quadro grave de paranoia, enquanto, no segundo, sensações corporais de natureza hipocondríaca, inicialmente consideradas manifestações esquizofrênicas, revelaram-se em seguida associadas a dinâmicas histéricas. Até aqui, aparentemente, poucas semelhanças poderiam ser apontadas entre esses dois pacientes.

Não era essa, porém, a opinião de Sandor Ferenczi, o analista desses pacientes. Discutidos em momentos diferentes de sua obra, esses dois casos são evocados por ele para destacar o potencial das conceituações freudianas sobre o narcisismo, e sobre a hipocondria em particular. Segundo Ferenczi, eles convidam à reflexão sobre a compreensão psicanalítica das doenças orgânicas e de seus desdobramentos psíquicos (Ferenczi, 1917 e 1919b).

Hipocondria, patoneurose, neurose de órgão

Poucos discípulos de Freud se dispuseram tanto como S. Ferenczi (1873-1933) a se aventurar na clínica para além do terreno das psiconeuroses, até então delimitado como o campo exclusivo de ação da psicanálise. Aceitando o desafio de tratar psicóticos, pacientes com doenças orgânicas, e mesmo com doenças neurológicas, Ferenczi sustentava que a teoria psicanalítica oferecia preciosos instrumentos conceituais para compreender as dinâmicas das doenças de tais pacientes e, sobretudo, para o desenvolvimento dos novos recursos clínicos para tratá-los em contextos psicoterapêuticos. Experimentando remanejamentos da técnica psicanalítica clássica (alvo de inúmeras polêmicas, inclusive com Freud), Ferenczi pôde, a partir da clínica de tais pacientes, ampliar a teoria psicanalítica para além das fronteiras estabelecidas por seu mestre vienense.

Inspirado pelo caso do jovem com tuberculose nos testículos, Ferenczi ampliou as formulações freudianas sobre o narcisismo apontando que o retraimento narcísico provocado por uma doença, ou sintoma orgânico, pode ser a fonte de uma manifestação psicopatológica, ou mesmo de um outro sintoma orgânico. Segundo ele, o caráter traumático da castração cirúrgica do jovem teria desencadeado seus transtornos mentais. Admitindo que esse caso pudesse ser considerado uma *paranoia traumática*, Ferenczi sugere também compreendê-lo a partir de outra perspectiva. A experiência com outros pacientes com doenças orgânicas levou Ferenczi a caracterizar um grupo específico de neuroses consecutivas a tais doenças, denominando-as *neuroses de doenças* ou *patoneuroses*. Segundo ele, "em muitos casos, a libido, retirada do mundo exterior, volta-se não para o ego, mas para o órgão doente ou ferido, e provoca nesse órgão sintomas que devem ser atribuídos ao aumento local da libido" (Ferenczi, 1917, p. 268). As patoneuroses são

> [...] neuroses especificamente narcísicas, que provocam algumas vezes a doença ou a lesão de uma parte do corpo ou de um órgão, vitais ou particularmente importantes para o ego, especialmente as zonas erógenas. [Nas patoneuroses] as quantidades de libido podem se acumular não apenas no ego, mas no próprio órgão doente (ou

> em seu representante psíquico) e essas quantidades de libido desempenham um papel importante nas tendências orgânicas à regeneração e na cura (Ferenczi, 1922, p. 156-157).

Percebemos que Ferenczi aponta para a existência de estados em que o ego e o corpo encontram-se separados, sendo que um ou outro pode se constituir como objeto distinto para a regressão narcísica libidinal. Cada uma dessas circunstâncias desencadeia manifestações patológicas diferentes. Ele revela também que a perturbação libidinal decorrente de uma doença orgânica não é apenas narcísica, mas também transferencial, ressaltando a importância da dimensão relacional no processo do adoecer. Essas dinâmicas, oscilantes entre a clássica histeria de conversão e a *histeria da doença*, convida também à reflexão sobre os estados hipocondríacos:

> uma doença orgânica pode produzir uma perturbação da libido não apenas narcísica mas eventualmente também transferencial (histérica), sendo que a relação libidinal de objeto é preservada. Eu denominarei esse estado histeria de doença (patohisteira) em oposição à neurose sexual de Freud, na qual a perturbação da libido é primária e o distúrbio funcional orgânico secundário. É mais difícil distinguir esses estados da hipocondria. A diferença é que na hipocondria não há e nunca houve uma modificaçao detectável dos órgãos (Ferenczi, 1917, p. 272).

Essas concepções da etiologia ofereceram a Ferenczi a possibilidade de considerar uma gama ampliada de relações entre o ego e a experiência corporal. A ideia de um "ego corporal" deveria incluir o reconhecimento da possibilidade de dissociação entre o ego e suas fontes corporais, uma condição que necessariamente repercute sobre os modos de organização narcísicos e objetais e, consequentemente, sobre as manifestações hipocondríacas.

Foi essa leitura que permitiu a Ferenczi vislumbrar com naturalidade, no caso da "jovem estrangeira", as sensações hipocondríacas oscilando entre manifestações esquizofrênicas, histéricas e paranoicas. Na discussão desse caso, ele descreve as parestesias hipocondríacas da paciente como "[originalmente] uma preferência narcísica pelo corpo próprio, que se tornaram, mais tarde – como uma complacência somática –, meios de expressar processos histéricos" (*Idem*, 1917, p. 272). Sem poder evidenciar a existência de bases orgânicas nas manifestações hipocondríacas, Ferenczi sugere que nessa paciente observava-se uma combinação de uma superestrutura hipocondríaca e histérica, provocada pela estase da libido de órgão.

A descrição das patoneuroses também permitiu a Ferenczi abordar as repercussões patológicas das paralisias orgânicas, revelando as dinâmicas narcísicas subjacentes a muitas dessas manifestações (Ferenczi, 1922). Os sintomas psíquicos das paralisias corresponderiam a uma *patoneurose cerebral*, constituindo-se como "tentativas de regular a libido mobilizada pela lesão cerebral". Segundo ele, em alguns casos, as primeiras manifestações da doença, principalmente a debilitação física e psíquica, assemelham-se aos sintomas da neurastenia. Nas formas depressivas das paralisias, destacam-se as sensações hipocondríacas, como queixas de "pedras no estômago", a impressão de que a cabeça "transformou-se em um buraco vazio", que o corpo "é permanentemente atormentado por vermes" etc. Ferenczi aponta ainda que a caracterização da hipocondria não deve ser apenas atribuída aos "indivíduos cujos órgãos são intactos do ponto de vista anatômico (hipocondria neurótica)", mas que também pessoas que apresentam lesões e doenças manifestas desenvolvem sintomas hipocondríacos como forma de "contrainvestir o processo orgânico" visando à manutenção do equilíbrio libidinal e à organização do processo de cura (*Ibidem*, p. 159-160). Ele evidencia assim a dimensão defensiva dessas manifestações.

As dinâmicas narcísicas e objetais constituem o eixo principal da reflexão de Ferenczi sobre as relações entre as manifestações orgânicas e psíquicas das doenças. Reconhecendo a importância das contribuições de Freud para a compreensão das psiconeuroses, Ferenczi dedicou-se a ampliar o conhecimento e a clínica das neuroses atuais, em princípio, segundo Freud, inacessíveis ao trabalho psicanalítico. Assim, a compreensão das relações entre a histeria, a neurastenia, a neurose de angústia e a hipocondria é uma preocupação constante em sua obra. A partir desse interesse, Ferenczi caracteriza as *neuroses de órgão*, descrevendo-as como um grupo de manifestações específicas com estruturas próximas da neurastenia e da neurose de angústia, porém distintas das neuroses clássicas tais como a histeria. Ele enumera entre as neuroses de órgão as neuroses cardíacas, as enxaquecas, a asma, os distúrbios intestinais funcionais, como vimos, considerados por Freud manifestações daquelas duas neuroses atuais.

Segundo Ferenczi, independentemente de sua etiologia, toda doença manifesta-se também na esfera psíquica. Da mesma forma, "inúmeras doenças possuem uma origem psíquica, mas se manifestam através de uma perturbação real de um ou mais órgãos" (1922, p. 156). Nas neuroses de órgão, o investimento erógeno do órgão pode ser excessivo, a ponto de perturbar sua função fisiológica. Essas neuroses "apresentam perturbações objetivas e subjetivas", que em muitos casos assemelham-se tanto a manifestações da hipocondria como da histeria. A dificuldade de distingui-las da histeria, ou mesmo de algumas doenças orgânicas, é consequência do caráter indissociável das dimensões psíquicas e orgânicas. Assim, a exemplo do que já havia apontado com relação às patoneuroses, é possível encontrar sintomas histéricos associados a doenças orgânicas ou "a neuroses de órgão que se veem reforçadas pela histeria", da mesma forma que as dinâmicas hipocondríacas podem prestar-se à organização de dinâmicas psicóticas, neuróticas ou mesmo primordialmente orgânicas. Através das conceituações sobre as patoneuroses, sobre as neuroses de órgão e sobre as neuroses atuais desenvolveu-se todo o campo da psicossomática moderna[1]. Percebemos, então, toda a dificuldade do diagnóstico

1 A reflexão clínica e a teorização de Ferenczi sobre esses temas influenciaram de forma marcante o desenvolvimento desse campo.

diferencial das manifestações psicossomáticas e a importância de compreendê-las segundo uma perspectiva dinâmica e funcional, muito mais do que como uma estrutura.

Além do narcisismo, Ferenczi (1933) ressaltava também a importância do autoerotismo na dinâmica das doenças, especialmente no delírio megalomaníaco do esquizofrênico, "na tendência a ninar-se do hipocondríaco" e nos sintomas psíquicos das neuroses traumáticas (p. 170-171). Segundo ele, na hipocondria, em particular, a libido se liga a alguns órgãos que, geralmente, não servem a objetivos eróticos. A dinâmica hipocondríaca colocaria em evidência um "despertar do autoerotismo", anterior à libido narcísica que confere a certos órgãos um valor e uma importância excessivos em detrimento do organismo como um todo. Nessas condições, a libido pode se ligar mesmo à mais ínfima lesão ou parte corporal, ou mesmo à representação psíquica destas, atraindo toda a atenção do doente para as parestesias, as dores ou outras alterações mais ou menos importantes dos órgãos, ou mesmo fazendo com que as imagine. Assim, graus diversos de desenvolvimento da dinâmica psíquica e da regressão/fixação libidinal provocam diferentes formas de manifestação hipocondríacas.

Ferenczi sugeria ainda que a hipocondria pode tornar-se o núcleo de uma doença psíquica. Algumas psicoses graves, como a esquizofrenia ou a paralisia, podem apresentar-se

---

Cf. Volich (2000), *Psicossomática: de Hipócrates à psicanálise*, nesta mesma coleção.

como primeiros sinais "queixas hipocondríacas absurdas". A hipocondria pode revelar-se dessa mesma forma nas neuroses traumáticas, nas patoneuroses consecutivas a uma lesão ou mutilação corporal, e também nas doenças dos tiques. Do ponto de vista clínico, o melhor prognóstico para as manifestações hipocondríacas seria o daquelas relacionadas às neuroses de transferência.

O corpo, das sensações à imagem

As concepções freudianas sobre o narcisismo e as contribuições de Ferenczi para as mesmas repercutiram de forma significativa nos estudos de Paul Schilder (1886-1940) sobre a imagem corporal. Partindo da clínica de pacientes com lesões cerebrais e dificuldades de lateralidade – bastante marcada pela neurologia e pela fisiologia –, ele insistia na importância de também considerar as contribuições da psicanálise para "elucidar problemas da patologia do cérebro" (Schilder, 1923, p. 5). Ele ressaltava as relações existentes entre o modelo postural, a sensorialidade, a erogeneidade e a interação de nosso próprio corpo com o corpo dos outros. Na constituição da imagem do corpo participariam não apenas as dimensões anatômicas e fisiológicas, mas também dinâmicas libidinais que encontrariam expressões específicas na histeria, na neurastenia, nas doenças orgânicas, nos casos de despersonalização e nos estados dolorosos.

Através de suas hipóteses, Schilder resgatou e enriqueceu o conceito de *cenestesia*, que ocupara um lugar de destaque na medicina do século XIX. Sugerido em 1794 por Johan-Christian Reil, a cenestesia foi definida em 1844 por Peisse como o "conjunto das sensações corporais experimentadas pelo indivíduo que constituem a consciência de si e de sua existência" (Peisse, 1844 *apud* Schilder, 1923, p. 7). Mais tarde, Théodule Ribot (1839-1916) afirmou que toda a estrutura da personalidade repousa sobre as mensagens, em parte inconscientes, oriundas da experiência corporal[2].

Segundo Schilder (1923), a constituição da imagem corporal, suas oscilações e perturbações encontram-se intimamente relacionadas aos movimentos da economia libidinal. O *modelo postural do corpo* é formado por um contorno,

---

2 Atualmente, a cenestesia é definida como "sentimentos vagos, mas perceptíveis, do funcionamento vegetativo do organismo, resultante de sensações internas difusas, indefiníveis, mas profundamente marcadas por uma tonalidade afetiva. O ser humano não sente a respiração nem a digestão, mas graças à sensação cenestésica, no limite do consciente, ele tem noção que seus órgãos funcionam espontânea e normalmente" (Encyclopédie Hachette, 1999, p. 101).

R. Diatkine aponta para o caráter revolucionário da noção de cenestesia, uma vez que ela introduziu a ideia de que as fontes da consciência se encontram, antes de tudo, nas experiências corporais, cuja variação poderia explicar diferentes estados da patologia e da consciência. A partir do início do século XX, essas concepções foram retomadas pela neurologia, inspirando também o desenvolvimento posterior das pesquisas em psicomotricidade, bem como das teorias sobre os distúrbios da consciência corporal em quadros psicopatológicos e sobre a importância do contato corporal mãe-criança na estruturação do psiquismo (Diatkine, 1981).

Cf. também *O trajeto do conceito de cenestesia* em Cazeto (2001, p. 55 e seguintes).

por uma superfície (limite sensorial-perceptivo entre o interior e o exterior) e pela massa corporal (interior do corpo) vivida e percebida principalmente através do aparelho muscular. A dor, a doença e o prazer relacionam-se ao modelo postural do corpo, podendo modificá-lo. A *experiência do corpo próprio* é uma experiência em permanente construção, a partir de quatro níveis: 1. nível fisiológico, simpático, periférico, medular; 2. atividades focais do cérebro relacionadas a esse primeiro nível, mas ligadas também à consciência; 3. atividades orgânicas gerais, relacionadas à região cortical; 4. processos da esfera psíquica em permanente interação com a esfera somática. Os investimentos libidinais de funções ou partes do corpo regulam as relações entre esses níveis, promovendo-as, permitindo seu equilíbrio ou perturbando-as. Essas dinâmicas revelam a participação da experiência hipocondríaca na constituição da imagem do corpo, mesmo que Schilder tenha primordialmente abordado a questão da hipocondria sob o ângulo da nosografia.

Hipocondria, despersonalização, neurastenia e dor

Comparando as manifestações da imagem corporal na neurastenia, na despersonalização e na hipocondria, P. Schilder ressalta que esta imagem se distingue em cada uma delas pelas diferentes configurações da economia narcísica libidinal e pela concentração de libido em certas partes do corpo, fazendo com que essas partes se encontrem, em alguns casos, genitalizadas. Ele admite que essa concentração pode ser determinada por estruturas cujas "funções possam estar prejudicadas do ponto de vista somático", insistindo, porém, na importância em compreender "o papel do órgão [hipocondríaco] na estrutura global e na vida do indivíduo" (Schilder, 1923, p. 124). Apesar de ocupar a maior parte da atenção do sujeito, a queixa hipocondríaca é fruto de uma história própria e única a esse sujeito.

Segundo Schilder (1923), os sintomas hipocondríacos são especialmente frequentes na neurastenia e em estados de despersonalização. Na hipocondria a libido narcísica é transposta para um determinado órgão. Nela, como na neurastenia, certas partes do corpo comportam-se como se fossem autônomas e genitais. Os sintomas neurastênicos ocorrem em órgãos que anteriormente propiciaram um prazer sexual exagerado, desencadeando uma falha na estrutura libidinal da imagem corporal.

Schilder ressalta que a imagem do corpo é um elemento fundamental da identidade do sujeito. Os estados de despersonalização revelam o estranhamento do indivíduo com relação a si mesmo. Ele se sente "diferente do que era antes", não se reconhece como [possuindo] uma personalidade: "suas ações lhe parecem automáticas, e ele as observa como se fosse um espectador exterior. O mundo externo parece-lhe estranho, novo e menos real do que antes. [...] O *self* parece sem alma porque não pode se desenvolver separadamente do ego". A modificação da percepção do mundo externo é acompanhada de mudanças em suas percepções de seu próprio corpo. Segundo Schilder, na despersonalização, "o indivíduo não ousa colocar sua libido nem no mundo externo nem em seu próprio corpo" (*Ibidem*, p. 124-125). Algumas vezes, a vertigem de causa orgânica provoca fenômenos psíquicos próximos à despersonalização do corpo. Ele aponta também que toda neurose apresenta, em alguma fase de seu desenvolvimento, sinais de despersonalização, de estranhamento das sensações corporais. Nesses momentos, as queixas hipocondríacas são extremamente frequentes.

Como vimos, os delírios de Schreber revelavam algumas dessas características[3]. Em 1919, descrevendo o que denominou *aparelho de influenciar*, Victor Tausk (1879-1919) também apontou para a existência de uma fase hipocondríaca na gênese de manifestações de natureza paranoica, observadas em alguns casos de esquizofrenia (Tausk, 1919). Na dinâmica do aparelho de influenciar, o ego afastar-se-ia do órgão desenvolvendo um sentimento de estranheza e de medidas defensivas contra as angústias hipocondríacas. A falha dessas defesas desencadearia os mecanismos projetivos, alimentando a paranoia. Assim, o aparelho de influenciar poderia ser compreendido como uma projeção do corpo próprio, uma despossessão desse corpo em benefício de um outro (Fine, 1995).

Schilder (1923) aponta para a função defensiva da hipocondria (com relação à ameaça representada pelo incremento do investimento libidinal no órgão) e, também,

---

[3] Cf. "Schreber: corpo transmutado, alma perseguida", no Capítulo 2 deste livro.

para sua relação com a projeção. Ele observa que o órgão hipocondríaco se comporta como um corpo independente, que, na verdade, "luta" contra a libido narcísica: "o indivíduo se defende contra a excessiva tensão libidinal do órgão hipocondríaco, e tenta isolar o órgão doente para tratá-lo como um corpo estranho na imagem corporal" (p. 127). Na despersonalização e também no mecanismo da projeção observa-se a tentativa de expelir esse órgão. Os sintomas hipocondríacos que aparecem nesse quadro correspondem a partes que não podem ser expelidas na despersonalização, conservando sua carga narcísica.

A auto-observação compulsiva é outra característica marcante tanto da hipocondria como da despersonalização. Na hipocondria, o corpo e o órgão ocupam o centro da atenção. O mesmo pode ser observado quando de uma doença orgânica, que atrai para si a libido. Os traumas, principalmente os físicos, são também acompanhados de sintomas hipocondríacos. Porém, Schilder revela que "traumatizar-se [pode também ser] um método frequentemente utilizado para transferir mais facilmente a libido para um órgão que, antes do acidente, era objeto de atenção narcísica".

Para Schilder, a hipocondria, as cenesiopatias, as parestesias e a dor possuem algumas dinâmicas comuns, em particular o sobreinvestimento da região corporal ou de sua representação. Como Freud e Ferenczi, ele considerava que a alteração libidinal do órgão não é apenas psíquica, mas que a inervação vasovegetiva e vasomotora são também modificadas. Da mesma forma, mudanças orgânicas podem provocar sensações hipocondríacas e alterações cenestésicas. Em função do incremento do investimento libidinal, tais manifestações fazem com que o órgão ou parte do corpo implicada nas mesmas destaquem-se na imagem corporal. O mesmo pode ser observado nos fenômenos dolorosos:

> Sempre que uma parte da imagem corporal recebe importância excessiva, a simetria e o equilíbrio internos da imagem corporal são destruídos. [... Na dor,] o modelo postural do corpo fica sobrecarregado de libido narcísica. [...] O órgão dolorido torna-se um centro de renovada experimentação com o corpo, cumprindo um papel que normalmente pertence às zonas erógenas (*Ibidem*, p. 116).

Apesar de sua marginalidade com relação ao movimento psicanalítico oficial e da animosidade existente na primeira geração de psicanalistas contra ele (Roazen, 1978), Paul Schilder trouxe contribuições significativas para a compreensão da experiência psíquica e libidinal relacionada à doença orgânica. Ele não apenas compartilhou muitas das visões de Ferenczi (como a de que a doença de qualquer órgão sempre repercute em reações psíquicas específicas), mas ele também foi um dos primeiros a sugerir que as diferenças individuais de sensibilidade à dor (uma questão que até hoje intriga os neurologistas) podem ser compreendidas como uma diferença no grau de investimento libidinal da lesão ou do estímulo nervoso implicado no fenômeno doloroso.

A hipocondria entre os objetos externos e internos

Não deixa de ser significativo que o conceito de *introjeção* tenha sido introduzido na teoria psicanalítica por Ferenczi, um dos discípulos de Freud que mais se preocupou em criar condições clínicas e teóricas para uma abordagem psicanalítica das manifestações orgânicas.

Partindo dos comentários de Freud no caso Dora sobre a "transferência sobre o médico" na histeria, Ferenczi (1909b) comparou as manifestações dessa transferência na neurose e na demência precoce. Ele contrapôs os mecanismos da paranoia, através dos quais o sujeito *projeta* no mundo exterior seus desejos e seu interesse, expulsando-os de seu ego, aos mecanismos da neurose, que "busca incluir na esfera de interesse [do sujeito] uma parte tão grande quanto possível do mundo exterior" (p. 100). Esse processo foi denominado por ele introjeção.

> O neurótico encontra-se perpetuamente em busca de objetos de identificação, de transferência; [...] ele atrai tudo que pode para sua esfera de interesses, ele os "introjeta". O paranoico também procura objetos, mas para "colar" [...] neles a libido que o perturba. É esta a origem da oposição entre o caráter do neurótico e do paranoico. O neurótico se interessa por tudo, espalha seu amor e seu ódio pelo mundo inteiro; o paranoico se fecha, desconfia, sente-se observado, perseguido, amado ou odiado pelo

> mundo inteiro. O "ego" do neurótico é patologicamente dilatado, enquanto que o paranoico sofre de um retraimento do "ego" (p. 100).

Ferenczi ressalta que a projeção e a introjeção participam não apenas das manifestações patológicas, mas também do desenvolvimento normal do sujeito. Segundo ele, esses processos estão presentes desde os primeiros contatos do bebê com o mundo. Eles tomam parte da apreensão do mundo pelo bebê e da estruturação de seu psiquismo, constituindo-se também como modos de proteção contra as ameaças internas e externas por ele vividas. Inicialmente, o bebê experimenta suas próprias sensações e o mundo de forma indiferenciada. Apenas num segundo momento ele pode reconhecer a diferença entre sensações que lhe são próprias e outras, do mundo exterior, "rebeldes a sua vontade". Daí em diante, ele experimenta a possibilidade de "excluir objetos da massa de percepções", discriminando um "mundo exterior" de um "ego que lhe pertence mais diretamente". "Quando pela primeira vez ele distingue uma percepção objetiva da vivência subjetiva, ele efetua sua primeira operação projetiva, a 'projeção primitiva'" (*Ibidem*, p. 101). A partir de então, expulsar para o exterior será um recurso disponível para lidar com os afetos e as sensações desagradáveis oriundas do interior.

Mas, ao mesmo tempo, ao se evidenciar como uma fonte necessária à sobrevivência do bebê, o mundo exterior se impõe ao ego, que, através da introjeção, o absorve. Assim, em busca de fontes de satisfação, o ego estende seu interesse ao mundo exterior, constituindo a *introjeção primitiva*. Inicialmente, diz Ferenczi, a criança ama apenas a *saciedade* que aplaca a fome que o tortura. Apenas num segundo momento ele consegue reconhecer e amar a mãe, objeto que propicia a satisfação da fome. "O primeiro amor objetal, o primeiro ódio objetal são, portanto, a raiz de toda transferência ulterior, que não é apenas uma característica da neurose, mas o exagero de um processo mental normal" (Ferenczi, 1909b, p. 219).

Em 1909 Freud ainda não havia publicado seu artigo sobre Schreber (1911) e tampouco seus estudos sobre o narcisismo (1914). Porém as ideias que os inspiraram já circulavam entre seus discípulos a ponto de motivar Ferenczi a formular de forma própria, e com essa clareza, a descrição das funções estruturantes e defensivas das relações pré-objetais e objetais. Essas primeiras concepções produziram marcas profundas no pensamento freudiano, frutificando na teoria psicanalítica. Elas inauguram uma nova perspectiva para compreender a constituição das representações internas dos objetos e do mundo exterior, e dos modos de relação com os objetos externos, marcados pelo amor e pelo ódio, afetos resultantes da gratificação ou da frustração de necessidades e desejos.

Através dessa perspectiva, evidenciaram-se também os processos de constituição das representações corporais e das relações entre o corpo e os objetos internos e externos.

Para além da experiência anatômica e fisiológica do corpo, através da projeção e da introjeção, o corpo é também palco de uma pluralidade de outras vivências: pode ser vivido como objeto fantasmático e como representante de objetos externos, pode constituir-se como objeto interno autoerótico ou narcísico, exilar-se e ser considerado parte do corpo do outro. As experiências percebidas e introjetadas do mundo exterior forjam a representação do corpo. Os objetos internos confundem-se com partes desse corpo. A percepção e a representação dos objetos externos se formam através do contato e de experiências corporais com esse objeto. As sensações corporais próprias, projetadas no mundo e nos objetos, podem ser vividas e percebidas fora do corpo do sujeito.

Mesmo não tendo sido explicitadas naquele primeiro artigo de Ferenczi, essas concepções começaram a brotar gradualmente em seus trabalhos posteriores, florescendo e revelando-se com toda a sua força na obra de Melanie Klein.

As angústias primitivas e a experiência hipocondríaca

A partir da perspectiva das relações objetais primitivas, Melanie Klein (1882-1960) colocou em evidência que a experiência do corpo e suas representações estariam também sujeitas aos mecanismos de projeção e introjeção, organizadores da vida psíquica. Segundo ela, o corpo estaria permanentemente entremeado pelas fantasias do sujeito e submetido às mesmas dinâmicas determinantes do desenvolvimento e do equilíbrio do psiquismo. Assim como a experiência do mundo e dos objetos, o corpo é também marcado pelos mecanismos esquizoparanoides e depressivos e pelos afetos e defesas que eles mobilizam.

Consideremos, brevemente, as principais referências da conceituação kleiniana. O início do desenvolvimento caracteriza-se por vivências de fragmentação e de dissociação em partes boas (gratificantes) e más (frustrantes). Como o ego e como a fantasia, na *posição esquizoparanoide*, a experiência do corpo é permeada pela impossibilidade de discriminação entre o sujeito e o objeto externo e pela incapacidade de perceber esse objeto, assim como o próprio corpo, como um todo. A clivagem da experiência desencadeia tentativas de projetar as partes más para fora e preservar as boas dentro de si. Ao mesmo tempo, são também introjetadas as partes boas e satisfatórias dos objetos externos, mas igualmente seus aspectos frustrantes, vividos como destrutivos. Essa é uma das fontes de fantasias e angústias persecutórias, internas ou externas, e também da idealização do poder de gratificação dos objetos.

Na posição depressiva, torna-se possível a vivência unificada dos objetos, de si mesmo e do próprio corpo. Esses podem ser percebidos e vividos como reunindo, ao mesmo tempo, partes boas e más, gratificantes e frustrantes, amorosas e destrutivas. São essas as fontes da ambivalência com relação ao corpo e aos objetos. A partir dessas experiências, ocorre também a discriminação entre o sujeito e o objeto externo. Na posição depressiva, predominam as angústias depressivas sendo os mecanismos maníacos meios importantes de defesa contra elas. A agressividade (inata, segundo M. Klein), fonte do sadismo, é um dos principais elementos que precisam ser elaborados em cada uma dessas posições. A projeção do sadismo sobre os objetos externos faz com que eles sejam percebidos, principalmente na posição esquizoparanoide, como perseguidores, e, quando introjetados, são vividos como perseguidores internos. Na posição depressiva, os ataques contra os objetos desencadeiam também a culpa por tê-los danificado, mobilizando os movimentos de reparação visando restaurar a integridade desses objetos, o que tem como consequência a diminuição da culpa. As instâncias psíquicas, ego e superego, estariam presentes desde o nascimento, sendo sua organização determinada pelas dinâmicas específicas de cada posição, esquizoparanoide e depressiva, mais ou menos fragmentadas ou unificadas, marcados pelas experiências paranoides ou depressivas etc.[4]

É a partir dessas referências que M. Klein aborda o fenômeno hipocondríaco. O corpo, objeto da fantasia hipocondríaca, corresponde a um objeto interno, que, dependendo das dinâmicas da posição esquizoparanoide ou depressiva, pode ser vivido de forma mais ou menos unificada, persecutória, reparadora, ambivalente e outras.

[4] É, sem dúvida, temerário pretender resumir a riqueza e a fertilidade dos conceitos kleinianos. Busco aqui apenas fornecer pontos de referência para os menos familiarizados com os mesmos, para facilitar a compreensão desta perspectiva de abordagem dos fenômenos hipocondríacos. Uma apresentação mais detalhada e sistemática desses conceitos pode ser encontrada em Segal (1975), *Introdução à obra de* M. *Klein*, além de nos próprios trabalhos de M. Klein.

Discutindo a gênese da esquizofrenia, M. Klein (1932) aponta para o papel fundamental, nesse quadro, da violência excessiva das primeiras situações de angústia. Essa violência intensifica o caráter terrorífico do superego que, projetado sobre os objetos, aumenta tanto o ódio do sujeito por esse objeto, como o medo desses objetos. Esses, assim como o mundo, tornam-se ameaçadores e fontes de perseguição. Intensifica-se dessa forma a angústia persecutória oriunda dos objetos externos e também dos internos. Como recurso extremo, a perseguição externa pode tentar ser evitada colocando fora de ação os processos projetivos e introjetivos. Porém, o curto-circuito da projeção e da introjeção tem como consequência a ruptura do contato com a realidade, induzindo o sujeito a tentar refugiar-se em seus bons objetos internos. Diante da precariedade desses objetos, a pessoa fica ainda mais à mercê dos perseguidores já introjetados, aumentando o terror de ser atacado por eles. Por ter sido colocada fora de ação, a projeção não pode ser utilizada para tentar colocar os perseguidores internos a distância. Segundo M. Klein, esse intenso terror provocado pelos inimigos internos seria uma das fontes mais profundas da hipocondria. O órgão hipocondríaco encontraria então sua fonte na falha do mecanismo projetivo, que permitiria expelir para o exterior os perseguidores internos. Esses perseguidores internos passam a ser identificados com partes do corpo.

É possível encontrar nas concepções kleinianas sobre a hipocondria uma raiz comum com as formulações de Freud.

Assim como ele, M. Klein aponta para a existência de uma relação entre a dinâmica projetiva, a hipocondria e a homossexualidade. Em 1932, ela relatou o caso de um paciente com cerca de trinta anos "bem dotado intelectualmente" cuja personalidade tivera, aparentemente, um desenvolvimento normal (*Ibidem*, p. 342). Porém, ele queixava-se de uma profunda depressão e de uma grave inibição no trabalho, que, inclusive, o conduziu a abandonar um cargo de professor. Geralmente, ele conseguia dissimular com sucesso seus sintomas, mas, na análise, revelou que sua depressão remontava à primeira infância, tendo sido uma constante em sua vida. Ele queixava-se de sua aparência, receando que ela afugentasse as pessoas, o que aumentava seu isolamento. Além disso, apresentava também "uma grave e penosa mania de dúvida". Segundo M. Klein, essas manifestações escamoteavam "uma profunda hipocondria e fortes ideias de perseguição" (*Ibidem*), que às vezes chegavam a assumir um caráter delirante, além de graves sintomas obsessivos. Essas dinâmicas tinham sua origem em ideias e sentimentos homossexuais. As preocupações desse paciente com sua aparência nada mais eram do que o deslocamento para o exterior de suas preocupações referentes ao interior de seu corpo e de sua angústia hipocondríaca.

Angústias hipocondríacas: da paranoia à depressão

Já em 1934, ao descrever os estados maníacos depressivos, M. Klein apontava para a importância de distinguir dois tipos de hipocondria. O primeiro seria caracterizado pela retirada da libido dos objetos externos que, voltando-se para os objetos internos, transforma-os em perseguidores. No segundo, de natureza depressiva, os aspectos bons dos objetos internos são atacados pelos maus e pelo id, resultando em preocupações depressivas ligadas ao órgão hipocondríaco. O primeiro tipo caracteriza-se por sentimentos persecutórios que geram o desejo de desvencilhar-se do órgão em sofrimento. Nesses processos, as partes do corpo são identificadas a objetos internos parciais ou totais que sofrem ou fazem sofrer, gerando relações persecutórias ou depressivas com os órgãos, acompanhadas de angústias hipocondríacas.

Comparando os sentimentos de desintegração nos estados maníacos-depressivos, M. Klein ressalta que, na posição depressiva, a vivência de desintegração é marcada pela dor e pela ansiedade pelo objeto desintegrado e acompanhada da tentativa de reuni-lo como um todo. Na posição esquizo-paranoide, essa vivência é caracterizada pela persistência da fragmentação de uma multiplicidade de perseguidores.

As manifestações hipocondríacas podem, assim, ser consideradas resultado de ataques tipicamente paranoides de objetos perseguidores internos contra o ego, mas também apresentar elementos depressivos. "Os sintomas derivam, por um lado, dos ataques dos objetos maus internos e do id contra os bons. [Quando existe] uma luta interna em que o ego se identifica com o sofrimento dos objetos bons, [os sintomas] são tipicamente depressivos" (*Ibidem*, p. 368). A partir dos trabalhos de Clifford Scott, M. Klein sugere distinguir as manifestações hipocondríacas na esquizofrenia (caracterizadas por serem "mais numerosas e estranhas [e] vinculadas às perseguições e funções dos objetos parciais") daquelas observadas nos estados depressivos (quando os sintomas hipocondríacos "são menos variados e mais relacionados com as funções do ego" [*Ibidem*, p. 368]).

O processo analítico modifica o conteúdo e a natureza das ansiedades hipocondríacas. M. Klein relata o caso de um paciente que manifestava intensas ansiedades hipocondríacas e paranoides. Na infância ele havia sofrido de lombriga e desenvolvera mais tarde uma angústia intensa por acreditar que tinha um câncer. Na época em que analisava suas fantasias persecutórias relacionadas às lombrigas, o paciente apresentou uma diarreia que imaginou estar misturada com sangue, que o fez temer a agravação do processo cancerígeno. As interpretações de M. Klein faziam constantemente referência a fantasias de ataques aos corpos parentais e ao seu próprio corpo. Esses ataques provocavam no paciente o medo da retaliação contra seu corpo e o medo de ataques de perseguidores internos.

O progresso da análise diminuiu a desconfiança do paciente para com M. Klein, promovendo uma maior integração de suas funções egoicas. A partir de então, o paciente pode manifestar preocupação e gratidão para com ela. Essa evolução dos sentimentos depressivos foi acompanhada pela mudança das características dos sentimentos hipocondríacos. No início da análise, o paciente temia que "o câncer perfurasse seu estômago". Essa ansiedade foi gradativamente se transformando em "necessidade de proteger [sua analista-mãe interiorizada] dentro dele, que [o paciente] sentia estar sendo atacado pelo pênis do pai e por seu próprio id" (*Ibidem*, p. 370). Assim, segundo M. Klein

> [...] enquanto predominaram as ansiedades paranoides e as dos objetos maus unificados, o paciente só sentia ansiedades hipocondríacas pelo seu próprio corpo. Quando a depressão e a tristeza começaram, o amor e o interesse pelo objeto bom se colocaram em primeiro plano e o conteúdo de ansiedade, assim como todos os sentimentos e defesas, sofreram alteração (*Ibidem*, p. 370-371).

No caso anterior, as queixas, as ansiedades e os afetos deixam de referir-se a partes do corpo para se orientar para objetos amados interiorizados e para o ego. Em outro paciente as queixas hipocondríacas eram caracterizadas por um extenso relato de distúrbios na garganta, no nariz, nas orelhas, no peito, no intestino e dos remédios que tomava para combatê-los. A análise do paciente revelou que as queixas referentes a esses órgãos se referiam a tentativas de curar seus irmãos e irmãs interiorizados, identificados a esses órgãos, com relação aos quais se sentia culpado, o que fazia com que se sentisse obrigado a se esforçar para mantê-los perpetuamente em vida.

Nesses dois casos, é possível observar o medo da perseguição interna identificada com partes do corpo, "ataques pelos objetos persecutórios internalizados, ou danos causados a objetos internos pelo sadismo do sujeito", vividos como danos físicos infligidos ao ego (Klein, 1952, p. 245). Segundo M. Klein, essa dinâmica aponta para a existência de raízes comuns entre a ansiedade hipocondríaca e os sintomas histéricos de conversão.

Em 1952, Melanie Klein destacou a dimensão narcísica da hipocondria aproximando-a da vivência melancólica. Segundo ela, a frustração real ou imaginária pelo objeto externo (seio) provoca o ódio pelo objeto que se transforma em objeto perseguidor temido. Essa dinâmica conduz ao abandono do objeto e à busca de satisfação nas fontes internas ao sujeito, nos órgãos corporais. A limitação da satisfação conduziria ao sobreinvestimento compensatório e a uma idealização do órgão (identificado ao objeto interno) pela libido. Assim, de certa forma, poderíamos considerar que a bondade do objeto interno, que é tratado pelo ego e representado como parte do corpo do sujeito, se alimenta da melancolia do objeto exterior.

As manifestações hipocondríacas podem, portanto, emergir como reações a falhas nas relações de objeto, à dificuldade de constituir bons objetos ou, ainda, de consolidar as vivências depressivas. Não surpreende, portanto, que, como aponta M. Klein, as queixas hipocondríacas sejam bastante frequentes na infância, um período de grande labilidade dessas dinâmicas. Em 1931, Ferenczi sublinhava o mesmo fenômeno. Referindo-se a crianças que viveram intensos sofrimentos morais e físicos, ele revelava que elas podem manifestar uma tendência a tentar proteger outras pessoas, crianças ou adultos, estendendo a estes o conhecimento que adquiriram de seu próprio sofrimento. Porém, diante da precariedade no desenvolvimento de tais recursos, algumas crianças podem permanecer fixadas à auto-observação de seus males, inclusive, cristalizando-os sob a forma de queixas hipocondríacas.

Em 1952, ao constatar a frequência das ansiedades hipocondríacas em crianças órfãs, Anna Freud *(apud* Rosenfeld, 1964) acrescentou uma nova dimensão a tais hipóteses. Segundo ela, essas crianças identificam-se com a mãe perdida enquanto o corpo passa a representar a criança, que precisa ser cuidada. É importante, porém, considerar que as ansiedades hipocondríacas podem também ser desencadeadas pelo excesso de preocupação materna com a saúde de seus filhos, como aponta Herbert Rosenfeld, um dos autores que mais se dedicaram ao estudo dessas manifestações[5].

Hipocondria, defesas e impasses terapêuticos

Segundo M. Klein, o sofrimento hipocondríaco é fruto do conflito entre a tentativa de expelir seus órgãos vividos

[5] Michel Fain também destacou o papel tanto do excesso como da insuficiência de investimento materno na gênese da hipocondria. Cf. "Função materna e experiência hipocondríaca", no Capítulo 5 a seguir.

como danificados e a incapacidade de fazê-lo. Herbert Rosenfeld sugere relativizar essa visão, considerando que a dificuldade do hipocondríaco em fazer uso da projeção é apenas aparente. Segundo ele, as ansiedades hipocondríacas resultam da estimulação das ansiedades psicóticas infantis precoces, principalmente as ansiedades paranoides, que precisam ser elaboradas pelo sujeito. A necessidade de adaptação a cada etapa do desenvolvimento (como a puberdade ou o envelhecimento) ou a acontecimentos específicos da vida (separações, perdas, mudanças profissionais) pode mobilizar aquelas ansiedades primitivas. As ansiedades hipocondríacas seriam um meio para a elaboração dessas ansiedades psicóticas primitivas (Rosenfeld, 1964).

Rosenfeld aponta, ainda, que muitos autores destacam a importância da introjeção na hipocondria. Porém, ele considera importante levar em conta também a função específica da projeção na constituição dessas manifestações. Ele lembra M. Klein, que afirma que a criança é capaz de experimentar ansiedades mentais dentro do corpo, podendo também viver as ansiedades dos pais com relação a sua saúde e seu corpo como um elemento cristalizador de suas ansiedades hipocondríacas. Assim, Rosenfeld (1964) considera que

> [...] o paciente hipocondríaco projeta, constantemente, partes do seu eu mental e algumas vezes de seu eu físico do mesmo modo que seus objetos internos, dentro dos objetos externos, mas é característico da doença que o

> objeto externo, após a projeção, [seja] imediatamente reintrojetado pelo ego e expelido para dentro do corpo e órgãos do corpo (p. 211).

Refletindo sobre a função específica do objeto hipocondríaco, bem como sobre sua relação com a mente e com o corpo, Rosenfeld refere-se aos trabalhos de Paula Heimann e de H. A. Thorner. Para a primeira, a experiência e a auto-observação hipocondríacas seriam fruto de uma constelação narcísica na qual o objeto interno representado pelo órgão corporal teria uma primazia de investimentos em detrimento dos objetos externos (Heimann, 1952 *apud* Rosenfeld, 1964, p. 209). Por ser vivido como danificado, o objeto interno pode também ser odiado, e, nesse caso, "a hostilidade reprimida em relação ao ambiente converte-se em sensação de órgão". Por sua vez, H. A. Thorner (1955) considera que na hipocondria "os objetos persecutórios não são percebidos dentro do núcleo do ego mas dentro do ego corporal" (p. 323). A partir da análise de uma mulher na qual predominavam os sintomas histéricos e que apresentava também inúmeras queixas hipocondríacas, ele ressalta que na hipocondria,

> [...] a divisão do ego acompanha a linha divisória corpo-mente e os objetos internos persecutórios [são] expelidos do núcleo do ego para o corpo, isto é, [são] impedidos de penetrar no ego como um todo. Às vezes [são] também

> expelidos do ego corporal, e então [surge] um estado de desrealização; isto é, a hipocondria [é] aliviada, mas o mundo [parece] mau (ou morto). A forma peculiar da perseguição interna que [leva] à hipocondria (doença física) se [mantém] perceptível numa sensação de desrealização (p. 323 e 328)[6].

H. A. Thorner aponta, assim, para uma outra dimensão da função defensiva do objeto hipocondríaco. Ele lembra que a perseguição interna é parte de qualquer manifestação interna, neurótica ou psicótica. A partir do momento em que os objetos persecutórios internos não mais ficam limitados ao corpo, eles invadem o ego de forma maciça, passando a ameaçá-lo de desintegração. Nesse caso, é possível que a hipocondria se converta em psicose.

Segundo H. Rosenfeld, essa perspectiva revela que os delírios e as sensações hipocondríacas nas psicoses, e na esquizofrenia em particular, não são apenas condições regressivas, mas que possuem uma verdadeira função defensiva contra uma condição paranoide ou esquizofrênica aguda (Rosenfeld, 1964, p. 214).

H. Rosenfeld examina também o papel de dinâmicas e fantasias específicas nas manifestações hipocondríacas. Como vários autores, ele reconhece o papel de impulsos

6 O autor parte do pressuposto de que é "amplamente aceita" a ideia de que "o corpo é uma parte do 'eu' mas não idêntico a ele". Uma ideia que merece ao menos ser discutida.

e fantasias sádicos, orais e uretrais nessas manifestações, mas ele considera o sadismo oral de natureza onipotente (ligado à inveja oral) o elemento central da hipocondria. Segundo ele, a escopofilia sádica é um componente importante na auto-observação hipocondríaca, que pode também assumir um caráter compulsivo, como consequência da vigilância mental que busca justamente manter as ansiedades insuportáveis fora da esfera mental. Contrapondo-se aos autores que destacam a função da angústia de castração, H. Rosenfeld considera que a organização genital dos pacientes hipocondríacos é bastante precária, sendo sua sexualidade de natureza predominantemente sádica. Segundo ele,

> [...] os processos de divisão infantis precoces relacionados tanto às ansiedades confusionais como à inveja sádico-oral constituem um dos pontos de fixação dos estados hipocondríacos. O ego parece incapaz de elaborar, no aparelho mental, o estado confusional, inclusive os objetos internos e partes do eu – tais como o sadismo oral – nos objetos externos, que são imediatamente reintrojetados no corpo ou órgãos do corpo. Estes processos primitivos influenciam continuamente o desenvolvimento sexual genital final. Uma característica do hipocondríaco crônico é sua dificuldade de alcançar uma gratificação oral adequada, que se estende também à esfera genital. A ansiedade constante, oriunda da frustração genital do

> paciente, aumenta-lhe a tendência para a regressão e lhe mobiliza as ansiedades confusionais orais primitivas. Como defesa contra esse perigo é que se manifesta o estado hipocondríaco (*Ibidem*, p. 225).

H. Rosenfeld sempre destacou a importância do diagnóstico diferencial dos estados hipocondríacos. Ele sugere distinguir a *entidade mórbida hipocondria* ("uma psicose nitidamente crônica" de mau prognóstico) dos *estados hipocondríacos* (temporários, que podem ser de natureza neurótica ou psicótica). Esses últimos podem ser encontrados na histeria, na neurose obsessiva, nos quadros depressivos, na neurastenia, na esquizofrenia e também nos estágios iniciais da psicose orgânica (Rosenfeld, 1964, p. 205).

Rosenfeld aponta que, com pacientes que apresentam uma hipocondria grave, é importante distinguir se a hipocondria é um aspecto de uma doença mental, como uma depressão senil, ou se domina completamente a sintomatologia, devendo ser considerada uma entidade mórbida (Rosenfeld, 1987b, p. 381). Ao se constatar que se trata de uma entidade mórbida, é ainda necessário diferenciar duas formas dessa manifestação: a primeira, a hipocondria caracterizada por delírios bizarros referentes ao estado de funcionamento do corpo e dos órgãos corporais, caracterizando uma doença pertencente ao grupo da esquizofrenia, muito difícil de tratar pela psicanálise. Na segunda forma, são raros os delírios bizarros, mas o paciente fica permanentemente preocupado pelo medo de sofrer de algumas doenças como o câncer, a tuberculose, ou uma doença cardíaca. A maior parte desses pacientes preocupa-se com uma doença de cada vez. Quando a angústia referente a uma doença começa a minguar, surgem angústias relativas a doenças completamente diferentes, afetando outro órgão. A maior parte dos psiquiatras considera essa hipocondria crônica uma psicose de tipo não determinado. Muitas vezes, ela aparece associada a uma doença física que pode ser completamente negligenciada, pelo fato de as queixas hipocondríacas serem mais proeminentes[7].

Transferência e hipocondria

Rosenfeld chama a atenção para os efeitos da análise das manifestações hipocondríacas sobre a dinâmica transferencial e, em particular, sobre a reação terapêutica negativa. Analisando um paciente que apresentava uma estrutura de caráter narcísica onipotente[8], ele aponta que, a partir da análise, esse paciente tentava desenvolver relações de objeto mais amorosas e valorizadas. Porém, a parte narcísica

---

7 Em "Os estados hipocondríacos e suas nuances", no Capítulo 5, são analisados outros elementos que permitem discriminar as manifestações hipocondríacas de outras dinâmicas psicopatológicas.

8 H. Rosenfeld define a *relação de objeto narcísico onipotente* como o modo de relação utilizado por pacientes psicóticos no qual "eles utilizam os outros (os objetos) enquanto continentes, nos quais, sentindo-se onipotentes, eles projetam partes deles mesmos que eles sentem como indesejáveis ou que lhe causam sofrimento e angústia". Cf. Rosenfeld (1987a, p. 33), *Une approche psychanalytique du traitement de la psychose*.

onipotente de sua personalidade era um obstáculo a essas tentativas. Nos momentos em que essas partes comprometidas de sua personalidade se manifestavam, surgiam os sintomas hipocondríacos. Os sintomas e os problemas se deslocavam constantemente, e esse movimento podia ser claramente observado na transferência. Ele trabalhava a intensidade de sua inveja, que era estimulada por uma boa relação de dependência do analista, através de uma rápida desvalorização e de um deslocamento constante de relações de objeto diferentes, e mesmo de países diferentes.

Nesse paciente, o estado psicótico subjacente era facilmente reconhecível. As angústias hipocondríacas não podiam ser simplesmente consideradas conversões do estado psicótico em sintomas físicos, pois a cada vez que a análise ou as experiências exteriores tinham um impacto sobre o estado narcísico psicótico, ameaçando-o com seu controle rígido, intensificavam-se as angústias hipocondríacas. Nesse caso, a hipocondria deveria, portanto, ser mais corretamente descrita como uma expressão do conflito entre a parte normal, não psicótica, da personalidade e a organização psicótica narcísica que tentava dominar toda a personalidade. Esse conflito provocava a intensificação das reações terapêuticas negativas, que, por sua vez, aumentavam as manifestações da hipocondria.

H. Rosenfeld ressalta que, para pacientes como esse, é muito difícil suportar o sofrimento de uma ambivalência normal. Eles são lentos para aceitar seu amor e sua inveja em uma relação continente que os ajude a suportar a angústia depressiva que poderia conduzir a uma diminuição progressiva do poder da estrutura narcísica e da hipocondria. Mesmo os pacientes cujo tratamento é bem-sucedido, a melhora é bastante lenta e gradual, frequentemente interrompida por reações terapêuticas negativas que devem ser cuidadosamente interpretadas (Rosenfeld, 1987a, p. 108-109).

A relação entre as manifestações hipocondríacas e as dinâmicas transferenciais, colocadas em evidência por Rosenfeld no caso apresentado, ilustram claramente que essas manifestações se apresentam como um sinalizador dos recursos de integração psique-soma. Essa mesma perspectiva orienta a compreensão de todos os autores mencionados neste capítulo: Ferenczi, Schilder, M. Klein e outros. Os fenômenos de despersonalização, os estados confusionais, os sentimentos de fragmentação são diferentes manifestações da dificuldade de consolidação do *processo de maturação*, aquele que permite a constituição, ao longo do desenvolvimento, de "uma elaboração imaginativa de um funcionamento puramente corporal", como define Winnicott (1962, p. 55).

Se lembramos Winnicott, nesse contexto, é justamente por ter ele ressaltado que, mesmo almejando a integração, os estados de não integração não são necessariamente nocivos. Ao contrário, a experiência de não integração é precursora da *capacidade de estar só*, no adulto e na criança, "um dos sinais mais importantes da maturidade e do desenvolvimento afetivo" (Winnicott, 1958, p. 427). Porém, a condição para o desenvolvimento da integração e também para suportar a não integração, e mesmo a solidão, é a possibilidade da criança ter experimentado desde os primeiros momentos da vida a existência de um outro, de uma "mãe suficientemente boa" que através de sua presença, do *holding*, oferece-lhe o suporte e a confiança para tolerar os estados de desintegração, a violência pulsional, os contatos desprazerosos com o mundo. A partir dessa presença inicial, a criança é capaz de desenvolver um ambiente interno, no qual estão presentes os recursos de integração dos impulsos amorosos e destrutivos, dos objetos e do corpo fragmentado. A possibilidade de abrigar um outro em si, tolerando sua capacidade de amar e de destruir, é uma condição essencial para a maturação e para o desenvolvimento da *personalização*, "momento de instalação da psique no soma", momento em que, segundo Winnicott, o corpo se torna lugar de residência do *self*.

Estranhar e reconhecer o outro é correlato à experiência de sentir-se estrangeiro e familiar a seu próprio corpo. O desenvolvimento, o amadurecimento e a integração pressupõem a capacidade de cada um de entregar-se à ameaçadora experiência do encontro com um estranho, abrindo-lhe as portas de nossa morada, de nosso corpo. Poderíamos considerar a experiência hipocondríaca fruto da dificuldade de suportar esse estrangeiro, esse outro em nós. Ao expulsá-lo para além de nossas fronteiras, descobrimos que a violência persiste e que o sofrimento permanece, só restando ao corpo, solitário, clamar por uma salvação que ele não pode aceitar.

4.

Horizontes médicos

O período das Grandes Navegações pelos misteriosos oceanos da vida humana ainda não foi concluído. É certo que os horizontes da medicina foram imensamente ampliados desde a Antiguidade. A Renascença propiciou a descoberta de novos continentes e, nos últimos dois séculos, inúmeras terras se revelaram, num ritmo exponencial, aos investigadores dos processos do viver. Das descobertas anatômicas de Vesalius, passando pela do sistema circulatório de Harvey, paragens desconhecidas foram abordadas pela pesquisa médica e biológica com vistas a traçar o atlas da vida. Nos séculos XIX e XX, os mecanismos da fisiologia e o sistema nervoso foram apenas dois dos continentes mais explorados nas esperanças de desvendar os mistérios do humano.

Atualmente, vivemos as esperanças depositadas nas paisagens da biologia molecular e da genética. Acredita-se que o mapeamento do genoma humano permitirá aprofundar o conhecimento dos mecanismos fisiológicos, anatômicos e biológicos de inúmeras doenças, bem como alcançar a compreensão e o tratamento de males que ainda escapam ao nosso conhecimento.

As teorias dos "vapores", da "simpatia", da "vizinhança" aparentemente não mais ocupam as mentes nem os debates científicos, mas a presença de sua herança no imaginário das mais modernas teorias da medicina é ainda perceptível. Os cientistas do projeto Genoma Humano confrontam-se, por exemplo, com a surpreendente constatação de que as áreas consideradas "desertas" de informação, ou o DNA-lixo, supostamente sem serventia, influem de uma forma ainda não compreendida sobre os efeitos das áreas "urbanas", lotadas de informações, até agora consideradas as únicas significativas para a decifração do código genético. Eles deparam ainda com a surpreendente descoberta de que a função que deveria resultar da ação de um certo gene é que, de certa maneira, determina a ação do gene, numa verdadeira inversão da causalidade antecipada por suas hipóteses. Se a localização do gene e a decifração de suas sequências não permitem explicar completamente a ação dos processos genéticos, que tipos de relação a distância e de causalidade permitir-nos-iam compreender uma organização que escapa aos minuciosos modelos e técnicas da pesquisa do Genoma?

"Calma"

Não precisamos ir tão longe, até a escala molecular, para percebermos que algo falha no modelo predominante de compreensão dos processos vitais, da doença e do sofrimento humano. Apesar dos reconhecidos progressos diagnósticos e terapêuticos da medicina, é ainda grande o número de pacientes que apresentam sintomas e manifestações cujas causas permanecem inexplicadas, mesmo após as mais minuciosas investigações, e para as quais são inócuos os tratamentos prescritos. Até mesmo a saúde ou os quadros benignos apresentados por muitos doentes colocam os médicos diante de situações surpreendentes.

Um número significativo de estudos aponta que muitos pacientes simplesmente não acreditam nas boas notícias comunicadas por seus médicos.

I. G. McDonald e colaboradores relatam que, apesar de terem sido comunicados por seus médicos da normalidade de seus exames cardiológicos, muitos pacientes continuavam "inexplicavelmente" ansiosos a respeito de sua saúde (McDonald *et al.*, 1996). Em um estudo prospectivo, R. Mayou (1976) indica que nos três meses seguintes ao recebimento do resultado normal de exames cardiológicos, um terço dos pacientes permanecia ansioso, temendo padecer de algum problema cardíaco. R. Fitzpatrick & A. Hopkins (1981) apontam que 40% dos pacientes que consultam serviços especializados de neurologia, queixando-se de dores de cabeça, continuavam preocupados ainda um mês após terem recebido um diagnóstico benigno para as mesmas, considerando que tais dores seriam reflexo de uma "doença séria". Essa preocupação persistia apesar das tentativas de traquilização por seus médicos. J. L. Donovan & D. R. Blake (2000) constataram reações semelhantes em serviços de reumatologia. Um grande número de pacientes considerava ineficaz o esforço dos médicos em reduzir sua ansiedade ressaltando o caráter benigno dos sintomas, o bom prognóstico quando da detecção da doença em seu estágio inicial, ou ainda as grandes probabilidades de cura. Alguns desses pacientes, inclusive, interpretavam tais tentativas de tranquilização como indícios que sugeriam a emergência futura de dor ou de uma piora de seu estado funcional. Numa pesquisa com mulheres asintomáticas pertencentes a grupos de risco pessoal ou familiar de desenvolverem uma patologia da mama, pude constatar que muitas dessas mulheres permaneciam preocupadas e com medo de abrigarem uma doença maligna, apesar dos resultados negativos de exames para o controle e a detecção precoce de sinais suspeitos (Volich, 1992 e 1995).

Embora aparentemente paradoxais, trabalhos como esses permitem, pelo menos, reconhecer que médicos e pacientes costumam "interpretar as tentativas de tranquilização [do paciente] no contexto de seus próprios pontos de vista e percepções" (Donovan & Blake, 2000, p. 541).

Reassurance. É essa a palavra inglesa utilizada para descrever as estratégias empregadas pelos médicos visando tranquilizar, reassegurar, diminuir a ansiedade ou as reações emocionais mais intensas de seus pacientes, principalmente daqueles cujo quadro clínico não justificaria tais preocupações ou sua intensidade. Tranquilizar o paciente é considerado por muitos uma das principais tarefas da prática médica. Alguns médicos dedicam um tempo considerável da consulta tentando acalmar o paciente através da demonstração lógica e sistemática de evidências clínicas e de exames que demonstram serem os receios dele injustificados. Outros, menos pacientes, preocupam-se menos com essa tarefa, talvez por considerarem que o bom prognóstico do caso e sua evolução satisfatória acabarão por trazer o paciente à razão ou, ainda, por acharem que cabe a outros profissionais, psicólogos ou psiquiatras, realizá-la. Um terceiro grupo de médicos recusa-se a considerar a dimensão emocional da experiência do paciente, por lhes ser desagradável lidar com ela ou por confiar que os recursos da medicina, do diagnóstico à terapêutica, permitem-lhes evacuar de forma eficiente as manifestações indesejáveis do paciente, principalmente aquelas que aparentemente nada têm a ver com o quadro da doença.

O cotidiano da clínica em medicina aponta para a fragilidade e para a inocuidade da maior parte dessas estratégias. Os pacientes são, sem dúvida, acompanhados, tratados, curados, mas poucas vezes a inquietação com sua saúde ou sua doença é compreendida ou significada. Muitas vezes, a forma de lidar com essa inquietação é a prescrição de ansiolíticos e antidepressivos. Observamos assim, nas últimas décadas, o aumento exponencial dessas prescrições por não psiquiatras. Grande parte dos autores dos estudos citados apontam para os fracassos e para os paradoxos da *reassurance* tentando compreendê-los e explicá-los como uma "falha da relação e da comunicação entre médicos e pacientes", um problema que, sem dúvida, merece ser mais profundamente considerado. Nenhum deles, porém, aprofunda o exame da natureza dessa relação ou dessa comunicação.

Sentir

Já em 1893 Freud apontava para a disparidade entre o afeto manifesto pelo paciente e o sintoma ou a representação aos quais ele se mostrava ligado. O médico tenderia a menosprezar a importância desse afeto, dedicando-se a resolver a queixa manifesta do paciente. O conhecimento das psiconeuroses, ao contrário, ensinaria ao médico atribuir toda a importância ao afeto manifesto pelo paciente, tomando-o como a bússola que pode orientá-lo para a compreensão da experiência recalcada, subjacente ao sintoma e determinante dos modos de reação do sujeito à vida e a sua doença.

A teoria e a clínica psicanalíticas muito se desenvolveram desde essas primeiras concepções freudianas. O afeto permanece sendo, porém, um orientador importante para a compreensão do sofrimento do sujeito, bem como da experiência do paciente diante de seu médico. Seria mesmo a *reassurance*, a traquilização, a melhor estratégia para o médico lidar com os afetos de seu paciente relacionados a sua saúde, a sua doença e a seu tratamento? Não seria o caso de considerar, como sugere Freud, os afetos do paciente como verdadeiros, mas referidos a experiências ou representações que apenas tomam a doença ou a relação com o médico como suportes para manifestar-se?

Por detrás das reações preocupadas e ansiosas dos pacientes, principalmente daqueles cuja condição clínica não justificaria preocupações tão intensas, não é difícil vislumbrar a sombra das dinâmicas hipocondríacas. É significativo, porém, constatar que poucos autores nos estudos citados tenham considerado essas dinâmicas ao tentar explicar os paradoxos por eles revelados.

Esse fato evidencia, entre outros, o esvaziamento da compreensão psicopatológica na prática médica de nossos dias. Apesar de sua implicação direta com a medicina, pela especificidade das queixas corporais dos pacientes, as dinâmicas hipocondríacas também padecem, como todas as manifestações psicopatológicas, de uma espécie de interdito de representação que exclui um grande número de manifestações da subjetividade, do sofrimento humano e da experiência que o médico tem de seu paciente.

Essa dificuldade de representação pelo médico da experiência psicopatológica é uma das principais responsáveis pela perturbação da relação terapêutica e da comunicação entre médico e paciente, e, sobretudo, pela dificuldade de compreensão da queixa do paciente.

Considerar essa dimensão do encontro terapêutico não tem por objetivo simplesmente acrescentar mais uma modalidade diagnóstica àquelas já estabelecidas pelo médico para o sujeito. O principal interesse dessa perspectiva é permitir compreender a função das dinâmicas psicopatológicas, da hipocondríaca em particular, como estruturantes da experiência corporal do paciente e de seus recursos de percepção e de representação de sua saúde e de sua doença.

Compreender

Como vimos, ao longo da história, a hipocondria frequentemente oscilou ao sabor das dificuldades de discriminar entre as fontes orgânicas e mentais das doenças. Das teorias dos humores às doenças dos nervos, a compreensão da hipocondria permaneceu ainda tributária de sua vizinhança ora com a histeria, ora com a melancolia. Porém, apesar dessas oscilações, até o final do século XIX a hipocondria sempre teve seu lugar reconhecido em meio à diversidade das manifestações da patologia humana.

A negligência da dimensão hipocondríaca na consulta médica em nosso tempo é fruto do desenvolvimento progressivo da medicina moderna e de sua crescente tendência à especialização, observada a partir da metade do século XX. A constituição da psiquiatria como uma especialidade médica autônoma, iniciada no começo desse século, também contribuiu de forma significativa tanto para a marginalização da hipocondria (enquanto quadro nosográfico) do panorama da medicina, como para a negligência das implicações do fenômeno hipocondríaco na representação da doença do paciente e na relação terapêutica[1].

---

1 Até 1921, a Associação Psiquiátrica Americana era denominada American Medico-Psychological Association.

Lembrar

No Capítulo 1, pudemos acompanhar os momentos inaugurais da psicopatologia moderna. Como vimos, na França, no início do século XX, Théodule Ribot (1839-1916) propôs compreender a psicologia normal a partir dos fatos patológicos[2]. Na Alemanha, Emil Kraepelin (1856-1926), criador do conceito de *demência precoce*, concebeu um sistema classificatório para as doenças mentais fundado não apenas nos sintomas, mas também nas noções de evolução e de prognóstico. Observamos, ainda, nos anos 1890, as tentativas de Freud de estabelecer uma nosografia psicanalítica do campo das neuroses[3], sugerindo também a existência de relações entre as dinâmicas da psicopatologia e os fenômenos da vida normal, como os lapsos e os sonhos (Freud, 1901).

O encontro dos primeiros psicanalistas austríacos com a chamada escola de Zurique (Bleuler, Jung, Biswanger, Eitington) propiciou as trocas entre a teoria psicanalítica e os campos da psicologia e da psiquiatria, em vias de organizar-se. Essas trocas marcaram a orientação da psicopatologia da primeira metade do século XX (Beauchesne, 1989). Em 1913, Karl Jaspers (1882-1962) publicou na Alemanha sua obra *Allgemeine Psychopathologie* (*Psicopatologia Geral*) (Jaspers, 1913), inaugurando, numa perspectiva fenomenológica, uma das mais influentes correntes da psicopatologia

2 Cf. "A psiquiatria, a psicopatologia e a hipocondria", no Capítulo 1.

3 Cf. Quadro 1. Nosografia psicanalítica em 1894, no Capítulo 2.

moderna. Predominava nessas correntes a orientação pelo *método clínico*, de inspiração francesa e alemã. Nos Estados Unidos, W. Healy e W. James consideravam a fisiologia, mas também a metafísica, para o desenvolvimento de suas teorias psicopatológicas. As correntes psicodinâmicas encontravam bastante receptividade no meio psiquiátrico e, em certa medida, no meio médico, na Europa e também nos Estados Unidos, onde, apenas mais tarde, a partir da Segunda Guerra Mundial, os métodos experimentais e estatísticos passaram a predominar.

Dentro desse panorama, era possível vislumbrar o reconhecimento do fenômeno hipocondríaco como transcendente dos quadros psicopatológicos. Já em 1905, no Congresso de Psiquiatria e Neurologia de língua francesa, foi proposto o abandono do termo hipocondria enquanto entidade nosográfica, substituindo-o pela noção de *ideia hipocondríaca*. Buscou-se com isso ressaltar que a hipocondria não deveria ser considerada apenas um diagnóstico da psiquiatria, mas sim compreendida em um contexto mais amplo, da neurologia e da patologia geral (Guedeney & Weisbrodt, 1995, p. 48).

A noção de *ideia hipocondríaca* sugeria a combinação de um "temperamento hipocondríaco" com distúrbios da cenestesia. Se em 1911 Maillard questionou o caráter psicogênico das dores das cenesiopatias, sugerindo que elas seriam exclusivamente neurológicas, em 1930 Abadie tentou resgatar a importância psicopatológica tanto da hipocondria como dos distúrbios cenestésicos. Ele descreveu a *hipocondria menor*, ou neurótica, atribuindo um lugar importante neste grupo à hipocondria constitucional. Ele chamava a atenção para a auto-observação permanente dos pacientes, mas também para a especificidade do modo de relação destes com o médico: "o paciente quer ser tratado mas não quer ser curado".

E. Bleuler (1857-1939) considerava a hipocondria crônica uma característica específica da esquizofrenia, conceito por ele criado. Por sua vez, Raeke, Westphal, Sommer e Wolfsohn sugeriam considerá-la, segundo uma perspectiva mais ampla, "entidade mórbida psicótica" (Rosenfeld, 1964, p. 205).

A partir dos anos 1960, um número crescente de autores de orientação psicodinâmica passou a reconhecer a extensão das manifestações hipocondríacas para além das fronteiras dos quadros nosográficos. Em 1961, S. Follin & J. Azoulay propõem distinguir a hipocondria *cum materia*, caracterizada por uma percepção anormal de distúrbios corporais reais, da hipocondria *sine materia*, em que tais distúrbios reais não seriam observados (Follin & Azoulay, 1961 *apud* Guedeney & Weisbrodt, 1995). Eles destacavam o caráter essencial da experiência subjetiva na hipocondria e a particularidade da relação que se estabelece entre médico e paciente que, muitas vezes, leva a uma colaboração quase delirante entre ambos.

Vários autores ressaltaram o caráter transnosográfico da hipocondria. Segundo J. Postel, ela é bastante frequente nas depressões crônicas através de "formulações hipocondríacas", mas manifestando-se também nos quadros neuróticos, sobretudo sob a forma "nosofóbica" (medo de adoecer). Nas psicoses, a hipocondria pode assumir formas delirantes, sendo acompanhada de delírios paranoides esquizofrênicos com despersonalização, de ideias crônicas de perseguição e, sobretudo, em uma forma de parafrenia fantástica com delírio de negação de órgãos de danação e de imortalidade denominado síndrome de Cotard, próximo da melancolia delirante (Postel, 1993).

Henry Ey, defensor de uma concepção *organodinâmica* da doença mental, propunha uma abordagem "dinâmica e dialética das relações entre o físico e o moral". Ele apontava para a existência de um complexo hipocondríaco imanente à natureza humana. Ele afirmava serem o "mistério e a fragilidade do corpo, a doença e a morte aspectos da hipocondria humana que nos assolam a todos em nossas entranhas [...]. O complexo hipocondríaco é universal, opressivo e lancinante em toda a humanidade". Esses aspectos podem ser constatados ao se observar a fascinação das pessoas pelos artigos médicos e também o lugar ocupado pela medicina na mídia (*apud* Guedeney & Weisbrodt, 1995, p. 49). Dentro desse espírito, em 1975, Maurel ressaltava o valor da hipocondria como um modo de o sujeito situar-se no mundo, em suas relações consigo mesmo e com seus semelhantes.

Enquanto muitos autores reconheciam, como dito antes, que as manifestações hipocondríacas não seriam restritas aos quadros psicopatológicos, desde os anos 1950, uma outra corrente, fortemente ancorada nos Estados Unidos, ganhou força opondo-se a essa visão. Essa corrente buscava definir, circunscrever e discriminar as categorias da nosografia, tentando distinguir de forma clara os comportamentos patológicos daqueles considerados normais.

Esse movimento correspondeu à crescente influência da Associação Psiquiátrica Americana e das sucessivas versões do Manual Diagnóstico e Estatístico de Transtornos Mentais (DSM), por ela desenvolvido. Em nome da clareza e da discriminação, as modificações do DSM, a partir de sua terceira versão, transformaram a hipocondria em uma mera subcategoria nosográfica que restringiu a compreensão de suas manifestações e de suas funções, e que, muitas vezes, passou a confundir o médico, o psiquiatra e o próprio paciente.

Entre outras consequências, essa visão contribuiu para intensificar, na prática médica e hospitalar, o interdito de representação da experiência hipocondríaca no âmbito da relação terapêutica. Como veremos, com o tempo, essa tendência gradualmente produziu, como uma espécie de "retorno do interditado", manifestações e atuações corporais de gravidade crescente que chegam muitas vezes a colocar em risco a própria vida do sujeito.

Classificar

Desde Hipócrates até a atual Classificação Internacional de Doenças (CID) da Organização Mundial da Saúde, muitos sistemas de classificação e nomenclatura de doenças foram propostos, baseados tanto na sintomatologia como nos mecanismos etiológicos e de desenvolvimento das patologias. O mesmo interesse classificatório foi também observado no campo das doenças mentais. Devido às especificidades desse campo, muitas vezes essa proposta resultou em discrepâncias quanto à inclusão e à definição de quadros clínicos nessa categoria.

A influência de Esquirol, Charcot, Griesinger, Kraepelin, Maynert, Adolf Meyer, Karl Jaspers e Henry Ey foi marcante para muitas gerações de psiquiatras. Até meados dos anos 1970, diferentes correntes da psiquiatria – a neurologia, o organicismo, a psicanálise, o existencialismo, a fenomenologia – coexistiam de forma relativamente equilibrada. Os pressupostos clínicos e conceituais de cada uma dessas correntes determinavam, naturalmente, diferentes concepções etiológicas e semiológicas que se refletiam nos sistemas classificatórios propostos.

A publicação em 1980 da terceira versão do DSM provocou uma mudança importante nesse panorama, produzindo uma tendência que se tornou quase hegemônica na psiquiatria mundial. O DSM-III tinha como objetivo promover uma nomenclatura médica para clínicos e pesquisadores, introduzindo "critérios diagnósticos explícitos, um sistema multiaxial, e uma tentativa de neutralidade com relação às teorias etiológicas" (APA, 2013, p. XVII)[4].

O DSM é herdeiro de uma tradição americana que valoriza a coleta de dados estatísticos e que já no censo nacional de 1840 registrava a frequência de "insanos e de idiotas" na população. No início do século XX, a Associação Médica Americana preocupou-se em ampliar, ainda com fins estatísticos, os critérios de classificação das doenças mentais paralelamente ao desenvolvimento de uma nomenclatura psiquiátrica uniforme. Essa tendência acentuou-se com a Segunda Guerra Mundial, a partir da qual os transtornos mentais foram incluídos na sexta versão da Classificação Internacional de Doenças (CID-6) da Organização Mundial da Saúde. Da convergência desses dois sistemas surgiu, em 1952, a primeira versão do Manual Estatístico e Diagnóstico dos Transtornos Mentais (DSM-I), cuja proposta era

---

4 Para não nos desviarmos de nossos propósitos, a história e o desenvolvimento das diferentes versões do DSM são aqui apresentados apenas de forma sucinta. É interessante, porém, acompanhar, na parte introdutória do Manual, os detalhes dessa história, sobretudo o esforço de convergência cada vez maior entre as versões do DSM (classificação das doenças mentais) e as do CID (classificação médica das doenças), bem como as questões levantadas a respeito da homogeneidade e da validade das categorias diagnósticas.

Nessa mesma perspectiva, a partir da 3ª edição deste livro, acrescentamos uma breve discussão das principais modificações operadas no DSM-5 referentes a queixas e sintomas somáticos, que esvaziaram ainda mais a dimensão hipocondríaca de seu potencial para a compreensão do sofrimento humano.

se constituir como "o primeiro manual oficial de distúrbios mentais, focados na utilidade clínica" (*Ibidem*). Essa primeira versão ainda trazia uma grande influência da psiquiatria europeia representada pelas concepções psicobiológicas de Adolf Meyer. Os quadros clínicos eram definidos pelo termo *reação*, uma vez que as doenças mentais eram consideradas *reações* da personalidade a fatores psicológicos, sociais e biológicos. A segunda versão do DSM rompeu com as concepções de Adolf Meyer, eliminando o termo *reação* das descrições dos quadros sintomáticos.

Tanto o DSM-III como o DSM-IV foram desenvolvidos a partir de entrevistas semiestruturadas, da construção e validação de critérios diagnósticos explícitos e de um extenso trabalho empírico. A neutralidade com relação às teorias etiológicas continuou sendo um objetivo primordial na elaboração da quarta versão do DSM, publicada em 1994, que resultou do aperfeiçoamento do DSM-III e de sua versão revisada (publicada em 1987), que receberam muitas críticas sobre a "inconsistência" de suas categorias. Em 2000 foi lançada a quarta versão revisada (DSM-IV TR) e em 2013 uma quinta versão do Manual. Para nossa discussão, é interessante acompanhar a evolução e as transformações de suas categorias e dos princípios que as determinaram, principalmente aqueles que se referem à sintomatologia e às queixas somáticas. Princípios que, esvaziando ainda mais a dimensão hipocondríaca da experiência do paciente, resultaram, inclusive, no completo desaparecimento dessa categoria diagnóstica do DSM-5.

O DSM-IV tinha como objetivo sustentar-se "sobre evidências empíricas mais do que qualquer outra nomenclatura de transtornos mentais" (*Ibidem*, p. XVI). Ele apresentava uma simplificação e uma tentativa de clarificação dos conjuntos de critérios diagnósticos, visando aumentar sua utilidade clínica e a praticidade de sua utilização. O conceito de transtorno mental, utilizado no DSM-IV, era definido como

> [...] um comportamento clinicamente significativo, ou como uma síndrome ou padrão psicológico que ocorre em um indivíduo e que está associado a um desconforto (*distress*) presente (p. ex. um sintoma doloroso) ou a uma deficiência (*disability*) (p. ex. deficiência em uma ou mais áreas importantes de comportamento) ou com o aumento significativo do risco de sofrer morte, dor ou deficiência, ou uma perda importante de liberdade. Além disso, aquela síndrome ou o padrão não deve ser simplesmente uma resposta esperada e culturalmente sancionada a um acontecimento particular, por exemplo, a morte de um ser querido. Seja qual for sua causa original, ele deve ser considerado uma manifestação de uma disfunção comportamental, psicológica ou biológica do indivíduo. Nenhum comportamento desviante (p. ex. político, religioso ou sexual) nem tampouco conflitos primários entre o indivíduo e a sociedade são transtornos mentais a menos que o desvio ou o conflito seja um

sintoma ou uma disfunção do indivíduo, como descrito acima (*Ibidem*, p. XXI-XXII).

Um dos principais objetivos do DSM-IV era ser "um guia útil para a prática clínica", através da "brevidade dos conjuntos de critérios, clareza de linguagem e declarações explícitas dos conceitos utilizados e dos critérios diagnósticos". Ele se estruturava segundo um sistema multiaxial de classificação de cinco eixos, cada um deles reunindo informações visando auxiliar o clínico a planejar o tratamento e predizer a evolução do caso[5]. O DSM-IV se propunha a "facilitar a comunicação entre clínicos e pesquisadores", oferecendo também "um método de coleta de informação clínica e um instrumento de ensino da psicopatologia" (*Ibidem*, p. XV).

A "força-tarefa" que elaborou o DSM-5 considerou que as definições descritivas das versões anteriores do manual não refletiam suficientemente as evidências da pesquisa neurológica, biológica e genética dos transtornos mentais, assumindo o objetivo de aumentar o peso dessa leitura na nova versão (Charney *et al.*, 2002). Além disso, constatando

[5] Eixo I: Transtornos clínicos, transtornos mentais, problemas do desenvolvimento e aprendizado.

Eixo II: Transtornos de personalidade ou invasivos e retardo mental.

Eixo III: Condições médicas agudas ou desordens físicas.

Eixo IV: Fatores ambientais ou psicossociais.

Eixo V: Avaliação Global das Funções ou Escala de Avaliação Global para Crianças, para menores de 18 anos.

a dificuldade de clínicos e psiquiatras em discriminar e lidar com os diferentes eixos do sistema multiaxial do DSM-IV, decidiram aboli-lo, apagando diferenças que, nas versões precedentes, esses eixos tinham tentado destacar.

Analisar

Neutralidade e pragmatismo. Oficialidade e paralelismo com a Classificação Internacional de Doenças (CID). Sob os auspícios dessas divisas, declinaram-se as descrições das categorias diagnósticas do DSM-IV.

O DSM-IV preocupava-se em alertar para a dificuldade em distinguir entre as dimensões mentais e orgânicas dos quadros sintomáticos, advertia que o objeto da classificação não eram as pessoas, mas os transtornos que as pessoas têm. Os autores reconheciam as dificuldades quanto à homogeneidade e a imprecisão de limites entre as categorias, alertavam para os riscos da recuperação ideológica dos diagnósticos psicopatológicos (discriminação, perseguição de minorias), insistindo também na necessidade de treino e experiência clínica apropriada em diagnóstico para a utilização do Manual.

Apesar de todos esses cuidados, a objetividade e a clareza eram considerados objetivos maiores do DSM. Assim, o clínico e o pesquisador eram convidados à observação *neutra e desapaixonada,* de forma a produzir, para si mesmos e seus pares, uma descrição precisa de sinais, sintomas e comportamentos observáveis na sua mais simples expressão manifesta. O transtorno era, acima de tudo, um "*comportamento*" a ser descrito e dissecado em todos os seus detalhes. A experiência subjetiva daquele que manifesta tal comportamento era quase que completamente negligenciada. Como apontam Collée & Quétel, as concepções do DSM-IV eram impregnadas pelo dualismo cartesiano e pela oposição entre o modelo biomédico e o modelo psicossocial, simplesmente "retomando o velho antagonismo entre as noções de organogênese e de psicogênese" (Collée & Quétel, 1994, p. 118).

Marcado por essas linhas de força, através de suas diferentes versões, o Manual Diagnóstico e Estatístico de Transtornos Mentais progressivamente afastou-se das perspectivas psicodinâmicas e das fontes clínicas e epistemológicas da psicopatologia. Nesse contexto, a hipocondria dissolveu-se no DSM-IV entre os *Transtornos Somatoformes*, tendo sido esvaziada a possibilidade de compreensão de seu potencial representativo e de subjetivação.

No DSM-5, esse esvaziamento culminou na pura e simples eliminação dessa categoria diagnóstica. Nessa nova versão, as manifestações relacionadas a queixas somáticas foram todas reunidas nas categorias *Transtornos de Sintomas Somáticos e Transtornos de Ansiedade de Doença* (APA, 2013, p. 312). Todas as subcategorias do DSM-IV (transtornos de somatização, transtornos somatoformes indiferenciados, hipocondria e transtornos dolorosos) foram incluídos nessas novas classificações.

No DSM-IV, um exame mais atento das diferentes subcategorias dos Transtornos Somatoformes permite perceber a grande superposição de seus critérios diagnósticos, tornando questionáveis a verdadeira capacidade de discriminação dessas categorias. Esse exame permite também perceber a presença subjacente das dinâmicas hipocondríacas, em todas as diferentes síndromes que ele busca discriminar.

O grupo que preparou a 5ª versão do Manual reconheceu essa sobreposição das categorias e seu caráter problemático, responsabilizando-a pela fragilidade e pelas falhas de muitos diagnósticos de Transtornos Somatoformes realizados a partir do DSM-IV. Propuseram, então, uma completa reestruturação desse grupo diagnóstico, desconsiderando, porém, um dos elementos centrais utilizados para o diagnóstico diferencial dos fenômenos de somatização no DSM-IV, os sintomas e as queixas "sem explicação médica". Em seu lugar, o DSM-5 define como critério central dos *Transtornos de Sintomas Somáticos* "pensamentos, sentimentos e comportamentos excessivos, relacionados a sintomas somáticos ou problemas de saúde associados" (*Ibidem*, p. 312).

Um pouco de paciência para analisar as manifestações reunidas em torno dos Transtornos Somatoformes (DSM--IV) e dos Transtornos de Sintomas Somáticos (DSM-5) é necessária para que possamos prosseguir nossa investigação.

Conhecer

Transtornos Somatoformes

Lembremos o imperativo de objetividade e neutralidade que orientava a concepção do DSM-IV. Segundo ele, os Transtornos Somatoformes eram definidos a partir da "presença de sintomas físicos que sugerem uma condição médica geral, mas que não são completamente explicados por uma condição médica geral, pelos efeitos diretos de uma substância ou por um outro transtorno mental" (Guggenheim & Smith, 1995, p. 30). Eles se caracterizavam pela manifestação de queixas orgânicas sugestivas de doenças sem apresentar, entretanto, um distúrbio orgânico periférico demonstrável (*Ibidem*). Entre as características subsidiárias, o DSM-IV especificava:

A. Os sintomas devem causar sofrimento clinicamente significativo, prejuízo no funcionamento social, ocupacional, em outras áreas importantes.
B. Os sintomas físicos não são intencionais, diferentemente daqueles dos Transtornos Factícios e a Simulação.
C. Eles diferem dos Fatores Psicológicos que Afetam a Condição Médica, na medida em que não existe uma condição médica geral diagnosticável que explique plenamente os sintomas físicos.

No DSM-IV, a categoria dos Transtornos Somatoformes reunia cinco síndromes, já descritas nas versões anteriores do DSM, acrescentado mais duas:

1. Transtornos de Somatização.
2. Transtornos Conversivos.
3. Transtornos Dolorosos.
4. Hipocondria.
5. Transtorno Dismórfico Corporal.
6. Transtornos Somatoformes Indiferenciados.
7. Transtorno de Somatização sem outra especificação.

O critério principal para a reunião desses transtornos na mesma categoria foi a utilidade clínica de excluir condições médicas gerais ocultas ou etiologias induzidas por substâncias para os sintomas físicos, muito mais do que a existência de uma etiologia ou dinâmicas comuns. A indefinição resultante da pouca discriminação desses critérios foi uma fonte contínua de crítica por profissionais, mas também por pacientes (Mayou *et al.*, 2005).

Em razão dessa sobreposição significativa das síndromes dos Transtornos Somatoformes, da falta de clareza de seus limites e da dificuldade dos médicos não psiquiatras para utilizar os critérios do DSM-IV, o DSM-5 promoveu mudanças significativas nessa categoria. Foram eliminados os Transtornos Somatoformes Indiferenciados e os Transtornos de Somatização sem outra especificação, e a Hipocondria foi dissolvida nas manifestações de ansiedade relacionadas a doenças. Eles passaram a ser designados como *Transtornos de Sintomas Somáticos*, com um menor número de desordens e subcategorias:

1. Transtornos de Sintomas Somáticos.
2. Transtornos de Ansiedade relacionados a doenças.
3. Transtorno Conversivo (transtorno de sintoma neurológico funcional).
4. Fatores Psicológicos Afetados por uma Condição Médica.
5. Transtornos Factícios.
6. Transtornos relacionados a outros Sintomas Somáticos específicos.
7. Transtornos Somático-Sintomáticos sem outra especificação.

Os transtornos reunidos nessa nova categoria têm em comum a proeminência de sintomas somáticos associados aos sofrimentos, ao comprometimento significativo à vida da pessoa e também à existência de pensamentos, sentimentos e comportamentos excessivos e desproporcionais com relação a esses sintomas, com duração superior a seis meses.

Examinemos, inicialmente, os critérios das subcategorias dos Transtornos Somatoformes utilizados no DSM-IV.

1. Transtornos de Somatização

Os Transtornos de Somatização caracterizavam-se por múltiplas queixas somáticas recorrentes e clinicamente significativas, ou seja, queixas que resultavam em tratamento médico ou que causavam prejuízo significativo no funcionamento social, ocupacional ou em outras áreas importantes da vida do indivíduo. O DSM-IV definia os seguintes critérios de diagnóstico para esses transtornos:

A. As queixas somáticas devem ter iniciado antes dos 30 anos e ocorrer por um período de vários anos.
B. As queixas somáticas caracterizam-se pelos seguintes históricos clínicos:
   B1. Dor relacionada a pelo menos quatro sítios (por ex., cabeça, costas, articulações, extremidades, tórax, reto) ou funções (por ex., menstruação, intercurso sexual, micção) diferentes.
   B2. Pelo menos dois sintomas gastrintestinais outros que não dor, muitos dos indivíduos relatando náusea e inchaço abdominal, e, de forma menos frequente, vômitos, diarreia e intolerância a alimentos. As queixas gastrintestinais frequentemente levam a exames radiográficos e cirurgias gastrintestinais desnecessários.
   B3. Pelo menos um sintoma sexual ou reprodutivo outro que não dor. Em mulheres, isto pode consistir de irregularidades menstruais, menorragia ou vômitos durante toda a gravidez. Em homens, pode haver sintomas tais como disfunção erétil ou ejaculatória. Tanto as mulheres quanto os homens podem estar sujeitos à indiferença sexual.
   B4. Pelo menos um sintoma, outro que não dor, sugerindo uma condição neurológica (sintomas

conversivos, tais como prejuízo na coordenação ou no equilíbrio, paralisia ou fraqueza localizada, dificuldades para engolir ou nó na garganta, afonia, retenção urinária, alucinações, perda da sensação de tato ou dor, diplopia, cegueira, surdez ou convulsões; sintomas dissociativos, tais como amnésia ou perda da consciência, exceto desmaios).

C. As múltiplas queixas somáticas não podem ser plenamente explicadas por qualquer condição médica geral conhecida ou pelos efeitos diretos de uma substância. Caso ocorram na presença de uma condição médica geral, as queixas físicas ou o prejuízo social ou ocupacional resultante excedem o que seria esperado a partir da história, exame físico ou testes laboratoriais.

D. Os sintomas inexplicáveis no Transtorno de Somatização não são intencionalmente produzidos ou simulados (como no Transtorno Factício ou na Simulação).

2. Transtornos Conversivos

Os Transtornos Conversivos eram os herdeiros diretos da histeria de conversão, ainda presente como categoria diagnóstica nas versões anteriores do DSM-III. Os critérios diagnósticos do DSM-IV eram os seguintes:

A. Presença de sintomas ou déficits afetando a função motora ou sensorial voluntária, que sugerem uma condição neurológica ou outra condição médica geral.

B. Existência presumível de fatores psicológicos associados com o sintoma ou o déficit, sendo esse julgamento fundamentado na observação de que o início ou a exacerbação do sintoma ou do déficit é precedido por conflitos ou outros estressores.
C. Os sintomas não são intencionalmente produzidos ou simulados, como no Transtorno Factício ou na Simulação.
D. Inexistência de uma condição neurológica ou outra condição médica geral, não sendo os sintomas efeitos diretos de uma substância, ou de comportamentos ou experiências culturalmente sancionados.
E. O problema deve ser clinicamente significativo, o que é evidenciado por acentuado sofrimento, prejuízo no funcionamento social ou ocupacional ou em outras áreas importantes da vida do indivíduo, ou pelo fato de indicar avaliação médica.
F. O Transtorno Conversivo não é diagnosticado se os sintomas se limitam a dor ou disfunção sexual, se ocorrem exclusivamente durante o curso de um Transtorno de Somatização, ou se são mais bem explicados por outro transtorno mental.

3. Transtornos Dolorosos

Os Transtornos Dolorosos eram essencialmente caracterizados pela queixa do paciente centrada em uma sensação dolorosa, segundo os seguintes critérios:

A. Existência de uma queixa centrada em dor que se torna o foco predominante da apresentação clínica, sendo suficientemente severa para indicar uma atenção clínica.
B. A dor causa sofrimento clinicamente significativo ou prejuízo no funcionamento social, ocupacional ou em outras áreas importantes do funcionamento (incapacidade de comparecer ao emprego ou à escola, uso frequente do sistema de saúde, transformação da dor em um foco importante da vida do indivíduo, uso substancial de medicamentos, problemas de relacionamento, tais como desajuste conjugal, e perturbação no estilo normal de vida do indivíduo).
C. Fatores psicológicos supostamente exercem um papel significativo no início, na gravidade, na exacerbação ou na manutenção da dor.
D. A dor não é intencionalmente produzida ou simulada como no Transtorno Factício ou na Simulação.
E. O Transtorno Doloroso não é diagnosticado se a dor é mais bem explicada por um Transtorno do Humor, de Ansiedade ou Psicótico, ou se a apresentação dolorosa satisfaz os critérios para Dispareunia (cópula dolorosa para a mulher).

4. Hipocondria

A Hipocondria era uma categoria diagnóstica presente desde a primeira versão do DSM-I. Nas versões seguintes

(DSM-II, DSM-III e DSM-III-R) houve apenas algumas alterações de linguagem, mas não de essência na descrição desse transtorno. A mudança mais significativa foi, a partir do DSM-III, sua inclusão como categoria secundária no grupo mais geral dos transtornos somatoformes. Os critérios diagnósticos do DSM-IV eram os seguintes:

A. Preocupação com temores de ter ou a ideia de ser portador de uma doença grave, com base na interpretação errônea dos próprios sinais somáticos.
B. Persistência da preocupação, apesar de uma avaliação e garantias médicas apropriadas.
C. A crença no Critério A não apresenta intensidade delirante (como no Transtorno Delirante, tipo somático) nem se restringe a uma preocupação circunscrita à aparência (como no Transtorno Dismórfico Corporal).
D. A preocupação causa sofrimento clinicamente significativo ou prejuízo no funcionamento social, ocupacional ou em outras áreas importantes da vida do indivíduo.
E. A preocupação não é mais bem explicada por um Transtorno de Ansiedade Generalizada, Transtorno Obsessivo-Compulsivo, Transtorno de Pânico, Episódio Depressivo Maior, Ansiedade de Separação ou outro Transtorno Somatoforme.

Os critérios do DSM-IV sugeriam, ainda, avaliar a capacidade do paciente de se dar conta do caráter irreal de seus sintomas. A hipocondria era considerada *insight pobre* caso, na maior parte do tempo, durante o episódio agudo o indivíduo não fosse capaz de reconhecer que a preocupação com a ideia de ter uma doença grave é excessiva ou irracional.

5. *Transtorno Dismórfico Corporal*

Historicamente conhecido como *dismorfofobia*, o Transtorno Dismórfico Corporal era caracterizado por queixas que geralmente envolvem falhas imaginadas ou leves na face ou na cabeça (perda de cabelos, acne, rugas, cicatrizes, marcas vasculares, palidez ou rubor, inchação, assimetria ou desproporção facial, ou pelos faciais excessivos), ou ainda outras preocupações como tamanho, forma ou algum outro aspecto do nariz, olhos, pálpebras, sobrancelhas, orelhas, boca, lábios, dentes, mandíbula, queixo, bochechas ou cabeça. Qualquer outra parte do corpo poderia ser o foco de preocupação (genitais, seios, nádegas, abdômen, braços, mãos, pés, pernas, quadris, ombros, espinha, regiões corporais maiores ou tamanho geral do corpo). A preocupação poderia concentrar-se simultaneamente em diversas partes do corpo. Ele era descrito no DSM-IV através das seguintes características:

A. Uma preocupação com um defeito na aparência. O defeito é imaginado ou, se uma ligeira anomalia física está presente, a preocupação do indivíduo é acentuadamente excessiva.

B. A preocupação deve causar sofrimento significativo ou prejuízo no funcionamento social, ocupacional ou em outras áreas importantes da vida do indivíduo.
C. A preocupação não é mais bem explicada por outro transtorno mental (por ex., insatisfação com a forma e o tamanho do corpo na anorexia nervosa).

6. *Transtorno Somatoforme Indiferenciado*

Os sintomas observáveis do Transtorno Somatoforme Indiferenciado eram semelhantes aos do Transtorno de Somatização, podendo haver um único sintoma circunscrito, como náusea ou, com maior frequência, múltiplos sintomas físicos. As queixas somáticas crônicas e inexplicáveis frequentemente levavam a consultas médicas, geralmente um clínico geral. Os critérios diagnósticos eram os seguintes:

A. Existência de uma ou mais queixas físicas.
B. As queixas mais frequentes são fadiga crônica, perda do apetite ou sintomas gastrintestinais ou geniturinários. Esses sintomas não podem ser completamente explicados por qualquer condição médica geral conhecida ou pelos efeitos diretos de um ferimento ou substância (por ex., uso de substância ou efeitos colaterais de medicamentos), ou as queixas físicas ou prejuízo resultante excedem amplamente o que seria esperado a partir da história, exame físico ou achados laboratoriais.

C. Os sintomas devem causar sofrimento clinicamente significativo ou prejuízo no funcionamento social, ocupacional ou em outras áreas da vida do indivíduo.
D. As queixas persistem por 6 meses ou mais.
E. Os sintomas não podem ser explicados por um outro transtorno mental (por ex., outro Transtorno Somatoforme, Disfunção Sexual, Transtorno do Humor, Transtorno de Ansiedade, Transtorno do Sono ou Transtorno Psicótico).
F. Os sintomas não são intencionalmente produzidos ou simulados (como no Transtorno Factício ou na Simulação).

7. Transtorno de Somatização sem outra Especificação

O Transtorno de Somatização sem outra Especificação era incluído para a codificação de transtornos com sintomas somatoformes que não satisfaziam os critérios para qualquer um dos Transtornos Somatoformes.

No DSM-5, os principais critérios para o diagnóstico de Transtorno de Sintomas Somáticos são:

A. Os pacientes devem ter um ou mais sintomas somáticos crônicos sobre os quais são excessivamente preocupados, temerosos ou medrosos.
B. Esses medos, e os comportamentos que deles resultam, devem causar sofrimento significativo e perturbação da vida dos pacientes.

C. Apesar de recorrerem frequentemente aos serviços de saúde, raramente são tranquilizados por eles, muitas vezes sentindo os cuidados médicos como inadequados.

Por sua vez, o Transtorno de Ansiedade de Doença é definido no DSM-5 pelos seguintes critérios:

A. Pacientes com uma condição médica identificada ou não, que relatam a intensificação de suas sensações corporais.
B. Intensa preocupação com a possibilidade de uma doença não diagnosticada.
C. Dedicação excessiva de tempo e energia para questões relacionadas à saúde, muitas vezes pesquisando obsessivamente qualquer sinal ou sensação corporal.
D. Essas reações devem causar sofrimento e perturbação significativos na vida dos pacientes.

Refletir

Agradeço pela tolerância daqueles que acompanharam a leitura destas últimas páginas, que não escondem sua aridez. A superação dessa dificuldade para atravessar as paragens dos Transtornos Somatoformes do DSM-IV e os de Sintomas Somáticos do DSM-5 justifica-se por serem dois dos principais (senão os principais) quadros de referência que organizam atualmente o modo de percepção e a compreensão da experiência corporal dos pacientes pelos médicos.

É essa visão que forja, desde os estudos de medicina, a representação, o significado e o nexo da queixa e da sintomatologia do sujeito. Era a partir das categorias do DSM-IV e, a partir de 2013, do DSM-5 que eram montados os projetos de pesquisa, desenvolvidos os protocolos terapêuticos e compreendidas as evoluções clínicas dos pacientes. É a presença desse quadro de referência, como pano de fundo da consulta médica, que influencia seu curso, seus sucessos, suas falhas, seus efeitos paradoxais.

A neutralidade, a uniformidade e a clareza, postulados do DSM-IV e mantidos no DSM-5, determinam que as definições das categorias diagnósticas sejam predominantemente marcadas pela expressão manifesta de sintomas e sinais clínicos, por uma lógica binária de inclusão/exclusão, e pela tentativa de limitar ao máximo a referência à subjetividade, tanto do paciente como do médico.

Não surpreende, portanto, que as descrições dos transtornos somatoformes (DSM-IV) pouco considerem os afetos entre os critérios diagnósticos. Da mesma forma, os "fatores psicológicos" e o "estresse" são apenas mencionados de forma vaga e imprecisa como critérios diferenciais de fatores orgânicos que eventualmente poderiam estar implicados no quadro sintomático.

Diante do paciente, na consulta, é patente a dificuldade de sustentar tais postulados homogeneizantes. Mesmo em pacientes que apresentam um mesmo quadro sintomático, é evidente a diversidade subjetiva implicada em sintomas aparentemente idênticos. A história pregressa e o contexto a partir dos quais emergiram os sintomas e a doença também são diferentes para cada um deles. Da mesma forma, é visível que a dimensão afetiva participa daquelas dinâmicas e manifestações sintomáticas.

Podem a anamnese, a propedêutica, o diagnóstico e o tratamento prescindir da compreensão do lugar da doença na história do sujeito, da idiossincrasia dos sintomas e da dimensão afetiva implícita ao processo patológico? A ótica do DSM-IV/DSM-5, não apenas nos Transtornos Somatoformes e nos Transtornos de Sintomas Somáticos, mas em todos os outros quadros, não permite a consideração dessas dimensões da experiência do sujeito e de sua doença.

É preocupante, em particular, a negligência da dimensão afetiva de tais manifestações. Sabemos que mesmo a ausência de expressão emocional, concomitante a uma queixa, é um elemento importante para a compreensão da experiência do paciente. Mais do que isso, frequentemente, é principalmente através da experiência emocional que acompanha as queixas somáticas que muitos pacientes podem ser mobilizados, no processo psicoterapêutico, para a elaboração de seu sofrimento.

Nas descrições dos Transtornos Somatoformes, referências vagas a "preocupações" e "temores" são encontradas apenas nas descrições da Hipocondria e do Transtorno Dismórfico Corporal. Significativamente, nenhuma referência é feita a angústia, ansiedade, humor depressivo ou melancólico, ou a qualquer outro estado afetivo que, como mostra a clínica, frequentemente acompanha os sintomas de tais pacientes. Essa omissão é uma consequência da lógica de inclusão/exclusão que norteia o DSM-IV. Segundo essa lógica, a presença marcante de tais expressões afetivas orienta o clínico ou o pesquisador para o terreno dos transtornos ansiosos, depressivos, distímicos, de pânico ou outros. Essa mesma lógica persiste no DSM-5.

Fragmentar ou indiscriminar?

Percebemos, assim, a fragmentação promovida pelos pressupostos dos DSM-IV/DSM-5 na compreensão da psicopatologia. Mais especificamente, lembremos apenas que a tristeza, o humor depressivo e a desesperança foram durante séculos considerados sintomas característicos da hipocondria. Essas manifestações eram consideradas parte dos Transtornos Afetivos, entre os quais encontram-se também a psicose maníaco-depressiva e os transtornos ciclotímicos e distímicos. De forma semelhante, os sintomas funcionais, antes característicos da histeria, eram referidos no DSM-IV em diferentes quadros, como nos Transtornos Conversivos e nos de Somatização, e também na Personalidade Histriônica. As neuroses encontram-se dispersas entre os transtornos ansiosos, os transtornos somatoformes e os transtornos dissociativos. Os sinais da síndrome dissociativa, descrita por Bleuler, foram dispersos entre os transtornos esquizofrênicos, os transtornos paranoides e os transtornos afetivos (Collée & Quétel, 1994).

No DSM-5, a histeria e os próprios Transtornos Conversivos sofreram ainda outro expressivo deslizamento semântico. Ao *Transtorno Conversivo* foi associado um parênteses extremamente significativo "(*transtorno de sintoma neurológico funcional*)", justificado pelo fato de que são os neurologistas que veriam a maioria desses pacientes (Kamens, 2014, p. 313)... Essa mesma tendência de levar em conta manifestações psicológicas, consideradas "pouco convincentes", "confiáveis" ou ainda "demonstráveis" como perturbações neurológicas, é encontrada em muitas outras categorias do DSM-5. Permanecendo apenas no campo da histeria e dos fenômenos de conversão, é evidente que essa leitura nos remete diretamente aos tempos anteriores a Charcot, Libeault e Bernheim, sem mesmo necessitarmos passar por Freud, quando as causas da histeria eram pesquisadas nas disfunções do sistema nervoso, ignorando não apenas as descobertas desses autores, mas também todos os desenvolvimentos feitos por suas hipóteses.

A eliminação da hipocondria como denominação de uma categoria do DSM-5 foi justificada pelo argumento de que esse nome seria percebido como "pejorativo", "prejudicando a eficácia da relação terapêutica". Assim, a maioria daqueles que já foram diagnosticados com Hipocondria, mas que apresentam algum sintoma somático significativo, será diagnosticada pelo DSM-5 como apresentando um Transtorno de Sintoma Somático, enquanto outros sem sintomas somáticos serão diagnosticados com Transtorno de Ansiedade de Doença (a menos que sua ansiedade com relação à saúde seja mais bem explicada por um Transtorno de Ansiedade Primária, como o Transtorno de Ansiedade Generalizada, por exemplo).

Os critérios diagnósticos dos Transtornos Somatoformes do DSM-IV insistiam na importância de descartar os sintomas que seriam fruto de simulação ou de intencionalidade e, também, os eventualmente resultantes de perturbações orgânicas constatadas do uso de substâncias ou de acidentes. Se essa preocupação era compreensível do ponto de vista do diagnóstico diferencial, ela se torna problemática quando se trata da compreensão da dinâmica do paciente. A clínica mostra que, independentemente de sua etiologia, qualquer sintoma ou queixa corporal (intencional, ocasional ou acidental) pode prestar-se a uma função psíquica correspondente a qualquer uma das manifestações dos Transtornos Somatoformes (dor, conversão, queixa hipocondríaca etc.). Assim, não é raro observarmos que uma doença orgânica, um ferimento causado por um acidente, ou mesmo as sequelas de uma intoxicação sejam assimilados ou utilizados como parte de uma dinâmica histérica, ou que desencadeiem queixas hipocondríacas relacionadas ou não com tais eventos.

A utilização indiscriminada das referências do DSM-IV, observada até 2013, e os novos usos que podem ser feitos das modificações do DSM-5 devem também ser questionados do ponto de vista terapêutico. A experiência psicoterapêutica e mesmo o tratamento medicamentoso mostram o caráter dinâmico da apresentação das queixas do paciente. Os sintomas e sua representação oscilam ao sabor da vida e das sessões do paciente, ganhando maior ou menor relevo em função do lugar que ocupam naquele momento na dinâmica subjetiva do paciente. Essa dimensão dinâmica, parte constituinte e inextricável da experiência do paciente, não pode ser representada pelos critérios propostos pelo DSM-IV, ou ainda pelas novas formulações do DSM-5. Assim, frequentemente, as queixas de base podem sugerir, em determinado momento, a apresentação de um certo transtorno, enquanto em outro momento a dinâmica da doença situa aquelas mesmas queixas no contexto de outro transtorno.

O DSM-5 até mesmo buscou responder a algumas dessas objeções, porém a partir de outros pressupostos. O resultado foi a ampliação extrema dos limites dos diagnósticos psiquiátricos. Allen Frances, um dos principais psiquiatras que desenvolveram o DSM-IV, destaca que, segundo as novas definições do DSM-5, milhões de pessoas até agora consideradas normais podem vir a ser diagnosticadas como doentes mentais, implicando em tratamentos desnecessários, caros e por vezes perigosos para "pacientes", que no fundo serão "erroneamente" diagnosticados e que não precisariam necessariamente ser medicados (Frances, 2013c).

A. Frances chama a atenção para o fato de que, com o DSM-5, experiências cotidianas como dores, decepções, estresse e sofrimentos existenciais correm o risco de tornarem-se categorias diagnósticas a ponto de tornar quase impossível para qualquer pessoa passar pela vida sem receber um diagnóstico psiquiátrico. Segundo os novos critérios, o luto necessário e útil por uma perda pode facilmente ser diagnosticado como um Transtorno Depressivo Maior; as birras normais da infância, geralmente passageiras, podem ser consideradas indicativas de um transtorno mental da infância; a ansiedade natural, presente na expectativa diante de um fato importante na vida, como um encontro amoroso, uma entrevista de recrutamento, uma viagem, pode ser compreendida como um transtorno de ansiedade. Um lapso, ou um esquecimento pontual, em situações emocionalmente carregadas pode ser confundido com alguns critérios de demência, e assim por diante. Por mais desagradáveis ou carregadas de sofrimento que sejam, experiências como essas fazem parte da vida e não indicam necessariamente um distúrbio emocional ou de conduta. Frances aponta que a cada vez que se busca definir arbitrariamente uma nova "doença", subtraímos uma grande parte da experiência "normal", perdendo algo de nós mesmos no processo (*Ibidem*).

Nessa perspectiva, a categoria dos Transtornos de Sintomas Somáticos do DSM-5 é uma das mais controversas e tem sido objeto de inúmeras críticas. Em uma consulta médica, os pacientes que apresentam queixas somáticas persistentes geralmente são levados a sério, examinados, diagnosticados e tratados. Porém, uma parcela deles não apresenta nenhuma evidência clínica ou de exames que justifique a queixa. Segundo o DSM-IV, esses pacientes justificariam a hipótese e a investigação de algum tipo de Transtorno Somatoforme, cujas categorias insistiam todas na necessidade de descartar as causas orgânicas que justificariam as queixas e os sintomas ("sintomas que não podem ser explicados por uma condição médica identificável" [p. 314]). Essa discriminação tem como principal objetivo assegurar que o paciente possa receber a assistência médica adequada e evitar conclusões prematuras e equivocadas de que o sofrimento do paciente estaria sendo vivido ou provocado por causas imaginárias.

Pelos novos critérios do DSM-5, mesmo com a existência de sintomas orgânicos, sinais clínicos e resultados de exames que justifiquem as queixas e a existência de uma doença orgânica, ainda é possível que a condição psiquiátrica do paciente seja questionada. Segundo o julgamento do médico, se o paciente apresentar, "pensamentos desproporcionais e persistentes sobre a gravidade dos sintomas"; "nível alto e persistente de ansiedade sobre eles ou sobre sua condição de saúde em geral", ou ainda se ele "dedicar um tempo excessivo a essas preocupações e problemas de saúde" (p. 314), ele poderá também receber, além do tratamento médico necessário, uma indicação para um tratamento psiquiátrico, com a possível indicação de um tratamento psicofarmacológico.

Ao eliminar a condição de exceção do DSM-IV, que descartava o quadro psiquiátrico quando da existência de "condições médicas" que justificassem as queixas e os sintomas dos pacientes, o DSM-5 permite transformar em quadro psiquiátrico experiências que podem naturalmente resultar da doença do paciente. Como apontam Dimsdale & Creed, a estrutura conceitual do DSM-5 permite um diagnóstico de Transtorno de Sintoma Somático, tanto diante da existência de uma condição médica geral, como uma doença orgânica bem reconhecida, quanto diante de uma síndrome funcional somática, como as síndromes do intestino irritável ou da fadiga crônica (Dimsdale & Creed, 2009).

Dessa forma, instaura-se uma generalização excessiva dessa categoria que tornam patológicas reações naturais e compreensíveis, mesmo que intensas, a doenças que naturalmente apresentam risco ao bem-estar, integridade ou mesmo à vida do paciente. Torna-se assim patológica uma dimensão natural dessas doenças, como a angústia, a dor, a preocupação, a depressão, que sinalizam a dimensão elaborativa e mesmo positivamente defensiva da reação do paciente ao adoecimento

Os critérios do DSM-IV para os Transtornos de Somatização eram muito mais rigorosos. Era necessária uma história de muitos dos sintomas sem explicação médica antes da idade de trinta anos que resultasse em tratamento procurado ou prejuízo psicossocial, um total de oito ou mais sintomas medicamente inexplicáveis, em grupos de sintomas específicos, com pelo menos quatro dores e dois sintomas gastrintestinais. No DSM-5, a exigência de oito sintomas caiu para apenas um, e a exigência de sintomas não possuírem uma "explicação médica" foi substituída por outra muito mais flexível e subjetiva: "pensamentos, comportamentos e sentimentos excessivos e percepção do clínico de uma 'preocupação excessiva' com o sintoma corporal" (Frances, 2012, p. 16).

A. Frances alerta, assim, para o grande risco de que os Transtornos de Sintomas Somáticos do DSM-5 produzam dois grandes problemas: 1. incentivar conclusões rápidas e errôneas de que os sintomas físicos de alguém estão "todos na cabeça"; e 2. tachar como transtornos mentais reações que são apenas as reações emocionais normais e compreensíveis de pessoas em resposta a uma doença orgânica (*Ibidem*).

A. Frances (2013b) indica ainda que, segundo o DSM-5, o Transtorno de Sintomas Somáticos seria diagnosticado em 15% dos pacientes com câncer ou doença cardíaca, 26% dos com síndrome do intestino irritável ou fibromialgia, e em 7% das pessoas saudáveis. Esse diagnóstico poderia assim levar à negligência e à piora ou ao agravamento de queixas e quadros somáticos, a prescrições errôneas ou desnecessárias de psicotrópicos com seus efeitos colaterais, além de outras implicações, como estigmas sociais e profissionais, problemas com seguros de saúde e outros.

Segundo A. Frances (2012), os limites entre a doença médica e psiquiátrica são inerentemente difíceis de serem precisados, especialmente porque muitos transtornos psiquiátricos apresentam também uma sintomatologia somática proeminente, muitas vezes confundida com doença médica, como, por exemplo, nos ataques de pânico.

Descontente com os rumos tomados pelo grupo que preparou o DSM-5, e diante de todas as tentativas infrutíferas para conseguir uma modificação de pontos problemáticos fundamentais dos critérios diagnósticos dos Transtornos de Sintomas Somáticos por ele assinalados, A. Frances (2013c) compartilha conosco sua impotência e sua decepção:

> [Com o DSM-5] a Associação Psiquiátrica Americana provou-se incompetente para produzir um sistema de diagnóstico seguro e cientificamente sólido. O diagnóstico psiquiátrico tornou-se importante demais na vida das pessoas para ser deixado nas mãos de uma organização profissional pequena e isolada. É hora de uma mudança. [...] Meu coração está com todos aqueles que serão erroneamente classificados com este diagnóstico ilegítimo. E eu me arrependo e peço desculpas por minha incapacidade de ser mais eficaz (p. 17).

Confinar?

Como vimos, é visível o empobrecimento já promovido pelo DSM-IV em nome do diagnóstico diferencial nas concepções de hipocondria, e é gritante o significado de sua pura e simples eliminação no DSM-5. No DSM-IV, ao definir como primeiro critério diagnóstico o caráter "errôneo" da percepção e da interpretação do paciente "de seus próprios sinais somáticos", os autores tinham em mente, evidentemente, os critérios de avaliação e de diagnósticos médicos das queixas do paciente. Aos olhos do médico, as queixas e as preocupações seriam descabidas, mas, como mostra a clínica desses pacientes, para eles não só elas são pertinentes e verdadeiras, como são organizadoras de sua existência e de seu cotidiano.

Uma vez considerados "errôneos", os sintomas, as queixas e as doenças imaginárias passam a ser objeto de um embate entre o médico e o paciente pelo restabelecimento da "verdade" sobre a saúde deste último. Convocam-se os exames complementares, reúnem-se as evidências clínicas, solicita-se a opinião de outros colegas para convencer o paciente do infundado de suas inquietações. *Reassurance*... Diante da reticência do paciente, de sua incredulidade mesmo diante da mais respeitável massa de evidências, diante da manutenção de seu apego a seu queixume, o paciente acabava reconhecido no segundo critério diagnóstico do DSM-IV, "persistência da preocupação apesar de uma avaliação e garantias médicas apropriadas" (p. 315).

No DSM-5 essa persistência desloca-se, transforma-se e se transveste em ansiedade relacionada a sintomas somáticos, perdendo assim sua especificidade enquanto modalidade representativa e dinâmica, ligada a experiências corporais. O foco do tratamcnto passa a scr a ansiedade, e não mais a vivência corporal, uma ansiedade mais "facilmente" tratada e abordada por ansiolíticos do que pela escuta e pela relação terapêutica.

Até onde pode seguir esse confronto? Na escalada sintomática, fruto de um sofrimento que não é escutado, prossegue o paciente sua peregrinação por outros médicos e serviços, tendo frequentemente como experiência a repetição da mesma dinâmica já experimentada anteriormente: constatação dos "erros" do paciente/desencadeamento de uma cruzada pela "verdade", pelo médico. Intensificam-se dores, queixas, sofrimentos em busca de uma escuta que os reconheça, legitime, acolha.

Em alguns casos, alcança essa escalada as raias do delírio. Algumas vezes, fruto das repetidas decepções, outras, expressão de uma fragilidade maior das dinâmicas do paciente. Nas psicoses, nas melancolias graves, na paranoia, quantas vezes não é o corpo chamado a responder, na linha de frente, à ameaça de desintegração, à perda, aos inimigos imaginários? Nesse caso, porém, segundo a lógica do DSM-IV (levada ao extremo pelo DSM-5), a hipocondria é convidada a abandonar a cena, cedendo seu lugar a personagens supostamente mais importantes, mesmo que eles implorem o corpo como forma de existir. É assim que o terceiro critério diagnóstico do DSM-IV descarta a hipocondria caso a queixa se apresente "com intensidade delirante", quando ela deveria ser considerada "um transtorno delirante tipo somático", ou quando a "preocupação com o corpo é circunscrita à aparência", quando, então, tratar-se-ia de um "transtorno dismórfico corporal". Da mesma forma, pelo quinto critério do DSM-IV, também diante dos "Transtornos de Ansiedade Generalizada, do Obsessivo-Compulsivo, do Transtorno de Pânico, do Episódio Depressivo Maior, da ansiedade de separação ou de outro Transtorno Somatoforme" (p. 315) a hipocondria deve ofuscar-se.

Uma outra escalada, desta feita pautada por uma certa lógica médica, conduz a hipocondria, no DSM-5, ao completo ostracismo de sua história e de suas representações.

Relegada aos aposentos mais modestos da imponente mansão classificatória do DSM-IV, a hipocondria já recebia poucas visitas. Expulsa da reforma promovida pelo DSM-5 nessa mansão, está provavelmente condenada ao completo esquecimento. Pouco lembrada, pouco convidada a participar do convívio de entidades nosográficas mais exuberantes, mais prestigiosas, ela já era efetivamente afastada das representações e do raciocínio clínico do médico. Como já apontava Hare, no final do século XX, poucos médicos diagnosticavam a hipocondria, considerando-a, sobretudo, uma síndrome de pessoas idosas. Porém, segundo ele, muitas das manifestações da hipocondria, já descritas nos séculos XVIII e XIX, são ainda hoje extremamente frequentes, não sendo difícil reconhecê-las em nossos pacientes. Porém, atualmente, essas manifestações são muitas vezes interpretadas como parte de transtornos afetivos, ou ainda tratadas como queixas de uma doença real (Hare, 1991).

Todos esses elementos apontam para as dificuldades resultantes do alinhamento incondicional e do uso indiscriminado dos postulados presentes no DSM-IV e radicalizados pelo DSM-5, que, em grande medida, impregnam a prática médica, bem além da psiquiatria. Sem dúvida, é compreensível a necessidade de um instrumento padronizado para o diagnóstico e para as estatísticas de saúde mental. Porém, é importante considerar o risco da transposição automática para o contexto clínico e terapêutico dos critérios utilizados para a construção das categorias dos DSM.

Clinicar?

O DSM foi concebido com o objetivo de também se tornar um instrumento útil para a clínica. Mas é importante lembrar que a clínica aqui considerada é sobretudo uma clínica psicofarmacológica. As categorias diagnósticas do DSM são utilizadas nos protocolos de pesquisa em psiquiatria, em particular nos testes de moléculas terapêuticas. Nessa perspectiva, novos medicamentos são criados e testados no tratamento de síndromes definidas segundo os diagnósticos DSM. Uma vez sua eficácia comprovada, é natural que o médico se empenhe em diagnosticar o paciente da forma mais precisa possível para escolher o medicamento mais adequado para seu quadro sintomático. Forma-se assim um círculo vicioso: a eficácia de uma molécula torna-se um critério de validação das categorias diagnósticas do DSM, enquanto a utilização dos diagnósticos do DSM passa a ser condição para a prescrição adequada daquela molécula.

Esse funcionamento se autoalimenta em circuito fechado, inclusive impedindo o questionamento desse modo de proceder. Baseado em referências etiológicas, dinâmicas e clínicas muito diferentes daquelas utilizadas pelas correntes psicodinâmicas, as categorias do DSM-IV/DSM-5 acabam por promover a exclusão da relação terapêutica de grande parte da experiência subjetiva do paciente, principalmente a experiência libidinal, afetiva, transferencial e, inclusive, hipocondríaca.

Porém, se observarmos atentamente as descrições de todas as síndromes que compõem os Transtornos Somatoformes (DSM-IV) e os Transtornos de Sintomas Somáticos (DSM-5), é incontestável em todas elas a presença transbordante das dinâmicas hipocondríacas, tal como descritas nos capítulos precedentes. Muito além da hipocondria (DSM-IV) ou dos transtornos de ansiedade de doença (DSM-5), é perceptível, em todas as demais subcategorias desses transtornos nas diversas versões do Manual, que o investimento hipocondríaco (principalmente, em sua dimensão narcísica) dos sintomas (dor, sintomas orgânicos, perturbação da imagem corporal e, de certa forma, até mesmo nos sintomas conversivos) sustenta por longo tempo queixas que não se apoiam em nenhum substrato concreto no corpo do sujeito, em nenhuma perturbação observável do ponto de vista médico. Esse mesmo investimento hipocondríaco sustenta também, independentemente do diagnóstico e contra todas as evidências e as decepções propiciadas pelos médicos e pelos serviços de saúde, a infindável peregrinação desses pacientes por esses serviços e o número impressionante de intervenções desnecessárias a que eles são submetidos.

Percebemos, então, mais uma vez, a importância de considerar no tratamento dos pacientes as fontes e as funções metapsicológicas da hipocondria, a familiaridade de sua dinâmica com o sonho e com o luto, seu papel na estruturação da experiência corporal, perceptiva e sensorial, bem como no desenvolvimento psicossomático e na estruturação das relações de objeto. Devemos também lembrar o interesse de compreender a hipocondria como uma experiência que implica o outro, revelando assim um novo olhar sobre a demanda dos pacientes, em particular daqueles que apresentam uma queixa orgânica, bem como abrindo perspectivas para compreender os avatares transferenciais e contratransferenciais da relação terapêutica.

É certo que tais hipóteses são construídas a partir de posições epistemológicas e clínicas, de observação e de escuta, bastante diferentes das que sustentam o projeto do DSM. Este último se pauta por um certo enfoque da atividade científica e administrativa. Porém, transpô-lo indiscriminadamente para o contexto clínico ameaça encobrir e dificultar a compreensão da dimensão hipocondríaca da experiência dos pacientes que apresentam queixas centradas em manifestações somáticas.

A negligência dessa dimensão é um dos fatores determinantes dos impasses terapêuticos e dos aparentes paradoxos do encontro do médico com seus pacientes, descritos no início deste capítulo. Esse descuido é também em grande medida responsável pela escalada sintomática dos pacientes e pela verdadeira guerra, muitas vezes, empreendida pelos médicos contra essa escalada, incompreensível para muitos. Mais do que isso, muitas vezes, a surdez ao sofrimento implícito a esse movimento vertiginoso acaba por produzir novas e extremas manifestações psicopatológicas centradas nos sintomas somáticos.

Simular?

Aos 8 anos, Jennifer Bush já era uma menina famosa. Loira, de olhos azuis, aparência típica de uma criança da classe média branca norte-americana, ela fora escolhida entre centenas de candidatas para estampar, em meados dos anos 1990, os cartazes da campanha da então primeira dama Hillary Clinton em favor da reforma do sistema de saúde americano. Uma menina linda, de rosto delicado, cuja imagem buscava transmitir o bem-estar, a saúde e a esperança que o governo norte-americano dizia pretender estender a todos os seus cidadãos.

Kathleen Bush era considerada uma mãe exemplar. Sempre presente ao lado de Jennifer, na escola, em casa, durante as desgastantes aparições públicas e os ensaios fotográficos dos quais sua filha precisava participar. Solícita, Kathleen era apreciada e admirada pelos assessores de imprensa, pelos jornalistas, pelos professores e por toda sua vizinhança. Acompanhada por Kathleen, o rosto, a imagem, a vida de Jennifer pareciam destinados ao mesmo sucesso de outras tantas histórias de crianças maravilhosas que a América sabe produzir... ou destruir.

Um telefonema foi suficiente.

Num típico dia ensolarado da Flórida, o xerife de Fort Lauderdale foi alertado de que nem tudo era deslumbrante no lar da família Bush. Sem muito esforço, sua investigação revelou que, ao longo de sua vida, Jennifer fora submetida pela mãe a uma série de regimes alimentares e tratamentos que resultaram em nada menos que 200 hospitalizações e 40 cirurgias. Esses procedimentos tiveram como consequência a remoção de sua vesícula biliar, seu apêndice e parte de seus intestinos. Mais do que isso, as sindicâncias médicas, instauradas após as denúncias, concluíram que todas aquelas intervenções foram absolutamente desnecessárias, tendo apenas sido realizadas em função da insistência da mãe junto aos médicos (Brownlee, 1996).

Já em 1951, Richard Asher descrevia um grupo de pacientes que apresentava sintomas físicos intencionalmente produzidos ou simulados visando sistematicamente assumir o papel de doente (Asher, 1951). Esses pacientes fabricavam seus sintomas através dos mais diversos procedimentos (ingestão de substâncias, automutilação etc.), com o único propósito de receber atendimento médico. O caráter impressionante dos sintomas e a precisão das histórias clínicas convenciam os médicos e os serviços hospitalares de sua veracidade. Uma vez "curados" esses pacientes peregrinavam de um hospital a outro, reproduzindo a mesma situação um grande número de vezes. Algumas vezes, em cada internação ou consulta, eles inventavam outros nomes e biografias fantasiosas. A maior parte dos médicos não descobria a farsa montada por esses pacientes, o que fazia com que eles apresentassem, quando descobertos, um número impressionante de intervenções médicas e, inclusive, cirúrgicas, que muitas vezes chegavam a 30 ou 40. Asher denominou esse quadro síndrome de Münchausen, em homenagem ao famoso barão fabulador alemão[6]. Desde sua caracterização, o número de pacientes que apresentam esses quadros cresceu de forma exponencial.

Em 1977, Roy Meadow descreveu uma variante desta manifestação, denominada síndrome de Münchausen por Procuração, na qual mães simulavam quadros clínicos de seus filhos induzindo sintomas reais desses quadros (vômitos, hematúria, sangramentos, febre etc.) (Meadow, 1977). Nas formas leves, as mães simplesmente inventam sintomas para seus filhos, obrigando médicos a tratamentos e intervenções desnecessárias. Nas formas graves, as mães inoculam vírus, induzem vômitos e diarreias, produzem ou simulam hemorragias nas crianças. Cerca de 10% dos casos são fatais. Tanto nos adultos que simulam seus sintomas como nas crianças que são manipuladas por seus pais as consequências dão as mesmas: um número imenso de intervenções médicas, manipulações e mutilações corporais.

Quando investigados a respeito de Kathleen Bush, todos os médicos que trataram de Jennifer se surpreenderam. Também eles haviam considerado Kathleen extremamente

6 Desde a Idade Média, existia na Europa, especialmente na Alemanha, uma tradição de histórias maravilhosas e absurdas redigidas por monges com o objetivo de alegrar os retiros e as peregrinagens. As aventuras do Barão de Münchausen, publicadas por volta de 1785, se inserem nessa tradição. Os cavalos são amarrados aos campanários das igrejas, cavalgam-se balas de canhão em plena trajetória, as façanhas mais fantásticas são relatadas como se tivessem sido vividas pelo contador (Fenélon, 1998, p.11; Duffy, 1992).

devotada, presente e atenciosa em todos as consultas e tratamentos de sua filha. Com efeito, os médicos são praticamente unânimes ao descrever as mães que apresentam a síndrome de Münchausen por Procuração como "extremamente solícitas" com eles e com seus filhos, com excelente conhecimento da medicina, seguras e bastante presentes durante o tratamento a ponto de serem consideradas "mães exemplares". Geralmente, eles demoram muito tempo para descobrir que foram cúmplices da violência das mães contra seus filhos. O aumento da incidência desses comportamentos maternos e a dificuldade dos médicos de o reconhecerem conduziram muitos serviços de pediatria a ocultar câmeras de vídeo nos quartos dos pacientes como recurso para detectá-los.

Segundo a classificação do DSM-IV, essas duas variantes da síndrome de Münchausen fazem parte dos Transtornos Factícios. Elas se distinguem dos Transtornos Somatoformes por terem como característica a simulação, a mentira e a intencionalidade de provocar ou simular sintomas, em seu próprio corpo ou no corpo de outras pessoas. G. Fenélon recenseou relatos de caso de uma ampla gama de doenças, como crises hemorrágicas, epilepsia, cefaléias, miastenias, amnésia, cólicas renais, dores abdominais e quadros de abdômen agudo, asma, lupus eritematoso, Aids, estados psicóticos agudos, *angina pectoris*, infarto do miocárdio, entre outras, posteriormente reconhecidas como factícias sob a forma da síndrome de Münchausen (Fenélon, 1998, p. 35).

G. A. Hunter & A. B. Kennard (1982) descrevem ainda uma forma extrema dessas manifestações denominada mania operativa, um quadro em que os pacientes se apresentam literalmente "obcecados" por suas dores e pelas limitações que elas lhes impõem, induzindo os médicos a utilizar medidas cirúrgicas radicais, inclusive a amputação dos membros dolorosos, para aliviá-los. Apesar de, talvez, mais exuberantes em nossos dias, as dinâmicas factícias, mesmo em suas formas mais extremas, já haviam sido percebidas há mais de um século por inúmeros médicos, entre eles Charcot. Em 1890, referindo-se às coxalgias (dores nas coxas) histéricas, ele aponta para a "mania operativa passiva" de alguns doentes, e os resultados desastrosos do encontro desses pacientes com médicos afetados de um funcionamento complementar:

> Compreende-se facilmente que quando esses doentes [com mania operativa passiva] encontram-se, para sua infelicidade, em presença de cirurgiões afetados de uma mania análoga mas ativa, as operações mais fantásticas possam resultar [desse encontro] (Charcot, 1890 *apud* Fenélon, 1998, p. 15).

Moldando as representações do corpo, oferecendo imagens para sua existência, transgredindo a ordem da fisiologia e da anatomia, subvertendo o funcionamento de órgãos e sistemas vitais, a histeria, os fenômenos psicossomáticos e a hipocondria sempre ofereceram ao sujeito, desde o início de sua existência, recursos para lançar ao outro o apelo para o alívio de seu sofrimento, muitas vezes indizível. O aumento da frequência e a intensificação dos fenômenos factícios sugerem a dificuldade para essas dinâmicas cumprirem sua função.

A automutilação, os comportamentos autodestrutivos, a indução da agressão pelo outro do próprio corpo ou do corpo de seu semelhante, inclusive de seu próprio filho, apresentam-se atualmente como fenômenos cada vez mais frequentes na sociedade ocidental.

Não poderíamos considerar que a crescente impossibilidade de escuta e de representação da experiência hipocondríaca, pela medicina e pela cultura, e a limitação dos recursos do corpo erógeno e da fantasia, como tentativas de expressão do sofrimento, venham cada vez mais conduzindo esse sofrimento a buscar no ato, nos comportamentos de risco, na mutilação intencional e concreta do corpo, na oferenda desse corpo em sacrifício – para o outro, para o médico, para a câmera de TV, ou, no extremo, na morte –, a tentativa última de fazer ouvir sua dor?

5.

Desafios

"Eram todos incompetentes".

"Não" – ele tinha certeza –, "nunca mais voltaria ali". "Humilhado", "esquecido", "desrespeitado" eram apenas alguns dos incontáveis adjetivos que Jean utilizava para expressar sua decepção com o médico que consultara em um famoso serviço de gastroenterologia da cidade. Uma decepção tanto maior pelo fato de ele haver depositado (mais uma vez...) toda a sua esperança no renome daquele hospital, depois de uma série de consultas e exames inconclusivos em vários outros serviços especializados.

Seu estômago queimava, seu apetite lhe escapava, ir ao banheiro tornara-se um gesto angustiante diante dos veredictos que, a cada vez, seus dejetos emitiam sobre suas entranhas. A sensação de sua língua seca, a sudorese, as noites de insônia, acalantadas apenas pelos borborismos que as noites silenciosas amplificavam, pareciam nada significar para os médicos que consultara. Noites insuportáveis, solitárias, nas quais ele travava uma luta inglória contra suas lembranças. O que fizera de seus 38 anos?

Diante dele – um bem-sucedido executivo de uma multinacional – saltava, de repente, em meio à escuridão, um ágil moleque que se divertia nos meses de junho pulando os muros da vizinhança em busca de ameixas, abricós e pêssegos que se revelavam com a aproximação do verão. Seu mundo, então, parecia imenso, povoado de uma multidão de paisagens, cores, amigos e odores típicos do Sul da França. A luz de julho ofuscava seus olhos cada vez mais brilhantes conforme se aproximavam as tão esperadas férias de verão.

Não fora apenas a luz da Provença que se eclipsara de sua vida. Ainda no escuro do quarto, Jean a cada vez baixava os braços diante de sua incapacidade de afastar aquelas imagens traiçoeiras. Não podia ele ficar apenas com seus amigos de escola, com seus cúmplices de brincadeiras à beira-mar? Não podia ele pensar em suas conquistas profissionais que fizeram com que alcançasse um cargo invejável para alguém de sua idade? Uma fisgada no abdômen testemunhava sua impotência. Sucediam-se as imagens de alegres passeios de carro com seus pais e seus dois irmãos mais novos, as visitas de seus tios em Bordeaux, as adegas, com seu cheiro acre e o frescor do ar de seu ambiente.

Muitas vezes, fizera aquela viagem, menos uma. Escolhera ficar com seus amigos, que planejaram um passeio pelas montanhas da redondeza. Um passeio cujo encantamento foi bruscamente quebrado quando, ao retornar, foi comunicado pela mãe de Sylvain que seus pais haviam tido um acidente na estrada. Apenas isso. Era a hora do sol poente.

Não era um sonho. Eram puras lembranças. Milhares de vezes, durante aqueles 23 anos, elas se infiltraram em suas longas noites. Sensações vivas, imagens presentes, reais. Seguiam sempre o mesmo curso, interrompiam-se no mesmo ponto. Congelavam. Mesmo quando ele queria prosseguir, a sensação de secura na boca obrigava-o a se levantar para beber água, sua bexiga fazia-se sentir presente obrigando-o a urinar, ou, então, ele passava a se interrogar sobre aquela queimação no estômago, que *certamente não deveria prenunciar nada de bom*.

Durante 23 anos, poucas vezes conseguira lembrar-se do enterro de sua mãe. As imagens que guardava dela eram, sobretudo, imagens de fotografias que, com o tempo, cada vez menos ele consultara. Da mesma forma como nunca mais voltara às montanhas da Provença. Desde o acidente, a vida em sua casa, com seu pai e seus irmãos, passou a se organizar por uma série de rituais que fazia com que tudo "funcionasse": as compras, a limpeza, a alimentação, quase tudo era assumido por eles, com pouca ajuda de fora. Tudo era pautado por regras que faziam com que a ordem se mantivesse na casa e que todos fossem muito bem-sucedidos em seus estudos e profissões. Regras explícitas, cuidadosamente enumeradas em um quadro de avisos. Regras implícitas, jamais mencionadas, mas, como as demais, minuciosamente respeitadas. Entre elas, nunca aludir àquela última viagem a Bordeaux, nem às montanhas da Provença.

Por sinal, foi logo após o acidente que se mudaram para a região parisiense. Por sinal – lembrou-se ele, surpreso em uma sessão após quase um ano de análise – foi pouco tempo depois da mudança que começara a sentir as sensações abdominais. Meses depois, Jean, com 16 anos, fez sua primeira consulta em um serviço de gastroenterologia, em função de uma suspeita de gastrite que foi imediatamente descartada pelo médico. Da primeira vez, o diagnóstico o aliviara, e, por alguns meses, nada sentira. Porém, as mesmas dores voltaram, estenderam-se em preocupações com sua respiração, com seu hálito, com a sua suposta palidez, com os gases intestinais, iniciando, desde então, seu périplo entre as especialidades médicas.

No início, os médicos se espantavam, quase se divertiam, ao ver alguém tão jovem tão preocupado com sintomas, que, segundo eles, *se existiam, nunca indicaram a presença de qualquer doença*. Muitas vezes, cautelosos, obtinham sempre a confirmação de numerosos exames complementares que "deveriam provar" a Jean que não havia realmente nenhum motivo para se preocupar. Algumas vezes, esperando que os medicamentos fossem mais eloquentes do que eles conseguiam ser, prescreviam um ou outro remédio sintomático que, em alguns casos, realmente conseguiram por um tempo tranquilizar Jean, até que suas sensações reaparecessem novamente.

Por mais de vinte anos, Jean permaneceu nessa ciranda cada vez mais frenética. Em certo momento, chegou a considerar "cuidar ele mesmo de seu caso", estudando medicina.

"Sem saber porque", pensou que não suportaria os estágios cirúrgicos e os plantões no pronto-socorro.... Resignou-se a ser "só paciente...". Resignação que – no contato com os médicos, com a inocuidade de seus tratamentos, com ele cada vez menos paciente – transformou-se lentamente em contrariedade, ressentimento, mágoa, amargura. Do ódio ainda não suspeitava.

Foi "sem ódio", portanto, que ele chegou à análise. Nunca considerara a necessidade de uma psicoterapia. Tão reais eram suas sensações corporais, seus incômodos, seus sintomas que sempre julgara que apenas os médicos poderiam trazer-lhe a solução. Dos médicos nunca ouvira a tal sugestão. De seus colegas executivos, pragmáticos, muito menos. Estes, inclusive, tentavam tranquilizá-lo com suas pontes de safena, com suas calvícies prematuras, com suas úlceras e com suas altas taxas de colesterol, explicando-lhe que, muitas vezes, *eram essas as provas de seus sucessos profissionais precoces*.... Nenhum deles nunca estivera nas montanhas da Provença...

Também na análise Jean recusava-se a ali retornar. Na verdade, durante muito tempo, nunca contou os detalhes de sua vida, quase que se limitando a seus dados biográficos, a alguns elementos de seu cotidiano e, naturalmente, à descrição minuciosa de suas sensações corporais. Falava-me sempre de "sua família", e, durante algumas sessões, pairou a ambiguidade sobre o destino de sua mãe. Demorou muito, também, para falar de suas noites.

No início, suplicava-me a explicação mágica que daria sentido àquela fantasmagoria sensorial que apenas ele parecia enxergar. Revoltava-se, comigo, com os médicos, queixava-se de nossa insensibilidade, de nosso pouco caso, de nossa negligência. Não lhe custou muito alinhar-me, sem sutilezas, com todos aqueles "charlatões". Bastava-lhe uma consulta médica, uma desavença (cada vez mais frequente) a respeito de um exame, de um procedimento, para que ele desfiasse seu rosário de revoltas e injúrias contra "aqueles médicos que nada sabiam".

"Eram todos incompetentes". Após as decepções em consultórios e hospitais, ele sempre tinha certeza: "nunca mais voltaria ali".

Já não sabia quantas vezes eu ouvira essas frases. Depois de dois anos de tratamento, quando o véu de suas queixas corporais já permitia que as imagens solitárias de suas noites fossem compartilhadas no espaço da sessão, quando se tornou possível abrandar a vigilância permanente dos sinais de seu corpo, quando ele já descobrira, em uma exposição de pintura, um gosto particular pelas telas de Gauguin, Van Gogh e Matisse, sem suspeitar que fora atraído por suas cores, em um lampejo, aquelas frases me soaram diferentes.

"Talvez agora, depois de tantos anos, você já possa considerar, Jean, a possibilidade de voltar às montanhas da Provença...". Um profundo silêncio fez com que as lágrimas de Jean brotassem ruidosas. Em seguida, ele iniciou um longo relato, que se estendeu por vários meses. O relato nunca feito da espera angustiante por notícias incertas, por seu pai e seus irmãos logo após o acidente. Da mãe de Sylvain o abraçando todo o tempo, do remorso de não ter ido para Bordeaux com sua família, do velório, do enterro, da profunda tristeza e do vazio que o acompanharam durante meses naquela casa que lhe parecia cada dia mais sombria. Nunca pensara de quem fora a responsabilidade pelo acidente. "Incompetência?", pensamos juntos.

Gritos, sussurros e silêncios

Por que demorou tanto tempo?

Essa fatídica pergunta que frequentemente emerge depois que diante de nós se revela o que, então, nos parece óbvio, também me surgiu quando Jean pôde completar os buracos de sua história.

Dois anos foram necessários para que, naquele dia, em meio à sessão, se cristalizasse entre ele e eu as imagens azuladas da Provença. Até então, suas sessões oscilavam quase que de maneira uniforme entre seus queixumes, suas dores, seus sintomas, suas consultas médicas, salpicadas aqui e ali com relatos de sua vida profissional e de sua pobre e quase reclusa vida social. O tédio muitas vezes era nosso maior companheiro e apenas a revolta parecia revitalizar nossos encontros. Tão intensos eram seus protestos contra os "maus-tratos médicos", tão impregnante era sua argumentação em favor de seus sintomas, tão presente era aquela regra implícita que ele importara de seu convívio familiar que também eu sucumbira, durante dois anos, ao interdito de visitar a Provença.

Quando a viagem tornou-se possível, uma dor profunda brotou das entranhas de Jean. Uma dor de outro tipo. Já não era a queimação no estômago, que gradativamente foi se apaziguando, assim como diminuíram as sensações de secura na boca, suas preocupações com sua pele e com todo o funcionamento de seu corpo. Doía em Jean a sensação da casa vazia, do acordar na solidão de seu quarto, de imaginar não ter ninguém a lhe esperar após as *happy hours* com seus colegas de trabalho. Doía em Jean uma saudade do que esquecera, do abraço da mãe de Sylvain, "o último abraço que realmente sentira", contrastando com a angústia que tinha dentro de si enquanto esperava a chegada do caixão de sua mãe. Passaram a ser dolorosas para Jean as esperas entre uma sessão e outra, e as imagens, agora sonhos, que passaram a povoar suas noites, dormidas, desde nossa "visita" à Provença, sem tranquilizantes.

Jean seguiu sua viagem e, apesar da tentação de acompanhá-lo, é chegado o momento de retomar a nossa. De nosso percurso comum, algumas questões ainda nos intrigam. Como compreender a premência e a persistência das queixas corporais de Jean e de tantos outros pacientes? Por que essas queixas nunca se concretizaram em um sintoma orgânico? O que ocorre na clínica das manifestações hipocondríacas?

A perda e suas representações

Muitas vezes, diante do sofrimento e da perda, entre o vazio e a palavra, o corpo se vê convocado. Diante do outro, do médico, do terapeuta, nos pequenos e nos grandes sinais do corpo, na exuberância e na timidez de suas formas, no silêncio e na eloquência de suas expressões, escamoteiam-se as marcas da existência humana. Inscrevem-se ali os prazeres, os encontros felizes e gratificantes, mas também as dores, as perdas, as separações mais difíceis de serem compartilhadas. Entre o real e o imaginário, inclina-se muitas vezes o corpo à exigência de conter o sofrimento indizível, de suportar a dor impossível de ser representada. A hipocondria é apenas um dos recursos do humano para lidar com as dores do drama de sua existência.

Segundo Fédida (1972), a hipocondria seria uma modalidade de reação à perda narcísica, equivalente ao luto, que se manifesta através da representação corporal. Retomando as hipóteses de Freud sobre as relações entre a hipocondria e o sonho, ele sugere que a hipocondria se constitui como um verdadeiro paradigma para uma leitura metapsicológica do somático, que deve ter como referências o sonho e o luto:

> O sonho é uma teoria somática por excelência, e o hipocondríaco é o teorizador privilegiado dessa teoria. [A hipocondria é capaz de] designar a verdade do somático sob a dupla relação que ela mantém, estruturalmente, com a melancolia e com a paranoia (Fédida, 1978, p. 621).

Através dessa perspectiva, Fédida resgata a proximidade entre a hipocondria e a melancolia, sugerindo que existe uma equivalência entre a queixa somática e a queixa melancólica. Nos dois casos pode-se perceber a função do *ausente* (o objeto, o médico, o terapeuta, o analista...) no alucinatório da palavra. Na queixa somática é possível perceber um trabalho melancólico do luto sobre o "objeto-ausente-tendo-abandonado". A queixa somática é, de certa forma, a "expressão alucinatória dessa palavra".

Tanto na hipocondria como na melancolia observa-se o empobrecimento do ego, a baixa autoestima, a identificação com o objeto perdido e a impossibilidade do trabalho de luto. Porém, enquanto na melancolia o objeto perdido encontra-se fundido ao ego por uma identificação narcísica, na hipocondria esse objeto perdido encontra-se fundido com as partes corporais. Fédida caracteriza a hipocondria como uma *melancolia do órgão*: "o hipocondríaco é assombrado por seu próprio cadáver na medida em que este vem revelar, não tanto a morte, mas a dor associada à modificação (imaginária) do órgão" (*Ibidem*).

Entre o luto e a melancolia, a hipocondria se apresenta como um dos recursos do sujeito para lidar com a perda e com a ameaça de desorganização que ela comporta. Cabe, então, interrogar as condições de estruturação do paradigma hipocondríaco. Como ele se situa no contexto do desenvolvimento do ser humano? Em que condições ele se vê convocado?

Função materna e experiência hipocondríaca

No início da vida, o encontro inaugural entre o bebê e a mãe, ou aquele que o acolhe, é marcado pelas mais desesperadoras sensações corporais: a passagem do útero para o mundo e o contato com a realidade ameaçadora de um ambiente frio, ruidoso, incerto quanto às condições de sobrevivência. Mas esse encontro caracteriza-se também pelo reconhecimento de que, mesmo nessa realidade hostil, é possível a vida, o prazer pela satisfação das necessidades, a tranquilidade pela existência de alguém que propicie essas experiências. Dessa forma, no bebê e na mãe, mesclam-se o prazer e o desejo de vida com a decepção e a perda, podendo também, muitas vezes, instaurar-se, ao lado do desejo de viver, a depressão, a melancolia, a doença.

Em meio à turbulência das sensações corporais, o recém-nascido é confrontado à dependência de um outro ser que possa, inicialmente, garantir sua sobrevivência. Essa experiência de *desamparo* marca os momentos iniciais da existência do sujeito e também seu encontro com seu semelhante. O desamparo, experiência desorganizadora e angustiante[1], revela ao sujeito que o outro, que pode lhe propiciar satisfação e prazer, é capaz de abandoná-lo à experiência de destruição e, no limite, da morte.

1 "A angústia se revela como produto do desamparo psíquico do bebê, que é [...] uma variante de seu desamparo biológico" (Freud, 1926, p. 107).

Entre a ambivalência e a contradição, entre o sofrimento e a satisfação, a mãe é convocada a uma função de organizadora de comportamentos e de funções do lactente, de mediadora e de *intérprete* dessas experiências (Aulagnier, 1978). Ela é convidada a assumir, por certo tempo, funções que o bebê ainda não é capaz de garantir por si mesmo, em razão de seu estado de desenvolvimento. À mãe cabe não apenas proteger a criança da fragilidade e satisfazer suas necessidades vitais, como também propiciar o investimento afetivo e libidinal daquele ser, permitindo dessa forma a significação e a nomeação de experiências que ele ainda não é capaz de realizar por si mesmo. Através desses processos, a mãe atribui significação e tranquiliza a criança com relação ao tumulto de excitações e de experiências que ela vive em seu corpo, uma função denominada por Freud de *para-excitações* (Freud, 1920). São essas as características da *função materna* que visam promover o desenvolvimento e o equilíbrio da economia psicossomática do bebê (Kreisler, 1999).

P. Aulagnier (1985) ressalta a função essencial do corpo como mediador do jogo relacional entre duas psiquês e entre a psiquê e o mundo. Por meio de sua função organizadora, a mãe, ou outra pessoa que exerça essa função, propicia inicialmente a mediação entre o corpo da criança – suas sensações e percepções – o mundo e os demais seres humanos. Graças a essa mediação, a criança adquire um conhecimento de seu corpo, de suas necessidades, de suas pulsões, de seus afetos. É essa mediação que organiza o contato da criança com sua capacidade de amar e de destruir, de vincular-se ao outro ou isolar-se dele, de suportar ou promover o prazer e o sofrimento.

Mais especificamente, a qualidade da presença do objeto materno é também responsável pela constituição do *núcleo masoquista erógeno primário*, a partir do qual se realiza a ligação entre as pulsões de vida e de morte (Rosenberg, 1991)[2], bem como dos recursos psicossomáticos do sujeito. Como aponta Freud, com vistas à preservação da vida, as pulsões de vida e de morte encontram-se mescladas (Freud, 1924). As tendências libidinais ficam assim marcadas pelas forças desagregadoras e destrutivas da pulsão de morte, e a destrutividade impregnada pelas forças libidinais de ligação e integração características da pulsão de vida.

São essas as forças determinantes do desenvolvimento psicossomático. Ao lado de tendências ao desenvolvimento de funções cada vez mais complexas, organizadas e hierarquizadas, observamos a presença de forças pulsionais desorganizadoras e regressivas. Segundo P. Marty (1976), o objetivo do desenvolvimento humano é, sobretudo, assegurar o equilíbrio de um organismo permanentemente solicitado por estímulos internos e externos. Os recursos psíquicos (mentais) são aqueles que podem propiciar as formas mais elaboradas de

2 O núcleo masoquista primário torna suportável a vivência do desamparo, as primeiras experiências de desprazer e de sofrimento. A possibilidade de libidinização dessas vivências é condição essencial para a constituição da organização psíquica primitiva, da coexcitação sexual e da experiência de continuidade dentro da fragmentação do próprio indivíduo e entre o indivíduo e seus semelhantes. Nessas condições, o masoquismo, investimento erógeno da experiência dolorosa, constitui-se como *promotor e guardião da vida*.

lidar com esses estímulos, protegendo os recursos do organismo. Porém, ainda visando à preservação da vida, movimentos regressivos podem ser mobilizados com vistas à conter dinâmicas de destruição e de desorganização. A doença, orgânica ou psíquica, é parte dos meios do indivíduo para regular sua homeostase, suas relações com o meio e com os outros humanos (Marty, 1990)[3].

Intermediados e organizados pela qualidade da presença do objeto materno, estruturam-se os recursos do corpo e do psiquismo para lidar com as exigências necessárias à sobrevivência do sujeito e também à constituição de sua experiência corporal. Como aponta Michel Fain (1999), a presença da mãe propicia à criança a experiência do *silêncio do corpo*, uma percepção contínua de impressões tranquilizadoras. O silêncio tranquilizador do corpo, experimentado ao longo da vida, é herdeiro do ambiente suficientemente bom da infância que, em silêncio e carinhosamente, assegura um bem-estar à criança sem prejudicar seu potencial de desenvolvimento. A insuficiência do investimento materno e a má qualidade do para-excitações introjetado pelo bebê perturbam a representação e o sentimento do corpo próprio. Porém, é importante considerar que o excesso de investimento materno

---

3 Diante da emergência permanente de excitações internas e externas, o organismo conta, essencialmente, com três vias possíveis para descarregá-las: *a via orgânica*, *a ação* e *o pensamento*, que, nesta ordem, representam o grau hierárquico progressivo da evolução dos recursos do indivíduo para responder aos estímulos, internos ou externos, aos quais é submetido.

também perturba essas vivências. Ao longo da vida, a intensidade e as características de algumas experiências do sujeito muitas vezes perturbam o equilíbrio e a calma na relação com o corpo, por algum tempo preservados.

O silêncio do corpo é, porém, uma experiência fugaz, quase mítica. Assim como é impossível que a mãe esteja sempre presente (sendo mesmo recomendável que possa se ausentar...), a representação de sua presença tranquilizadora é, em muitos momentos, ofuscada pela emergência dos estímulos, oriundos do corpo ou mesmo da realidade exterior. Segundo Fain (1999), "a sensação hipocondríaca seria uma reação à percepção de uma falha [nas] percepções tranquilizadoras, uma reação que visa combater a angústia ligada à percepção de uma falta" (p. 253). Nesse sentido, o investimento narcísico hipocondríaco de partes do corpo desempenha uma função econômica e representativa de ligação das excitações perturbadoras e ameaçadoras para o equilíbrio do sujeito.

Ao longo do desenvolvimento, a experiência hipocondríaca constitui-se a partir dos primeiros investimentos da mãe no corpo do bebê e também dos investimentos autoeróticos da criança em seu próprio corpo. Esses investimentos, pelo outro e por si mesmo, são tentativas de lidar com o desprazer e com a tensão dolorosa resultante da emergência e do acúmulo de estímulos (internos ou externos) no organismo. Como aponta M. Aisenstein (1995), esses processos (de natureza masoquista) revelam a necessidade para o sujeito de um mínimo de investimento hipocondríaco para a existência de qualquer organização psíquica. Assim, o investimento hipocondríaco pode se constituir, temporariamente, como um recurso transicional de ligação das excitações que permite substituir a função para-excitante do objeto ou a falha do para-excitações do próprio sujeito.

Hipocondria, entre o silêncio e a cacofonia do corpo

As dinâmicas hipocondríacas participam, portanto, do conjunto de processos responsáveis pela regulação do equilíbrio psicossomático. Entre a doença orgânica manifesta e os processos psicopatológicos, a hipocondria ocupa um lugar intermediário, em que o sofrimento, apesar de referido ao corpo, manifesta-se através de uma representação imaginária desse corpo.

Maria Helena Fernandes aponta para a diversidade das manifestações corporais observadas na clínica, que variam desde a negação de sinais somáticos evidentes, fenômeno da ordem da recusa da realidade (*Verleugnung*), até a ausência completa de qualquer sinal somático (não necessariamente patológico), fenômeno que propõe denominar de *silêncio dos órgãos* (Fernandes, 1999). Por sua vez, M. Aisenstein (1995) indica que muitos pacientes com doenças orgânicas graves não manifestam angústias hipocondríacas, enquanto em outros pacientes é possível observar manifestações hipocondríacas precedendo desorganizações somáticas.

O que determina a possibilidade de utilizar, ou não, o recurso hipocondríaco para lidar com o sofrimento ou, de forma mais ampla, para representar a experiência corporal? As observações dessas autoras sugerem que, enquanto solução econômica para lidar com as excitações do aparelho psicossomático, a hipocondria pode ocupar uma posição intermediária entre as doenças orgânicas e as manifestações psicopatológicas. Podemos também considerar que as dinâmicas hipocondríacas se constituem como uma forma particular de investimento e de apropriação da experiência corporal que se contrapõe ao abandono e ao desamparo que aliena o sujeito de seu corpo.

O *silêncio dos órgãos* referido por M. H. Fernandes é de natureza bastante distinta do *silêncio do corpo* descrito por M. Fain. Enquanto o *silêncio do corpo* resulta da introjeção da capacidade de apaziguamento materna através da constituição de seu objeto interno, o *silêncio dos órgãos* indica uma falha na possibilidade de percepção e de representação dos sinais corporais, devido à precariedade dos recursos internos de apaziguamento, de percepção e de representação dos sinais provenientes do corpo. Segundo M. H. Fernandes (1999), o *silêncio dos órgãos* designaria, do ponto de vista do desenvolvimento, um momento anterior ao da recusa da realidade de sinais somáticos existentes. "No silêncio dos órgãos, o corpo é colocado em silêncio, não faz nenhum barulho, não 'fala'; na recusa da realidade, o corpo 'fala' mas não é escutado, testemunhando, assim, de uma espécie de surdez em relação aos sinais que se mostram" (p. 43).

M. H. Fernandes sugere compreender o silêncio dos órgãos como uma falha dos investimentos maternos que não propiciariam à criança a descoberta da dimensão erógena do corpo, ficando a experiência corporal referida ao nível da necessidade, anterior ao autoerotismo. O *silêncio dos órgãos* evidencia uma "falência da erogeneidade e, por consequência, da autopercepção" (*Ibidem*, p. 23), o que corresponderia, na verdade, à impossibilidade de constituição da experiência hipocondríaca: "[Na] hipocondria [existe] um investimento libidinal [do corpo], enquanto que o silêncio dos órgãos parece denunciar um fenômeno de anestesia do corpo libidinal" (p. 23).

O trabalho da hipocondria

Segundo M. Aisenstein & A. Gibeault (1991), em sua função econômica de preservação do equilíbrio psicossomático, a manifestação hipocondríaca organiza um ponto de equilíbrio, relativamente estável, que interrompe uma regressão catastrófica, uma desorganização progressiva que poderia resultar em uma doença orgânica real. Participam desses processos as dinâmicas relacionadas ao masoquismo primário. A angústia hipocondríaca corresponde a uma insuficiência do investimento do desprazer, a uma falha no núcleo masoquista primário (guardião da vida), uma falha que determina a fragilidade representativa, restando como recurso extremo o investimento do corpo. O fenômeno hipocondríaco seria equivalente a uma intricação pulsional através do núcleo masoquista primário, fenômeno que visa proteger de uma desorganização psicossomática. A. Fine

(1995) considera que a solução hipocondríaca emergiria nos momentos em que o corpo perde o contato ou não mais consegue se sentir protegido por um objeto (interno ou externo) capaz de preservar a intricação entre Eros e Tânatos.

Segundo G. Pragier (1995), as manifestações hipocondríacas resultam da precariedade dos limites do ego. Fragilizado em seu limite interno, o ego não tem recursos suficientes para elaborar e ligar a excitação somática. A hipocondria implicaria não o corpo, mas sua representação como interior, o que supõe, como aponta G. Pragier, "a regressão do sujeito a um momento anterior à diferenciação entre o ego e o objeto, onde se instauram a instalação dos limites" (Pragier, 1995, p. 75). Nesse sentido, na hipocondria, a negação da perda de objeto perturba as capacidades do ego de viabilizar destinos psíquicos para algumas sensações somáticas. Por outro lado, o ego se mostra capaz

> [...] de evitar a despersonalização estabelecendo uma representação psíquica para essas excitações: a lesão de um órgão preciso ou uma doença geral grave. O órgão hipocondríaco é assim convocado pelo ego para uma expressão deslocada do sofrimento que limita a desorganização (p. 75 e 84).

É importante considerar a especificidade das angústias hipocondríacas. Segundo Fédida (1995), estas são angústias muito regressivas que indicam a incapacidade do sujeito de fazer uso da alucinação negativa no sonho ou na transferência. M. Aisenstein (1995) sugere que essas angústias resultam das tentativas de preservar um sistema defensivo mental como solução transitória para elaborar a falha de um masoquismo objetal, revelando o duplo aspecto somatopsíquico dessa noção que faz referência ao interno.

Por sua vez, A. Gibeault (1995) considera que as angústias hipocondríacas correspondem a um sinal de alarme de um perigo que ameaça a esfera narcísica, principalmente no que diz respeito ao investimento do corpo próprio. Esse sinal de alarme visa promover, mesmo que de forma precária, a busca de um objeto, e, desta forma, o trabalho psíquico de significação.

Através da dinâmica hipocondríaca organiza-se um trabalho (ainda) psíquico de ligação da excitação e de sinalização através da angústia de uma ameaça existente na esfera narcísica. Porém, essa angústia e as representações que a ela se ligam ficam restritas à esfera corporal, desvinculadas de representações de objetos internos, empobrecidas enquanto repertório de representações. Segundo A. Gibeault, o valor dinâmico do processo hipocondríaco consiste no fato de permitir, ao mesmo tempo o desinvestimento dos objetos (externos e internos) e a manutenção de um mínimo de investimento objetal (identificado ao corpo). Trata-se, em princípio, de uma solução temporária que, em parte, preserva a possibilidade de um reinvestimento objetal. No entanto, é possível que essa estratégia temporária seja intensificada e cronificada diante da impossibilidade de reorganização de formas mais estruturadas para equilibrar a economia psicossomática do sujeito.

Revela-se, assim, o risco dessa tentativa de proteger o sujeito contra a desorganização. A hipocondria representa uma hipervalorização de um corpo empobrecido em seus recursos para encontrar objetos de satisfação pulsional e recursos representativos de ligação libidinal. Mesmo que necessário, como forma de lidar com os conflitos e as sobrecargas de investimentos, o retraimento narcísico característico da hipocondria representa uma sobrecarga libidinal para a fonte pulsional, constituindo-se, assim, como fonte de desprazer. Diante da precariedade dos recursos projetivos e introjetivos para lidar com a sobrecarga de investimentos narcísicos, é limitada a possibilidade de lidar com o acúmulo da libido narcísica através do investimento objetal. A consequência é a cristalização do sofrimento hipocondríaco ou, ainda, o fracasso da dinâmica hipocondríaca em conter o movimento regressivo e a desorganização psicossomática, com a possibilidade de manifestação, nesse caso, de doenças orgânicas.

Estados confusionais e descompensação somática

H. Rosenfeld (1964) vislumbra, segundo uma outra perspectiva, essa função das dinâmicas hipocondríacas como defesas contra a desorganização. Como vimos, ele já apontava para a função defensiva da hipocondria contra condições paranoides ou esquizofrênicas agudas. Mas ele assinala também a existência de uma dimensão etiológica comum entre a hipocondria e as doenças psicossomáticas, representada por estados e ansiedades confusionais infantis primitivos combinados aos processos de clivagem[4]. Ambos os estados podem ser compreendidos a partir da existência de núcleos psicóticos enraizados em partes do corpo. Conflitos e traumas precoces relacionados à organização parental, principalmente materna, estariam relacionados à formação desses núcleos. Quando as pulsões de destruição não podem ser aceitas pelas pessoas do ambiente e pelo próprio sujeito, elas sofrem uma clivagem precoce sendo conservadas como "monstros perigosos e destrutivos". A manutenção da clivagem dos objetos dificulta a superação dos estados confusionais e a constituição das experiências depressivas, que poderiam favorecer a reparação dos objetos externos e internos.

> Nas doenças hipocondríacas e psicossomáticas as ansiedades confusionais são expelidas para dentro do corpo. [...] Os impulsos onipotentes sádico-orais excessivos, principalmente a inveja, também parecem insuportáveis ao ego primitivo, o que origina a divisão. Na hipocondria, o sadismo oral e seus derivados finais são em parte expelidos, e parece que o ego projeta a parte expelida nos

[4] Cf. "Hipocondria, defesas e impasses terapêuticos", no Capítulo 3.

> objetos externos e tudo é imediatamente introjetado no corpo e órgãos do corpo (p. 213).

Nessas condições, nos estados hipocondríacos, depois de as ansiedades ou os delírios serem projetados, o conteúdo da ansiedade mental é ainda retido sobre o corpo ou os órgãos do corpo. Por sua vez, nas doenças psicossomáticas frequentemente a ansiedade apresenta-se sem conteúdo, uma característica também descrita por P. Marty e seus colegas através dos conceitos de *pensamento operatório, depressão essencial, desorganização progressiva* e outros (Marty, 1990). Assim, apresentando esse importante elemento diferencial entre essas manifestações, Rosenfeld conclui que "a divisão da esfera mental e física não seria tão completa na hipocondria como nas doenças psicossomáticas" (Rosenfeld, 1964, p. 96). Segundo ele, nos pacientes hipocondríacos e nos psicossomáticos observa-se a utilização da idealização como defesa pela mobilização de um ego ideal onipotente ou pela organização de um falso *self*.

Mesmo rejeitando o termo psicossomática[5], P. Fédida (1978) propõe, a partir da metapsicologia da hipocondria e do sonho, reconhecer o somático como um lugar do processo de elaboração de uma perda. Segundo ele, a ideia de uma

[5] Por considerar que ele compreende a legitimação de duas entidades distintas – psique e soma –, distinção que, justamente, a teoria deve investigar.

depressão somática se impõe à observação clínica, convidando a pensar a depressão como um

> [...] fenômeno essencialmente somático, cujas expressões evolutivas exigem ser conhecidas através de uma observação precisa e rigorosa das funções vitais em sua articulação com a história interna da vida do sujeito e à evolução econômica de seus investimentos inconscientes (p. 644).

A possibilidade de o corpo se prestar ao movimento de reorganização da economia libidinal perturbada do sujeito manifesta-se através de episódios de *descompensação somática*, termo que Fédida (1978) prefere a somatização. Esses episódios correspondem a

> [...] uma reorganização narcísica depressiva fortemente erotizada pelos sofrimentos e dores orgânicas e economicamente protegida pelo egoísmo somático do doente. Este permanece atento apenas a seu estado somático interno, a seus órgãos, às prescrições médicas. [...] ele parece confiar a sua evolução somática o cuidado de resolver seus impasses conflituais bem como o perigo de destruição psíquica ligado aos estragos do para-excitações. [...] o somático se torna uma defesa depressiva contra uma angústia destruidora que ameaça o sujeito de aniquilamento. [...] ele funciona como uma reconstituição descompensatória de um para-excitações (p. 645).

A defesa somática depressiva visa à conservação tópica do objeto perdido (ausente) pela regressão (doença) somática – e isso em uma economia em que a morte deve ser simbolizada. A depressão somática é a máscara defensiva das angústias paranoides internas e interiores ao corpo (perseguições hipocondríacas). Na depressão somática, o somático é conotativo do vazio psíquico – pensamento vazio, cabeça vazia – que se compreende como uma *hipocondria negativa do órgão*. Encontramo-nos, na verdade, diante do fracasso do *trabalho da hipocondria*. É como se o somático fosse resignificado pelos objetos psíquicos subjetivos aparentemente perdidos. Segundo Fédida, essa perspectiva permite compreender porque, nos hospitais, a morte muitas vezes intervém brutalmente em pacientes "incapazes de somatizar seu estado somático", ou seja, aquelas mortes que sobrevêm a pacientes considerados curados e cujos tratamentos são considerados bem-sucedidos pelos médicos. "Nesses casos, tudo se passa como se o trabalho de luto somático tivesse sido brutalmente interrompido pela cura médica do paciente" (p. 646).

Os estados hipocondríacos e suas nuances

Visando à preservação do equilíbrio psicossomático, as dinâmicas hipocondríacas podem, portanto, manifestar-se associadas a diversos quadros da patologia, além do quadro hipocondríaco propriamente dito. Essa presença é mais evidente no caso de doenças orgânicas, mas é importante também observar suas manifestações nos quadros psicopatológicos. A emergência de queixas e dinâmicas hipocondríacas nesses quadros pode ser um sinalizador da insuficiência da dinâmica psicopatológica em lidar com os conflitos e com a tensão pulsional experimentados pelo sujeito. Em muitos quadros da psicopatologia, o corpo se presta como suporte à formação sintomática, sem configurar um quadro hipocondríaco propriamente dito. Como discriminar entre os estados hipocondríacos associados às manifestações psicopatológicas e, de forma mais ampla, às suas manifestações no espectro psicossomático?

Como vimos, o discurso hipocondríaco caracteriza-se por uma predominância das *representações de palavras* sobre as *representações de coisas*[6]. Trata-se, segundo A. Gibeault, de uma *linguagem sobre o corpo* que se apresenta como proteção contra uma intrusão possível do objeto. Através dessa barreira de proteção o discurso hipocondríaco pode permitir o reinvestimento das representações de coisa (do corpo e dos objetos). O sucesso dessa estratégia permite a diminuição da intensidade das dinâmicas hipocondríacas, que se tornam mais discretas, passando a se manifestar principalmente através das funções oníricas. Na histeria, ao contrário, a linguagem do corpo supõe desde o início o investimento de representações de coisa, o que implica a existência de uma certa organização da analidade, que permite à criança ter a experiência de suas sensações como internas. Nos processos de somatização, encontramo-nos diante de uma *não linguagem do corpo* (Gibeault, 1995). Por sua vez, J. Oury salienta que "a histérica,

6 Cf. "O inconsciente, do corpo à palavra", no Capítulo 2.

mesmo em suas formas extremas de conversão, oferece à visão a forma do corpo, a pele, o envelope, enquanto que o hipocondríaco oferece à escuta aquilo que se passa sob a pele, sob o envelope corporal" (Oury, 1998, p. 209). G. Pragier (1995) aponta para as dinâmicas subjacentes a essas manifestações:

> No paciente histérico, o objeto permanece investido segundo um modo edipiano e as representações de coisa são ricas. [...] no paciente hipocondríaco as representações de palavra – pobres e estereotipadas – são muito investidas, na ausência de representações de coisa disponíveis. A carência de triangulação é manifesta. O fracasso da triangulação poderia explicar a profundidade da regressão narcísica a um momento anterior à distinção entre corpo e psiquê (p. 77).

Segundo P. Fédida (1995), a proximidade entre a hipocondria e a neurose obsessiva constitui-se através do *pensamento hermético* adquirido pelo doente de uma experiência autoerótica de seu corpo pela retirada e pela estase da libido objetal. Esse modo de investimento resulta, sobretudo, de um modo específico de autoerotismo, a obsessionalização depressiva das angústias maternas. A hipocondria compartilha assim um destino semelhante ao da neurose obsessiva. "A hipocondria é uma teoria somática do pensamento constituída em órgão psíquico de autoconservação" (p. 117). Na hipocondria, o pensamento não pode ser concebido como pensamento.

Fédida sugere, nesse sentido, que o hipocondríaco seria "um teórico do órgão psíquico de pensamento a serviço de uma justificativa da autoconservação, como se dessa forma fosse pressentida a ameaça que representa o psíquico como força de desorganização do corpo" (*Ibidem*, p. 117).

M. Aisenstein (1995) aponta para a dificuldade muitas vezes encontrada para distinguir a queixa hipocondríaca das angústias dos pacientes nosofóbicos. Segundo ela, na hipocondria existe uma insistência no relato das sensações e no esforço do paciente em persuadir seu interlocutor, enquanto na nosofobia, o medo aparece em primeiro plano. Nos processos hipocondríacos, os pacientes não dizem ter medo de ter uma doença, mas sim que sentem os sinais dessa doença, apresentando as evidências que indicariam sua presença e tomando providências para preveni-la ou tratá-la.

Como vimos, H. Rosenfeld (1964) ressalta a importância do diagnóstico diferencial entre a *entidade mórbida "hipocondria"*, uma psicose crônica de mau prognóstico e dos *estados hipocondríacos* que podem ser encontrados na histeria, na neurose obsessiva, nos quadros depressivos, na neurastenia, na esquizofrenia e também nos estágios iniciais da psicose orgânica. Por sua vez, A. Jeanneau (*apud* Gibeault, 1995) toma como referência a relação ao objeto para distinguir os estados hipocondríacos e psicóticos. Nos estados hipocondríacos o objeto é acusado de faltar, de ser indiferente, de ser ausente, enquanto nos estados psicóticos o sujeito se sente permanentemente perseguido e importunado pelo objeto.

Evidencia-se, dessa forma, a distinção entre a hipocondria e a paranoia: a perturbação dos recursos projetivos e de introjeção faz com que a destrutividade e as ameaças internas, impossíveis de serem enviadas para o exterior, sejam ligadas a partes corporais.

Lembrando que na melancolia o ego torna-se o suporte da incorporação do objeto perdido, enquanto na hipocondria é o corpo que se presta como suporte desse objeto. G. Pragier (1995) acrescenta que "[na hipocondria] o objeto perdido é negado pela alucinação negativa, enquanto que o corpo vem ocupar regressivamente o lugar deixado livre por esse objeto" (p. 89). Essa distinção desaparece em manifestações como a síndrome de Cotard, que combina esses dois quadros: o mau objeto encontra-se introjetado tanto no psiquismo como no corpo.

Segundo Fédida (1995), a hipocondria seria uma modalidade de defesa contra a ameaça melancólica de decomposição. Na melancolia, é possível falar de uma cadaverização do psíquico, característica do luto canibal. O sintoma hipocondríaco surge, muitas vezes, em momentos em que o tratamento se aproxima da morte. Enquanto no luto se impõe ao sujeito a necessidade de preparar um lugar para o morto, em alguns casos o processo do luto pode desencadear angústias terríveis de decomposição pela morte do morto. Na hipocondria, o psíquico tem a função de conservar o morto (identificação do morto ao órgão) negando a morte, de reanimar constantemente o morto guardando assim a potência tutelar do psíquico, evitando a cadaverização do psíquico equivalente à decomposição. Dessa forma, a hipocondria se constitui como um pivô entre a paranoia e a melancolia, tendo como função "fazer um órgão [corporal] assumir a função melancólica de um luto e fazer o autocratismo psíquico desenvolver mecanismos de natureza projetiva" (p. 117 e 134).

A clínica à escuta do corpo

Durante dois anos brincamos de esconde-esconde.

Antes de poder resgatar a dolorosa história de sua adolescência, entremeados por sua revolta e por sua irritação, Jean oferecia-me a lista de seus padecimentos, seu repertório de atividades, às vezes, sua galeria de troféus profissionais. Ardilosos esconderijos de sua história na Provença. Quase nunca o encontrava. Irregular em sua presença nas sessões, algumas vezes agitado, ele se perguntava, frequentemente, sobre o sentido de sua presença naquele lugar. Afinal, que poderia eu fazer por suas dores, pelas sensações estranhas de seu corpo, por suas noites maldormidas? O que eu poderia oferecer que a prestigiosa lista de médicos que consultara já não tivesse oferecido? Desafios...

Em meio à modorra de seu queixume, à monotonia de seu tom de voz, impressionado com a veemência de suas mãos se contorcendo diante de mim na poltrona, muitas vezes quase me deixei hipnotizar por suas palavras. A repetição dos relatos, em que apenas mudavam os nomes e os lugares, a minúcia dos detalhes, a provocação persistente em alguns momentos me davam a impressão de que realmente eu pouco tinha a fazer ali. Por que insistíamos?

As sessões com Jean eram extenuantes. O tempo demorava a passar. Os silêncios eram mais ensurdecedores do que as palavras. E minhas dores? Um dia, uma tensão no pescoço, de outra feita uma sequência de calafrios, noutra sessão, uma crise de espirros. Frequentemente, um aperto no estômago. Em princípio, eram apenas palavras, histórias conhecidas ou inéditas, porém todas pareciam impregnar não apenas meus ouvidos, mas também meus olhos, minha pele, o corpo todo. Por que não procurá-lo ali?

Corpo a corpo

Guardamos dentro nós as marcas mais precoces de nossos encontros com o outro. Segundo Ivanise Fontes (2000), sensações registradas filo e ontogeneticamente na história do sujeito podem reaparecer na transferência com o analista, quando o paciente encontra o espaço apropriado à repetição das cenas mais primitivas. Essas experiências não podem ser rememoradas pela linguagem, pelo discurso do paciente nem através da associação livre por terem sido impressas em um registro sensorial (corporal) anterior ao desenvolvimento dos recursos de representação do sujeito. Algumas vezes, mesmo mais tarde, a precariedade do desenvolvimento desses recursos também restringe a inscrição das marcas do vivido a esse nível corporal. Mesmo não sendo veiculadas pela linguagem, essas marcas aparecem na transferência sob a forma de sensações evocadas por detalhes da aparência física do analista, por elementos do enquadre, por qualquer estímulo de natureza sensorial (visual, auditivo, olfativo, gustativo, táctil). Segundo ela, é possível observar através da transferência o retorno de impressões sensíveis traumáticas, não resolvidas, através do que ela denomina memória corporal. A *memória corporal* é uma via através da qual o corpo se presta como "suporte carnal de uma lembrança que deve ser o fiador de uma continuidade histórica" (p. 64).

Não apenas o paciente, mas também o analista é solicitado por esses registros primitivos, assim como a mãe é convocada, muitas vezes corporalmente, a responder às manifestações impossíveis de serem verbalizadas pelo bebê. Para muitos pacientes, a precariedade de seus recursos faz com que as manifestações corporais sejam uma via quase exclusiva de manifestação de suas experiências, sendo que o corpo do analista (mas também do médico) é convidado a responder segundo esse mesmo registro. Assim como I. Fontes, M. H. Fernandes (1999) aponta para a importância dos remanejamentos da elaboração da contratransferência e da transferência para a compreensão dessas manifestações corporais, bem como do atravessamento do processo analítico pelos eventos somáticos. Ambas salientam que essa necessidade é cada vez mais frequente em nossa clínica.

Estaríamos constatando o cumprimento da "profecia" freudiana, de que a hipocondria constituir-se-ia como um paradigma moderno para a expressão do sofrimento humano[7]?

Segundo I. Fontes (1999), os

> [...] doentes deste fim de século, apresentando as "novas doenças da alma" (J. Kristeva), mostram uma dificuldade crescente de ligar o corpo à palavra. Esses pacientes, que nos impõem impasses técnicos, exigem do analista uma intervenção em que as palavras encontrem maior capacidade sensorial (p. 69).

Por sua vez, M. H. Fernandes (1999) aponta que "o contato com os pacientes somáticos rapidamente ensina que a expressão verbal e metafórica frequentemente utiliza o corpo como imagem, solicitando do analista um olhar e uma escuta capaz de figurar essa imagem e descrevê-la em palavra" (p. 43).

I. Fontes (1999) insiste na importância de resgatar a dimensão corporal da transferência para a compreensão e para a elaboração de tais manifestações.

> Quando a linguagem ignora de quem ela é herdeira, sua origem sensorial, surgem discursos vazios. Esse elo que falta é que adoece o sujeito. É então necessário o trabalho

7 Cf. o Capítulo 2, "Visões freudianas".

> de restituir a vitalidade da linguagem. Dessa forma, a via analítica tem mão dupla: nomear as sensações e, por outro lado, dar corpo à linguagem (p. 69).

Curioso, o paradoxo revelado por essas autoras é apenas aparente. Por um lado, o corpo prestando-se de forma cada vez mais impressionante para a manifestação do sofrimento. Por outro lado, uma alienação significativa da experiência sensorial e do conhecimento do próprio corpo, que chega a ser completamente ignorado na experiência psicanalítica.

Também a medicina sofre os efeitos desses impasses. Os consultórios médicos e os hospitais transbordam de pacientes para cujas queixas não é possível encontrar um diagnóstico ou um substrato orgânico. Esses pacientes – que representam, segundo os clínicos, cerca de 40% daqueles que consultam os serviços de clínica médica – são muitas vezes fonte de uma profunda irritação para os médicos. Esses mesmos pacientes relatam, em contrapartida, uma imensa frustração e mesmo uma certa angústia e sentimentos depressivos após os encontros com aqueles médicos. Geralmente, muitos deles reiniciam seu périplo junto a outros serviços e a outros médicos, esperando uma solução para "seu caso". Um cirurgião do Hospital Universitário da USP afirma que 8 em cada 10 indicações cirúrgicas poderiam ser questionadas se não comportavam, no fundo, fatores psicológicos cuja abordagem adequada poderia evitar algumas dessas intervenções.

Os cirurgiões plásticos são cada vez mais solicitados a modelar corpos cuja forma nunca satisfaz aqueles que os habitam. Eles se surpreendem com a insatisfação, em geral de mulheres, com próteses, *liftings* e lipoaspirações consideradas perfeitas e esculturais por seus colegas. Eles se deparam com clientes cada vez mais jovens, às vezes com 13 ou 14 anos, solicitando a modificação de alguma parte do seu corpo, sendo que alguns aquiescem a esse pedido. Segundo dados da Associação Brasileira de Redes de Farmácias e Drogarias, existem 54 mil farmácias no Brasil enquanto o número de livrarias não chega a 2 mil. De cada três remédios comprados, dois são adquiridos sem receita médica, sendo que o faturamento das farmácias e drogarias aumentou 73% nos últimos dez anos. Em 2000, esse setor movimentou US$ 7,5 bilhões, o que representa um consumo médio de oito caixinhas de remédio *para cada brasileiro*, um consumo considerado "baixo", se comparado ao dos Estados Unidos (18 caixinhas *per capita*/ano) ou da França (20 caixinhas).

Não seriam todos esses efeitos, na psicanálise e na clínica médica, da desconsideração da dimensão hipocondríaca nas formas de manifestação do sofrimento humano? Não seriam essas as consequências da surdez às manifestações corporais do sofrimento?

A resistência e a queixa hipocondríaca

Conhecemos a clássica posição freudiana que sustentava que em função de seu caráter narcísico, e da consequente precariedade da transferência, a análise dos pacientes hipocondríacos não devia ser considerada, a menos que os sintomas hipocondríacos estivessem associados a outras manifestações psiconeuróticas que propiciassem o investimento de objeto exterior e, portanto, do analista. Essa posição predominou por muito tempo na psicanálise, a exemplo da reticência à indicação de um processo analítico no caso das psicoses, das neuroses atuais e dos doentes funcionais, mais tarde descritos como "psicossomáticos".

Porém, muitos autores relatam a emergência de manifestações hipocondríacas no curso de análises clássicas. Em 1925, Ferenczi já apontava que essas manifestações hipocondríacas podem surgir como resistência ao tratamento. Segundo ele, muitas vezes, a análise de questões ligadas à analidade e ao erotismo uretral, especialmente dos hábitos retentivos e expulsivos, provocam esse tipo de resistência. Ele relata inúmeras fantasias relacionadas aos intestinos e às queixas de dores de cabeça, de perda de apetite, de incapacidade de pensar e de constipações que tinham por função "barrar o acesso ao erotismo e à angústia anais, ambos recalcados" (p. 326). Em 1928, R. Mack-Brunswick compreendia a angústia hipocondríaca do Homem dos Lobos referente a seu nariz como uma negação da história transferencial do paciente com Freud. Mais recentemente, Rosenfeld (1987a) apontou os efeitos da análise das manifestações hipocondríacas sobre a dinâmica transferencial e, em particular, sobre a reação terapêutica negativa[8].

---

[8] Cf. "Transferência e hipocondria", no Capítulo 3.

A dimensão narcísica das dinâmicas hipocondríacas e a limitação dos recursos regressivos e representativos desses pacientes constituem, sem dúvida, obstáculos ao trabalho psicanalítico segundo um enquadre clássico. Porém o remanejamento do enquadre psicoterapêutico e a disponibilidade em se trabalhar segundo um registro menos regressivo propiciam algumas aberturas para a compreensão e a elaboração das queixas hipocondríacas.

De forma semelhante, no contexto médico, a compreensão da função e das dinâmicas das queixas hipocondríacas pode propiciar um melhor entendimento do quadro clínico do paciente e a superação dos impasses terapêuticos, frequentemente observados com tais pacientes. Mais do que isso, a consideração dessas dinâmicas pode permitir ao médico oferecer ao uma escuta que propicie ao paciente o acolhimento e a sensação de ser compreendido.

Na transferência, as manifestações hipocondríacas colocam o analista e também o médico diante da sensação de não ter ninguém diante de si. Como aponta Fédida (1995), a queixa hipocondríaca parece dirigir-se a um destinatário interno, um destinatário que parece "idealmente estável em sua autoridade" (p. 121-122). Aparentemente, ninguém é capaz de ocupar o lugar desse destinatário, como mostram as repetidas histórias de esperança e decepção vividas pelos pacientes com cada um de seus médicos. Paradoxalmente, a sanção do sofrimento incessante poderia ser considerada a proteção mais segura contra a verdadeira doença, identificável à morte. Na verdade, é o próprio órgão, objeto da queixa, que é interlocutor e destinatário exclusivo dessa queixa. A hipocondria se constitui, assim, segundo um regime autocrático, como uma "estranha formação paradoxal na qual o órgão é dotado de um poder de incitação ao psíquico de formação de uma visão e de uma linguagem destinada a ele mesmo" (*Ibidem*, p. 117).

Assim, segundo Fédida, a queixa hipocondríaca seria uma manifestação da existência em negativo de um objeto transferencial idealizado (*Ibidem*). Esse objeto teria um papel de vigilância protetora contra as angústias de decomposição. A auto-observação do corpo é a manifestação mais evidente dessa vigilância. Todo enfraquecimento da vigilância desse pensamento somático (atribuindo, por exemplo, a um outro exterior – o médico? – esse papel) aumenta a ameaça melancólica de decomposição.

É nesse registro que o corpo do analista, do médico, de qualquer interlocutor é solicitado. A queixa hipocondríaca se configura como *um sonho impossível*, mas que busca, apesar disso, um corpo para ser sonhado. Como aponta Fédida, a hipocondria é a expressão de uma grave perturbação da relação especular ao outro. Assim, com esses pacientes, a função especular do corpo ocupa um lugar especial. O paciente se dirige ao corpo do analista, do clínico, como se esse corpo pudesse receber os reflexos produzidos pela queixa somática, como se pudesse conservar esses reflexos como traços de inscrição, e também como se o corpo do analista pudesse reconstituir um sonho em um sono que protegesse o paciente de seus tormentos (*Ibidem*, p. 132).

Assim, ao mesmo tempo que ignora a presença do analista, do clínico, o hipocondríaco busca o corpo desse analista e desse clínico para que seu próprio corpo possa ser especularizado. A queixa somática parece ser uma expressão da negação dessa presença. Essa negação tem por função fazer fracassar toda ação do psíquico sobre o sofrimento do qual a queixa testemunha. Dessa forma, a dinâmica hipocondríaca esteriliza o processo psíquico que, justamente, poderia romper o isolamento e o funcionamento em circuito fechado do sofrimento do paciente. A negação da presença do outro tem como corolário uma impossibilidade de alucinação negativa da presença na pessoa do analista ou de qualquer pessoa que se disponha a tratar ou a ajudar o paciente (*Ibidem*, p. 133).

Segundo Fédida, o fracasso da prática médica em lidar com a queixa hipocondríaca deve ser compreendido como fruto da

> [...] incapacidade de responder à demanda desta queixa que é antes de mais nada endereçada (frequentemente sob um modo homossexual) ao corpo do médico enquanto portador da esperança de receber a angústia de decomposição do doente e de refletir através de sinais a integridade dos órgãos (*Ibidem*, p. 118).

Inspirado pelo texto de Freud sobre o Inconsciente, Fédida sugere que a escuta analítica, em qualquer caso, mas em particular do hipocondríaco, é sempre uma *escuta da linguagem do sonho*, o que deve nos alertar a não nos tornarmos prisioneiros da queixa do doente. Ouvir essa queixa em seu sentido manifesto, literal, implica cair na armadilha do sintoma, tornando-se "vítima de uma sedução negativa pela representação sábia do órgão não modificado do qual se queixa o paciente" (*Ibidem*, p. 128). A armadilha da sedução negativa é ainda mais perigosa nos casos em que o próprio paciente é médico.

O paradigma hipocondríaco da clínica

As dores de Jean e as minhas dores.

Então, era de pegador que brincávamos... Intrigantes enigmas que ele me lançava que, para desvendá-los, era-me solicitado não mais ouvir, mas sentir. Não era em seu relato que sua história se escondia, tampouco em seus sintomas tão minuciosamente descritos para os médicos, para mim. Fui percebendo aos poucos que meu cansaço, meus calafrios, meus espirros, a tensão em meu pescoço, o aperto em meu estômago e outras sensações surgiam nos momentos em que Jean, em silêncio, no relato das lembranças de suas noites ou de acontecimentos que surpreendiam sua minuciosa rotina, havia podido aproximar-se das lembranças insuportáveis da morte de sua mãe.

Quando ele me relatou, por exemplo, uma decepção amorosa, ou a despedida de seu pai ao partir para um estágio de um ano no exterior. Relatos contidos, ponderados, como sempre, mas que nele provocaram, logo em seguida, "uma forte dor abdominal" que fez com que consultasse seu médico, e, em mim, uma das crises de espirros. Situações que se repetiram várias vezes ao longo do tempo, e cuja compreensão, finalmente, permitiu que eu lhe sugerisse a possibilidade de voltar à Provença.

Era um daqueles dias cinzentos, típicos do inverno parisiense. Na semana anterior, Jean havia me contado, entusiasmado, sua visita à exposição de Gauguin, Van Gogh e Matisse. Ele o fizera com uma amiga, Marie, que há algum tempo vinha olhando com mais atenção. "Apaixonado?". "Talvez...". A companhia dessa amiga o alegrava, parecia sentir-se bem ao seu lado, chegava a telefonar-lhe durante a semana, interessava-se por sua vida. Para Jean, tudo isso era raro, excepcional. "Não sei se posso animar-me", disse-me um dia. Naquela sessão, Jean atrasou-se, sentou-se em silêncio. Seu rosto sombrio parecia combinar com a luz do exterior. Minhas mãos ficaram frias, e, mais uma vez, aqueles calafrios...

Jean encontrara Marie no fim de semana. Durante um jantar animado, Marie mencionou, sem se estender no assunto, que sua empresa sugerira que ela assumisse um cargo importante em uma filial na Inglaterra. Jean dissera que, naquele momento, ficara "contente com a conquista de sua amiga". Despediram-se. A noite fora terrível. Novamente as lembranças, a agitação, as dores, a secura na boca. "Tivera uma recaída?", pensou. O dia seguinte foi ainda pior: dores mais intensas fizeram com que ele consultasse um serviço de Pronto Atendimento de um importante hospital. Foi o próprio chefe do serviço que o atendeu. Anamnese, exames, radiografias, todo o conhecido ritual e... nada. O médico lhe disse que "nada podia fazer por ele". Jean insistiu, ponderou, tentou uma última cartada: "e se tentassem uma colonoscopia?". Ainda respeitoso, mas já irritado, o médico retrucou: "meu senhor, eu não estou aqui para jogar fora o dinheiro dos contribuintes...".

"Incompetentes", disse-me. "Todos incompetentes". Ele sabia que não voltaria mais ali. Durante alguns minutos prosseguiu suas imprecações contra o médico e seu serviço. Eu o ouvia, em meio aos ensinamentos de meus calafrios. Eles preservavam a presença de Marie, ao lado do médico que Jean insultava. Contra que decepção amorosa Jean se revoltava? Por que, em suas lembranças noturnas, ele não conseguia despedir-se de sua mãe? Ainda não? "Talvez agora, depois de tantos anos, você já possa considerar, Jean, a possibilidade de voltar às montanhas da Provença...". Ouvi-me dizer, surpreso.

Ouvir com o corpo

Tal é o desafio que nos lança a hipocondria e as manifestações somáticas do sofrimento. Não que a neurose, a psicose, as perversões não produzam, elas também, reações no corpo daquele que escuta: a contração da angústia, o nojo que revira as entranhas, o medo que faz com que, algumas vezes, nos agarremos a nossas poltronas.

Porém, nas psiconeuroses o analista, o médico, o terapeuta fazem parte da cena montada pelo paciente, participam da trama, do sonho, da fantasia. A eles o paciente concede o direito de intervir, participar e, mesmo se resiste, muitas vezes aceita o novo enredo que nesse encontro se revela. Nas manifestações hipocondríacas e nas doenças orgânicas o paciente vive seu drama, solitário, recusando-se a incluir quem quer que seja em sua cena empobrecida. Seu corpo é o único personagem dos monólogos que buscam revelar suas entranhas. São elas que o interessam, assim como, do outro, são também apenas as entranhas que parecem interessar. É a elas que, sem saber, ele se dirige. E elas respondem, quase sempre desconfortáveis em ter que conversar nesse registro. Pobre, sem dúvida. Que diferença da exuberância da histeria, da engenhosidade da neurose obsessiva, dos planos maquiavélicos descritos pelos paranoicos, dos mundos fantásticos da psicose. A hipocondria nos oferece o tédio, a monotonia, o queixume, e o corpo e os órgãos e as dores. As dores. Também nossas dores.

Curiosa forma de conversar. Demandar com o corpo que só pode reconhecer a resposta do corpo. Seu próprio corpo ou o corpo do outro. Aceitamos esse diálogo? Por quanto tempo conseguimos sustentá-lo?

São experiências como essas que conduzem Fédida, inspirado por Ferenczi, a sugerir que a dinâmica hipocondríaca se constitui como um verdadeiro paradigma da clínica dos pacientes somáticos. Ao observar seus órgãos, sua vida somática, o hipocondríaco é capaz de inspirar a “arte de uma clínica analítica dos estados do corpo do outro. [...] A hipocondria [constituir-se-ia] como um modelo fantástico de uma clínica psicanalítica das afecções somáticas engendradas pelas paixões da alma" (Ferenczi, 1919b, p. 10). Segundo esse paradigma, o psíquico se configura como o instrumento hipocondríaco da percepção dos estados mutantes do corpo do outro. Nesse sentido, "a psicanálise é um método da reciprocidade mútua que dispõe do corpo do analista – inevitavelmente hipocondríaco – como instrumento catóptrico do conhecimento de si mesmo" (*Ibidem*, p. 119). Esse mesmo paradigma pode inspirar a clínica na medicina, ao permitir ao médico reconhecer seu próprio corpo como instrumento de compreensão dos processos corporais de seus pacientes.

> Segundo o modelo da criança que deve se "psiquicisar" em presença da violência monstruosa do adulto e que adquire dessa forma uma verdadeira clínica psicanalítica das paixões mórbidas das quais ele é a vítima, o adulto deve se tornar pela análise uma espécie de médico de si mesmo aproveitando sua "falha" (no sentido de Balint) para aumentar a competência do psíquico sobre o somático. Não é a transferência uma via privilegiada para a aquisição dessa competência?
>
> [...] O "verdadeiro" médico (se não o bom médico) seria aquele que disporia da arte de conhecer o monstruoso pela projeção em partes de sua própria saúde. Seria essa a inteligência do órgão, imaginar sua deformação e tornar

> essa deformação mimética da cura. Não seria o verdadeiro médico aquele que pode ver teratomicamente o órgão, e cujos gestos terapêuticos se inspiram de uma tal visão? (*Ibidem*, p. 114-115)[9].

Razões e despedidas

Findava ontem estas páginas quando, no corredor do hospital, um colega interpelou-me, curioso com a capa de meu manuscrito: "Como você pode perder tempo escrevendo sobre um assunto tão chato?".

Surpreendi-me com o tom e com as palavras desse médico, geralmente ponderado e atencioso com seus pacientes. Imediatamente, senti a proximidade de Jean e das paisagens da Provença. Lembrei-me de outros pacientes, de suas queixas ranhetas e persistentes, de seus olhares prisioneiros de seus corpos, de sua veneração por suas caixinhas de remédios, por seus calhamaços de exames. Lembrei-me do companheirismo de Lena, do olhar de Fédida buscando no teto sua inspiração. Imaginei os professores e os colegas daquele médico: o que pudera aprender com eles? Lembrei-me do anfiteatro da Salpêtrière, tão distante daquele corredor.

---

9 O teratoma é um tumor benigno ou maligno constituído de tecidos diferentes, nenhum deles originário da área em que se manifesta. Segundo Fédida, é essa a metáfora utilizada por Ferenczi para nomear o *falso self*. O teratoma seria uma formação patogênica, mas eventualmente preservadora, um gêmeo. O *falso self* seria então definido como um *self* intragemelar deformado.

Lembrei-me de Freud, revelando as características hipocondríacas de nossos tempos e convidando a respeitar as razões do hipocondríaco...

Era o momento de nos despedirmos. Os comentários daquele colega e as lembranças que eles evocaram tornaram ainda mais intensas as imagens que deram sentido a essa travessia do labirinto da hipocondria.

Imagens que revelaram a importância de reconhecer a capacidade mimética e migratória da hipocondria. As dinâmicas hipocondríacas não se restringem a um quadro nosográfico, elas se constituem como uma modalidade particular de representação que participa de nossas experiências cotidianas e estrutura diferentes modos de subjetivação.

Considerar a hipocondria sob o ângulo da representação permite um outro olhar sobre a demanda dos pacientes, mesmo aqueles que apresentam uma doença "bem configurada", como dizem alguns profissionais... Considerar que a dimensão hipocondríaca de *toda queixa* é, sobretudo, uma tentativa, mesmo que primitiva, de comunicação e de representação é uma possibilidade de resgate pela medicina da essência do sofrimento humano.

Apesar de sua dimensão narcísica, a dinâmica hipocondríaca é uma *experiência* que implica o outro. É sobre o paradigma da relação entre dois corpos, o da mãe e o do bebê, que se organiza o desenvolvimento da criança e seu funcionamento psicossomático. O hipocondríaco tem razão ao recorrer às imagens do corpo, que manifestaram seu apelo ao outro para garantir sua sobrevivência, quando todos os recursos que têm à sua disposição se mostram ineficientes para protegê-lo de sua existência ameaçada ou da dor que não encontra outro meio de expressão.

As dinâmicas hipocondríacas participam da regulação do equilíbrio psicossomático. Elas, são ainda, uma tentativa de controle da desorganização da economia libidinal, uma tentativa de organizar um trabalho (ainda) psíquico de ligação de representações através do corpo, diante da precariedade dos recursos do sujeito para lidar com as ameaças a seu equilíbrio e a sua existência. A hipocondria se constitui, assim, como um recurso corporal de ligação antitraumático não conversivo.

A hipocondria se configura como uma modalidade de reação à perda narcísica, equivalente ao luto, que se manifesta através da representação corporal. Entre o luto e a melancolia, a hipocondria se apresenta como um dos recursos do sujeito para lidar com a perda e com a ameaça de desorganização que ela comporta. Ela também se constitui, portanto, como uma defesa contra o desinvestimento pelo objeto. O retraimento narcísico que nela observamos pode corresponder a uma reação diante da ameaça ou do abandono real do outro. Essa experiência poderia corresponder à experiência do bebê frente à ameaça de abandono pela mãe, quando só lhe restaria seu próprio corpo, que deve ser "vigiado" e investido de forma a impedir que ele também "o abandone". Nesse sentido, é interessante pensar que o órgão hipocondríaco corresponde, de certa forma, a uma falha ou a uma perversão de um recurso transicional, no sentido de Winnicott.

O hipocondríaco tem razão. Como Schreber a seu pai, médico e especialista em métodos ortopédicos de educação, ele opõe à ordem da semiologia o caos de seus órgãos andarilhos que se recusam à mortífera submissão.

O hipocondríaco tem razão. Ele apresenta ao outro seu desprazer que desespera para melhor usufruir de seu gozo.

O hipocondríaco tem razão. Ele suplica ao médico a droga milagrosa que o alivie, prestes a sabotar aquela que lhe é prescrita.

O hipocondríaco tem razão. Ele se apresenta, humilde e servil, à investigação médica, para melhor infiltrar-se e subvertê-la.

O hipocondríaco tem razão. Ele denuncia o engodo dos que urgem em responder à cacofonia de seus sintomas sem dispor sequer um olhar a seu silêncio tão gritante.

O hipocondríaco tem razão. Por mais que ele irrite, frustre e engane aqueles que buscam compreendê-lo, ele sofre.

Referências

AISENSTEIN, M. Entre psyché et soma: l'hypocondrie. In: *L'hypocondrie*. Monographie de la *Revue Française de Psychanalyse*. Paris: PUF, 1995.

AISENSTEIN, M. & GIBEAULT, A. The work of hypochondria (A contribution to the study of specificity of hypochondria, in particular in relation to hysterical conversion and organic disease). *The International Journal of Psycoanalysis*, v. 72, n. 4, pp. 669-681, 1991.

AMERICAN PSYCHIATRIC ASSOCIATION *Diagnostic and Statistical Manual of Mental Disorders, 5th Edition: DSM-5,* 2013.

ANZIEU, D. *L'auto-analyse de Freud et la découverte de la psychanalyse.* Paris: PUF, 1988a.

______. D. *O eu-pele.* São Paulo: Casa do Psicólogo, 1988b.

ASHER, R. Münchusen's syndrome. *Lancet,* n. 1, pp. 339-341, 1951.

AULAGNIER, P. A *violência da interpretação.* Rio de Janeiro: Imago, 1978.

______. Naissance d'un corps, origine d'une histoire. In: Rencontres Psychanalytiques d'Aix en Provence: 4ème Rencontre: *Corps et histoire.* Paris: Les Belles Lettres, 1985.

AYACHE, L. *Hippocrate.* Paris: PUF, 1992.

BARRAS, V. & BIRCHLER, T. La perfection de l'homme selon Galien. In: NICOLAÏDIS, N. & PRESS, J. (Org.) *La psychosomatique aujourd'hui.* Lausanne: Delauchaux et Niestlé, 1995.

BEAUCHESNE, H. *História da psicopatologia*. São Paulo: Martins Fontes, 1989.

BENTEJAC, J. Présentation /représentation de malades. *Revue de Médecine Psychosomatique*, n. 33, pp. 51-60, 1993.

BERLINCK, M. T. O que é psicopatologia fundamental. *Revista Latinoamericana de Psicopatologia Fundamental*, v. 2, n. 3, 1999.

______. *Psicopatologia fundamental*. São Paulo: Escuta, 2000.

BOOLS, C. Factitious illness by proxy: Münchausen syndrome by proxy. *British Journal of Psychiatry*, n. 169, pp. 268-275, 1996.

BRAUNSCHWEIG, D. & FAIN, M. *La nuit, le jour*: essai psychanalytique sur le fonctionnement mental. Paris: PUF, 1975.

BROWNLEE, S. Mother Love Betrayed. *U. S. News and World Report*, April 29, 1996.

BRUNSWICK, R. M. (1928) Supplément à l' "Extrait de l'histoire d'une névrose infantile de Freud». In: GARDINER M. (Org.) *L'homme aux loups par ses psychanalystes et par lui-même*. Paris: Gallimard, 1981.

CAZETO, S. J. A *constituição do inconsciente em práticas clínicas na França do século XIX*. São Paulo: Escuta, 2001.

CHARNEY, L. *et al.* Neuroscience research agenda to guide development of a pathophysiologically based classification system. In: KUPFER *et al.* (Org.) *A research agenda for DSM-V*. Washington, DC: American Psychiatric Association, 2002.

COLLÉE, M. & QUÉTEL, C. (Org.) *Histoire des maladies mentales*. Paris: PUF, 1994.

CORTÁZAR, J. *O jogo da amarelinha*. Rio de Janeiro: Civilização Brasileira, 1972.

COTARD, J. (1880) Do delírio hipocondríaco em uma forma grave da melancolia ansiosa. *Revista Latinoamericana de Psicopatologia Fundamental*, v. 1, n. 4, pp. 151-155, 1998.

______. (1882) Do delírio de negações. *Revista Latinoamericana de Psicopatologia Fundamental*, v. 1, n. 4, pp. 156-177, 1998.

______. Études *sur les maladies cérébrales et mentales*. Paris: Baillière, 1891.

CROMBERG, R. U. *Paranoia*. São Paulo: Casa do Psicólogo, 2000.

DAVIES, M. & WALLBRIDGE, D. *Winnicott: introduction à son* œuvre. Paris: PUF, 1992.

DEJOURS, C. *Recherches psychanalytiques sur le corps*. Paris: Payot, 1989.

______. Biologia, psicanálise e somatização. In: VOLICH, R. M., FERRAZ, F. C. & ARANTES, M. A. A. C. (Org.) *Psicossoma II*: psicossomática psicanalítica. São Paulo: Casa do Psicólogo, 1998.

DELMAS, F.-A. Les rapports de l'hypocondrie et de la constitution paranoïaque. *Annales de Médecine et Psychologie*, n. 82, 1931.

DESCARTES, R. (1637) *Discurso sobre o método*. São Paulo: Hemus, s/d.

DIATKINE, R. Les problèmes du corps. Avant propos. *Revue Française de Psychiatrie*, n. 45, 1981.

DIMSDALE J. & CREED, F. The proposed diagnosis of somatic symptom disorders in DSM-V to replace somatoform disorders in DSM-IV—a preliminary report. *Journal of Psychosomatic Research*, n. 66, pp. 473–476, 2009.

DONOVAN, J. L. & BLAKE, D. R. Qualitative study of interpretation of reassurance among patients attending rheumatology clinics "just a touch of arthritis, doctor?" *British Medical Journal*, n. 320, pp. 541-544, 2000.

DUBOIS, E. F. *Histoire philosophique de l'hypocondrie et de l'hystérie.* Amiens: De Deville Cavellin, 1933.

DUFFY, T. P. The Red Baron. *New England Journal of Medecine*, n. 327, 408-411, 1992.

ENCYCLOPÉDIE HACHETTE 1999. Paris: Hachette Livre, 1999.

EY, H., BERNARD, P. & BRISSET, C. *Manuel de psychiatrie.* Paris: Masson, 1978.

FAIN, M. A propos de l'hypocondrie. In: DUPARC, F. (Org.) *La censure de l'amante et autres préludes à l'oeuvre de Michel Fain.* Lausanne/Paris: Delachaux et Niestlé, 1999

FEDERN, P. (1928) Le moi comme sujet et objet dans le narcissisme. In: *La psychologie du moi et les psychoses.* Paris: PUF, 1979.

FÉDIDA, P. L'anatomie dans la psychanalyse. *Nouvelle Revue de Psychanalyse*, n. 3, 1971.

______. L'hypocondrie du rêve. *Nouvelle Revue de Psychanalyse*, n. 5, 1972.

______. *Corps du vide et espace de séance.* Paris: Jean-Pierre Delarge, 1977.

______. La question de la théorie somatique dans la psychanalyse. *Psychanalyse à l'Université*, v. 12, n. 3, pp. 621-648, 1978.

______. L'angoisse dans le contre-transfert ou l'inquiétante étrangeté du transfert. In: *Crise et contre-transfert.* Paris: PUF, 1992.

______. (1993) Un organe psychique hypocondriaque: traitement psychique autocratique. In: *Monographies de la Revue Française de Psychanalyse*. Paris: PUF, 1993.

______. L'hypocondriaque médecin. In: *L'hypocondrie.* Monographie de la *Revue Française de Psychanalyse.* Paris: PUF, 1995.

FENÉLON, G. *Le syndrome de Münchausen.* Paris: PUF, 1998.

FÉRÉ, C. *La pathologie des* émotions. Paris: Alcan, s/d.

FERENCZI, S. (1909a) Des psychonévroses. In: *Psychanalyse I*: Oeuvres complètes. Paris: Payot, 1968.

______. (1909b) Transfert et introjection. *Op. cit.*

______. (1917) Des pathonévroses. In: *Psychanalyse II*: Oeuvres complètes. Paris: Payot, 1968.

______. (1919a) Pensée et innervation musculaire. *Op. cit.*

______. (1919b) Psychanalyse d'un cas d'hypocondrie hystérique. In: *Psychanalyse III*: Oeuvres complètes. Paris: Payot, 1968.

______. (1922) La psychanalyse et les troubles mentaux de la paralysie générale. *Op. cit.*

______. (1925) Psychanalyse des habitudes sexuelles. *Op. cit.*

______. (1926) Les névroses d'organe et leur traitement. *Op. cit.*

______. (1931) Analyses d'enfants avec des adultes. In: *Psychanalyse IV*: Oeuvres complètes. Paris: Payot, 1968.

______. (1933) Présentation abrégée de la psychanalyse. *Op. cit.*

FERNANDES, M. H. A hipocondria do sonho e o silêncio dos órgãos: o corpo na clínica psicanalítica. *Percurso*, ano XII, n. 23, pp. 43-52, 1999.

______. *L'hypocondrie du rêve et le silence des organes*: une clinique psychanalytique du corps. Villeneuve d'Asq: Presses Universitaires du Septentrion, 1999.

______. Uma clínica psicanalítica do corpo: autoerotismo e feminilidade. *Estudos de Psicanálise*, n. 23, pp. 7-21, 2000.

______. As formas corporais do sofrimento: a imagem da hipocondria. *Revista Latinoamericana de Psicopatologia Fundamental,* v. 4, n. 4, 2001.

FERRAZ, F. C. Das neuroses atuais à psicossomática. In: FERRAZ, F. C. & VOLICH, R. M. (Org.) *Psicossoma*: psicossomática psicanalítica. São Paulo: Casa do Psicólogo, 1997.

FERRAZ, F. C. & VOLICH, R. M. (Org.) *Psicossoma*: psicossomática psicanalítica. São Paulo: Casa do Psicólogo, 1997.

FERREIRA, A. B. H. *Dicionário Aurélio Século XX*. Rio de Janeiro: Nova Fronteira, 1999.

FINE, A. Figures psychanalytiques de l'hypocondrie. In: *L'hypocondrie*. Monographie de la *Revue Française de Psychanalyse*. Paris: PUF, 1995.

FITZPATRICK, R. & HOPKINS, A. Referrals to neurologist for headaches not due to structural disease. *Journal of Neurology, Neurosurgery and Psychiatry*, n. 44, pp. 1061-1067, 1981.

FOLLIN, S. & AZOULAY, J. Les altérations de la conscience de soi. *Encyclopédie* Médico-*Chirurgicale Psychiatrie*, v. 11, 1961.

FONTES, I. Psicanálise do sensível: a dimensão corporal da transferência. *Revista Latinoamericana de Psicopatologia Fundamental*, v. 2, n. 1, pp. 64-70, 1999.

______. *La mémoire corporelle et le transfert*. Villeneuve d'Asq: Presses Universitaires du Septentrion, 2000.

FOUCAULT, M. (1972) *História da loucura*. São Paulo: Perspectiva, 1978.

FRANCES, A. Mislabeling medical illness as mental disorder. *Psychology today*, n. 8, 2012.

______. *Saving normal*: an insider's revolt against out-of--control psychiatric diagnosis, DSM-5, Big Pharma and the medicalization of ordinary life. William Morrow, 2013a.

______. The new somatic symptom disorder in DSM-5 risks mislabeling many people as mentally ill. *BMJ*, 2013b.

______. Bad news: DSM 5 refuses to correct Somatic Symptom Disorder. Medical illness will be mislabeled mental disorder. *Psychology Today* online, n. 16, 2013c.

FREUD, S. (1886) Relatório sobre meus estudos em Paris e Berlim, *Op. cit.*, v. I.

______. (1891) *Interpretação das afasias*. Lisboa: Edições 70, 2003.

______. (1893a) Algumas considerações para um estudo comparativo das paralisias motoras orgânicas e histéricas. *Edição Standard Brasileira das Obras Psicológicas Completas de Sigmund Freud*. Rio de Janeiro: Imago, 1981; v. I.

______. (1893b) Manuscrito B: a etiologia das neuroses. *Op. cit.*, v. I.

______. (1893c) Carta nº 14 de 6 de outubro de 1893. *Op. cit.*, v. I.

______. (1894) As neuropsiconeuroses de defesa. *Op. cit.*, v. III.

______. (1895a) As origens da psicanálise (1950). *Op. cit.*, v. I.

______. (1895b) Manuscritos H de 24 de novembro de 1895 e K de 1 de janeiro de 1896. *Op. citI.*, v. I.

______. (1895c) Projeto de uma psicologia científica. *Op. cit.*, v. I.

______. (1895d) Sobre os fundamentos para destacar da neurastenia uma síndrome específica intitulada de "neurose de angústia". *Op. cit.*, v. III.

______. (1896a) Observações adicionais sobre as neuropsicoses de defesa. *Op. cit.*, v. III.

______. (1896b) Obsessões e fobias: seu mecanismo psíquico e sua etiologia. *Op. cit.*, v. III.

______. (1896c) Manuscrito K: as neuroses de defesa. *Op. cit.*, v. I.

______. (1897) Carta nº 61 a W. Fliess (2 de maio de 1897). *Op. cit.*, v. I.

______. (1898) A sexualidade na etiologia das neuroses. *Op. cit.*, v. III.

______. (1900) A interpretação dos sonhos. *Op. cit.*, v. IV.

______. (1901) Sobre a psicopatologia da vida cotidiana. *Op. cit.*, v. VI.

______. (1905a) Fragmento da análise de um caso de histeria. *Op. cit.*, v. VII.

______. (1905b) Três ensaios sobre a teoria da sexualidade. *Op. cit.*, v. VII.

______. (1909) Notas sobre um caso de neurose obsessiva. *Op. cit.*, v. X.

______. (1910) Leonardo da Vinci e uma lembrança da sua infância. *Op. cit.*, v. XI.

______. (1911) Notas psicanalíticas sobre um relato autobiográfico de um caso de paranoia (*dementia paranoides*). *Op. cit.*, v. XII.

______. (1914) Sobre o narcisismo: uma introdução. *Op. cit.*, v. XIV.

______. (1915a) O inconsciente. *Op. cit.*, v. XIV.

______. (1915b) Repressão. *Op. cit.*, v. XIV.

______. (1915c) Os instintos e suas vicissitudes. *Op. cit.*, v. XIV.

______. (1916-1917a) Conferência XXII: Algumas ideias sobre desenvolvimento e regressão – etiologia. In: Conferências introdutórias à psicanálise. *Op. cit.*, v. XVI.

______. (1916-1917b) Conferência XXIV: O estado neurótico comum. *Op. cit*, v. XVI.

______. (1916-1917c) Conferência XXVI: A teoria da libido e o narcisismo. *Op. cit.*, v. XVI.

______. (1917a) Luto e melancolia. *Op. cit.*, v. XIV.

______. (1917b) Suplemento metapsicológico à teoria dos sonhos. *Op. cit.*, v. XIV.

______. (1918) Da história de uma neurose infantil. *Op. cit.*, v. XVII.

______. (1919a) Introdução à psicanálise das neuroses de guerra. *Op. cit.*, v. XVII.

______. (1919b) O estranho. *Op. cit.*, v. XVII.

______. (1920) Além do princípio do prazer. *Op. cit.*, v. XVII.

______. (1923a) O ego e o id, *Op. cit.*, v. XIX.

______. (1923b) Uma neurose demoníaca do século XVII. *Op. cit.*, v. XIX.

______. (1924) O problema econômico do masoquismo. *Op. cit.*, v. XVII.

______. (1925a) A negativa. *Op. cit.*, v. XIX.

______. (1925b) Um estudo autobiográfico. *Op. cit.*, v. XIX

______. (1926) Inibições, sintoma e angústia. *Op. cit.*, v. XX.

FREUD, S. & BREUER, J. (1895) Estudos sobre a histeria. *Edição Standard Brasileira das Obras Psicológicas Completas de Sigmund Freud.* Rio de Janeiro: Imago, 1981; v. II.

FREUD, S. & FERENCZI, S. *Sigmund Freud – S. Ferenczi:* Correspondance, v. 1 (1908-1914). Paris: Calmann-Lévy, 1992.

FREUD, S. & JUNG, C. G. *Correspondance* (2 v.). Paris: Gallimard, 1975.

GANHITO, N. C. P. *Distúrbios do sono*. São Paulo: Casa do Psicólogo, 2001.

GARDINER, M. *L'Homme aux Loups par ses psychanalystes et par lui-même*. Paris: Gallimard, 1981.

GAY, P. *Freud*: uma vida para nosso tempo. São Paulo: Companhia das Letras, 1988.

GIBEAULT, A. La solution hypocondriaque. In: *L'hypocondrie*. Monographie de la *Revue Française de Psychanalyse*. Paris: PUF, 1995.

GREEN, A. (1966-1967) O narcisismo primário: estrutura ou estado. In: *Narcisismo de vida, narcisismo de morte*. São Paulo: Escuta, 1988.

______. Le concept de limite. In: *La folie privée*. Paris: Gallimard, 1990.

GUEDENEY, C. & WEISBRODT, C. Histoire de l'hypocondrie. In: *L'hypocondrie*. Monographie de la *Revue Française de Psychanalyse*. Paris: PUF, 1995.

GUGGENHEIM, F. G. & SMITH, G. R. Somatoform sisorders. In: KAPLAN, H. I. & SADOCK, B. J. (Org.) *Compreensive textbook of psychiatry*. New York: Williams & Wilkins, 1995.

GURFINKEL, D. Regressão e psicossomática: nas bordas do sonhar. In: FERRAZ, F. C. & VOLICH, R. M. (Org.) *Psicossoma*: psicossomática psicanalítica. São Paulo: Casa do Psicólogo, 1997.

______. Psicanálise e psicossoma: notas a partir do pensamento de Winnicott. In: VOLICH, R. M., FERRAZ, F. C. & ARANTES, M. A. A. C. (Org.) *Psicossoma II*: psicossomática psicanalítica. São Paulo: Casa do Psicólogo, 1998.

______. *O colapso do sonhar*. In: *Do sonho ao trauma*: psicossoma e adicções. São Paulo: Casa do Psicólogo, 2002.

HARE, E. The history of "nervous disorders" from 1600 to 1840, and a comparison with modern views. *British Journal of Psychiatry*, n. 159, pp. 37-45, 1991.

HEIMANN, P. Preliminary notes on some defence mecanisms in paranoid states. *The International Journal of Psychoanalysis*, n. 33, 1952.

HELD, R. *De la psychanalyse à la médicine psychosomatique*. Paris: Payot, 1968.

HESNARD, A. (1929) Le mécanisme psychanalytique de la psychonévrose hypocondriaque. In: *L'hypocondrie*. Monographie de la *Revue Française de Psychanalyse*. Paris: PUF, 1995.

HUNTER, G. A. & KENNARD, A. B. Mania operativa: an uncommon, unrecognised cause of limb amputation. *Canadian Journal of Surgery*, v. 25, n. 1, pp. 92-93, 1982.

ISRAEL, L. *Le médecin face au malade*. Bruxelles: Dessart & Mardaga, 1968.

______. *A histérica, o sexo e o médico*. São Paulo: Escuta, 1995.

JASPERS, K. (1913) *Psicopatologia geral*. Rio de Janeiro: Atheneu, 1985.

JEANNEAU, A. L'hypocondrie ou la mentalisation impossible. *Cahiers du Centre de Psychanalyse et de Psychothérapie*, n. 21, pp. 83-100, 1990.

JONES, R. M. Factitius disorders. In: KAPLAN, H. I. & SADOCK, B. J. (Org.) *Compreensive textbook of psychiatry*. New York: Williams & Wilkins, 1995.

KAMENS, S. DSM-5's *Somatic Symptom Disorder*: from medical enigma to psychiatric sphinx. http://dxsummit.org/archives/712, 2014.

KLEIN, M. (1932) *Psicanálise da criança*. São Paulo: Mestre Jou, 1969.

______. (1934) Uma contribuição à psicogênese dos estados maníaco-depressivos. In: *Contribuições à psicanálise*. São Paulo: Mestre Jou, 1981.

______. (1952) Algumas conclusões teóricas sobre a vida emocional do bebê. In: KLEIN, M., HEIMANN, P., ISAACS, S. & RIVIÈRE, J. (Org.) *Os progressos da psicanálise*. Rio de Janeiro: Zahar, 1978.

KREISLER, L. A *nova criança da desordem psicossomática*. São Paulo: Casa do Psicólogo, 1999.

KREISLER, L., FAIN, M. & SOULÉ, M. (1974) *L'enfant et son corps*. Paris: PUF, 1995.

LAPLANCHE, J. *Traduire Freud*. Paris: PUF, 1989.

LAPLANCHE, J. & PONTALIS, J.-B. *Vocabulário da psicanálise*. Lisboa: Moraes, 1977.

LES PREMIERS PSYCHANALYSTES *Minutes (I) de la Société psychanalytique de Vienne (du 10/10/1906 au 03/06/1908)*. Paris: Gallimard, 1976.

LES PREMIERS PSYCHANALYSTES *Minutes (IV) de la Société psychanalytique de Vienne (du 03/01/1912-12/05/1915)*. Paris: Gallimard, 1983.

MACALPINE, I. & HUNTER, R. A. Contribution à l'étude de la schizophrénie, de l'hypocondrie et du symptôme psychosomatique. Observations on the psychoanalytic théory osf psychosis. *British Medical Psychology*, 1954.

MACK-BRUNSWICK, R. (1928) Supplément à l'Extrait d'une névrose infantile de Freud. In: *L'homme aux loups par ses psychanalystes et par lui-même*. Paris: Gallimard, 1981.

MARCUS, A., AMMERMANN, C., KLEIN, M. & SCHMIDT, M. H. Münchausen syndrome by proxy and factitious illness: symptomatology, parent-child interaction, and psychopathology of the parents. *European Child and Adolescent Psychiatry*, v. 4, n. 4, pp. 229-236, 1995.

MARTY, P. Les difficultés narcissiques de l'observateur devant le problème psychosomatique. *Revue Française de Psychanalyse*, v. 16, n. 3, 1952.

______. La dépression essentielle. *Revue Française de Psychanalyse*, v. 32, n. 3, pp. 595-598, 1966.

______. *Les mouvements individuels de vie et de mort*. Paris: Payot, 1976.

______. Psychosomatique et psychanalyse. *Revue Française de Psychanalyse*, v. 54, n. 3, pp. 615-624, 1990.

______. (1990) *A psicossomática do adulto*. Porto Alegre: Artes Médicas, 1994.

MARTY, P. & M'UZAN, M. La pensée opératoire. *Revue Française de Psychanalyse*, v. 27, pp. 345-356, 1963.

MARTY, P., M'UZAN, M. & DAVID, C. *L'investigation psychosomatique*. Paris: PUF, 1963.

MAYOU, R. The nature of bodily symptoms. *British Journal of Psychiatry*, n. 129, pp. 55-60, 1976.

MAYOU, R., PHIL, F. R. C. P., KIRMAYER, L. J. et cols. Somatoform Disorders: time for a New Approach in DSM-V. *American Journal of Psychiatry*, n. 162, pp. 847-855, 2005.

McDONALD, I. G. *et al*. Opening the Pandora's box: the unpredictability of reassurance by a normal test result. *British Medical Journal*, n. 313, pp. 329-332, 1996.

McDOUGALL, J. The psychosoma and the psychoanalytic process. *International Revue of Psychoanalysis*, n. 1, pp. 437-459, 1974.

______. Corps et métaphore. *Nouvelle Revue de Psychanalyse*, n. 23, pp. 57-81, 1981.

______. *Teatros do eu*: ilusão e verdade no palco psicanalítico. Rio de Janeiro: Francisco Alves, 1992.

MEADOW, R. Münchausen syndrome by proxy: the hinterland of child abuse. *Lancet*, n. 2, pp. 343-345, 1977.

MELTZER, D. The differentiation between somatic delusions from hypochondria. *The International Journal of Psychoanalysis*, v. 45, n. 2-3, pp. 246-250, 1964.

MEROT, P. L'hypocondriaque: de la douleur morale à la souffrance imaginaire. *Psychanalyse à l'Université*, n. 19, pp. 467-486, 1980.

MONTAGU, A. *Tocar.* São Paulo: Summus, 1986.

MORAN, M., Somatic chapter drops centrality of unexplained medical symptoms. *Psychiatric News from the American Psychiatric Association*, 2013. http://psychnews.psychiatryonline.org/newsArticle.aspx?articleid=1659603

OURY, J. Hypocondrie. In: KAUFMANN, P. (Org.) *L'apport freudien*: éléments pour une encyclopédie de la psychanalyse. Paris: Larousse, 1998.

PAIM, I. *História da psicopatologia*. São Paulo: E.P.U., 1993.

PEREIRA, M. E. C. *Psicopatologia dos ataques de pânico*. São Paulo: Escuta, 2003.

PERRIER, F. (1972) Hypocondrie et éreuthophobie. In: *Les corps malades du signifiant*. Paris: InterEditions, 1982.

______. Article inédit sur l'hypocondrie. *Topique "François Perrier"*, hors-série, 1993.

POSTEL, J. (Org.) *Dictionnaire de psychiatrie et de psychopathologie clinique*. Paris: Larousse, 1993.

PRAGIER, G. Enjeux métapsychologiques de l'hypocondrie. In: *L'hypocondrie*. Monographie de la *Revue Française de Psychanalyse*. Paris: PUF, 1995.

REGIER, D. A., NARROW, W. E., KUHL, E. A. & KUPFER, D. J. *The conceptual evolution of DSM-5*. Arlington, VA: American Psychiatric Publishing, 2011.

ROAZEN, P. *Freud e seus discípulos*. São Paulo: Cultrix, 1978.

ROSENBERG, B. *Masochisme mortifère et masochisme gardien de la vie*. Paris: PUF, 1991.

ROSENBERG, D. A. Web of deceit: a literature review of Münchausen syndrome by proxy. *Child-Abuse and Neglect*, v. 11, n. 4, pp. 547-63, 1987.

ROSENFELD, H. A. (1964) A psicopatologia da hipocondria. In: *Os estados psicóticos*. Rio de Janeiro: Zahar, 1968.

______. (1984) Hypochondria, somatic delusion and body scheme in psychoanalytic practice. *The International Journal of Psychoanalysis*, v. 65, n. 4, pp. 377-388, 1984.

______. (1987a) Une approche psychanalytique du traitement de la psychose. In: *Impasse et interprétation*. Paris: PUF, 1990.

______. (1987b) La structure de caractere narcissique omnipotente: un cas d'hypochondrie chronique. *Op. cit.*

SAMI-ALI, M. *Corps réel, corps imaginaire*. Paris: Dunod, 1984.

______. *Le corps, l'espace et le temps*. Paris: Dunod, 1990.

______. *Pensar o somático*: imaginário e patologia. São Paulo: Casa do Psicólogo, 1995.

SCHILDER, P. (1923) *A imagem do corpo*. São Paulo: Martins Fontes, 1981.

SCHREBER, D. P. (1903) *Mémoires d'un névropathe*. Paris: Seuil, 1975.

SCHUR, M. *La mort dans la vie de Freud*. Paris: Gallimard, 1975.

SEGAL, H. *Introdução à obra de Melanie Klein*. Rio de Janeiro: Imago, 1975.

SMADJA, C. A propos des procédés autocalmants du moi. *Revue Française de Psychanalyse*, n. 4, pp. 9-26, 1983.

SPIVAK, H., RODIN, G. & SUTHERLAND, A. The psychology of factitious disorders: a reconsideration. *Psychosomatics*, v. 35, n. 1, pp. 25-34, 1994.

SWAIN, G. *Le sujet de la folie*: naissance de la psychiatrie. Paris: Camann-Levy, 1977.

SZAJNBERG, N. M., MOILANEN, I., KANERVA, A. & TOLF, B. Münchausen-by-proxy syndrome: countertransference as a diagnostic tool. *Bulletin of Menninger Clinic*, v. 60, n. 2, pp. 229-37, 1996.

SZWEC, G. Les procédés autocalmants par la recherche de l'excitation: les galériens volontaires. *Revue Française de Psychosomatique*, n. 4, pp. 27-52, 1983.

______. Un état hypocondriaque de l'adolescence chez un ex-nourrisson asthmatique. In: *La psychosomatique de l'enfant asthmatique*. Paris: PUF, 1993.

TAUSK, V. (1919) De la genèse de l' "appareil à influencer" au cours de la schizophrénie. In: *Oeuvres philosophiques*. Paris: Payot: 1975.

THORNER, H. A. (1955) Três defesas contra a perseguição interna: a ansiedade ao exame, a despersonalização e a hipocondria. In: KLEIN, M., HEIMANN, P. & MONEY-KYRLE, R. E. (Org.) *Novas tendências na psicanálise*. Rio de Janeiro: Zahar, 1969.

UCHITEL, M. *Neurose traumática*: uma revisão crítica do conceito de trauma. São Paulo: Casa do Psicólogo, 2011.

VALABREGA, J.-P. *Phantasme, mythe, corps et sens*. Paris: Payot, 1992.

VOLICH, R. M. *Sein réel et sein imaginaire*: une approche psychosomatique des pathologies mammaires et des risques oncologiques. Tese de Doutorado de Psicanálise e Psicossomática. Universidade de Paris VII, 1992.

______. Entre uma angústia e outra... *Boletim de Novidades Pulsional*, n. 80, p. 37-45, 1995.

______. *Repensando a prevenção do câncer de mama*. Texto inédito, 1996.

______. A técnica por um fio... reflexões sobre a terapêutica psicossomática. In: FERRAZ, F. C. & VOLICH, R. M. (Org.) *Psicossoma*: psicossomática psicanalítica. São Paulo: Casa do Psicólogo, 1997.

______. *O que há de fundamental nas (psico)patologias da mama?* Texto inédito, 1997.

______. Câncer de mama, entrelinhas, entranhas: perspectivas psicanalíticas. *Boletim de Novidades Pulsional*, n. 107, pp. 16-24, 1998.

______. Gene real, gene imaginário: uma perspectiva fantas(má)tica da hereditariedade. *Revista Latinoamericana de Psicopatologia Fundamental*, v. 1, n. 2, pp. 137-152, 1998.

______. Paixões de transferência. *Revista Latinoamericana de Psicopatologia Fundamental,* v. 3, n. 1, 2000.

______. *Psicossomática*: de Hipócrates à psicanálise. São Paulo: Casa do Psicólogo, 2000 (7. ed. rev. e ampl., 2010).

______. *Tristes corpos*: a medicina entre a melancolia e a hipocondria. Trabalho apresentado no V Congresso Brasileiro de Psicopatologia Fundamental. Campinas, 2001.

VOLICH, R. M., FERRAZ, F. C. & ARANTES, M. A. A. C. (Org.) *Psicossoma II*: psicossomática psicanalítica. São Paulo: Casa do Psicólogo, 1998.

VOLICH, R. M., FERRAZ, F. C. & RANÑA, W. (Org.) *Psicossoma III*: interfaces da psicossomática. São Paulo: Casa do Psicólogo, 2003.

VOLICH, R. M., FERRAZ, F. C. & RANÑA, W. (Org.) *Psicossoma IV*: corpo, história, pensamento. São Paulo: Casa do Psicólogo, 2008.

WEINER, H. Contributions of psychoanalysis to psychosomatic medicine. *Journal of Academic Psychoanalysis*, n. 10, p. 27-46, 1982.

WINNICOTT, D. W. (1949) L'esprit et ses rapports avec le psyché-soma. In: *De la pédiatrie à la psychanalyse*. Paris: Payot, 1969.

______. (1951) Objets transitionnels et phénomènes transitionnels. *Op. cit.*

______. (1958) La capacité d'être seul. *Op. cit.*

______. (1962) Intégration du moi au cours du développement de l'enfant. In: *Processus de maturation chez l'enfant*. Paris: Payot, 1970.